Lotte Bormuth
GESCHICHTEN, DIE DAS HERZ BEWEGEN

Lotte Bormuth

Geschichten, die das Herz bewegen

Weitere Schicksale

FRANCKE
Verlag der Francke-Buchhandlung GmbH

Bibliografische Information Der Deutschen Bibliothek
Die Deutsche Bibliothek verzeichnet diese Publikation in der Deutschen Nationalbibliografie; detaillierte bibliografische Daten sind im Internet über http://dnb.ddb.de abrufbar.

ISBN 3-86122-646-4
Alle Rechte vorbehalten
© 2003 by Verlag der Francke-Buchhandlung GmbH
35037 Marburg an der Lahn
Umschlaggestaltung: Henri Oetjen, DesignStudio Lemgo
Satz: Verlag der Francke-Buchhandlung GmbH
Druck: Ueberreuther Buchproduktion, Korneuburg, Österreich

Inhaltsverzeichnis

Eine interessante Fahrt 7
Der letzte Spaziergang 17
Bessarabien, das Land zwischen Dnjester und Pruth 23
Vom Flüchtling zum Millionär 48
Und es kam anders 69
Das einfache Leben in Ostpreußen 72
Eine schützende Hand 105
Schwester Johanna erzählt an ihrem Jubiläum 109
Ich war klein wie ein Zwerg 114
Der Kummer mit Torsten 118
Ich bin ja nur ein Adoptivkind 132
Draußen vor der Tür 150
Weihnachten in Sibirien 155
Dass ich noch lebe, ist ein Wunder 158
Vor dem Untergang auf der Gustloff bewahrt 171
Ein unglaubliches Weihnachtserleben 184
Erinnerungen von Fritz Vincken 187
Flutkatastrophe in Lorenzkirch 192
Mit Wünschen und Erwartungen leben 197
Eine Katastrophe ungeheuren Ausmaßes 207
Aus der Hand der Geiselnehmer gerettet 212

Eine interessante Fahrt

Ich war ärgerlich, richtig ärgerlich. Mein ICE war mir vor der Nase weggefahren. Gerade war ich auf dem Bahnsteig angelangt, da hörte ich schon das Zuklappen der Wagentüren. Eigentlich hätte ich den Zug noch erreichen können – wenn mich diese Dame noch in den Aufzug gelassen hätte. Sie sah aber meine beiden schweren Koffer, und das war ihr zu viel. Sie fuhr einfach nach unten und ließ mich oben stehen. Bis dann der Aufzug wieder heraufkam, waren wesentliche Minuten vergangen. Ich schaffte den Zug nicht mehr. Die Räder quietschten, die Lokomotive schnaubte, und ich stand draußen.

„Warum kommen Sie auch so spät?", herrschte mich die Dame an. „Wissen Sie nicht, dass man immer pünktlich am Zug sein muss?"

Auf diesen Vorwurf sagte ich kein einziges Wort. Ich hatte Mühe, meinen Zorn nicht ausufern zu lassen, denn es war nicht meine Schuld, dass ich den Anschluss nicht mehr erreichte. Mein InterRegio hatte nämlich sehr viel Verspätung gehabt. Nun musste ich fast zwei Stunden auf den nächsten Zug warten. Ich schluckte meinen Ärger hinunter und sagte mir schließlich: Wer weiß, wozu das gut ist. Man muss die Dinge nehmen, wie sie eben sind. Die schlechte Laune und der Zorn schaden nur meinem Gemüt. Ich spazierte nun mit meinem Gepäckwagen auf dem Bahnhof auf und ab, sog die gesunde Herbstluft ein und sann guten Gedanken nach. Zwei wunderschöne Tage hatte ich in Cuxhaven verbracht und mehrmals dem Meer und dem Watt einen Besuch abgestattet.

Ach, wie liebe ich die aufbrausenden Wellen und das Rauschen des Meeres, die Schiffe und Lastkähne, wenn sie majestätisch in der Sonne über die Wogen gleiten. Das Gekrächze der Möwen klingt mir wie Musik in den Ohren. Ich bin am Schwarzen Meer geboren, und nach dem Verlust meiner Heimat ist mir die tiefe Sehnsucht nach Wind und Wasser geblieben. Gegen Windstärke 8 musste ich ankämpfen, fast wurde ich weggepustet. Aber es war einfach herrlich. Die Mittagssonne schien aufs Wasser. Eine hohe Welle überspülte die sonst grauen, hässlichen Steine. Ich musste staunen, denn auf einmal glitzerten und glänzten die rauen Brocken, als ob darin Diamanten eingefasst wären. Welch ein Strahlen und Funkeln! Es war, als hätte der Fels Leben, wunderschönes Leben in sich. Man könnte sich an seiner Schönheit berauschen. Am liebsten hätte ich mich in die Fluten gestürzt und wäre ein Stück ins Meer hinausgeschwommen. Aber dazu war es schon zu kalt.

Ich war zu einem Vortrag im Rahmen eines Frauenfrühstücks nach Cuxhaven gereist und hatte mit diesem Treffen die schönen Spaziergänge verbunden. Nun war ich wieder auf dem Weg nach Hause, und eine fast siebenstündige Bahnfahrt lag vor mir. Als dann endlich mein neuer InterRegio einfuhr, fand ich ein Abteil, das nur mit einer jungen Frau besetzt war. Wir kamen auch sofort in ein gutes Gespräch. Die junge Dame war Doktorandin und schrieb ihre Promotionsarbeit über ein Stammesvolk an der Wolga. Sie hatte Finnisch studiert und sich mit der Geschichte dieses Volkes befasst, das in früheren Zeiten im Ural beheimatet war. Es war für mich hochinteressant, so viel Neues über den breiten Strom der Wolga und die Menschen, die einst dort lebten, zu erfahren. In einem Jahr würde sie ihre Promotion abgeschlossen haben. Was dann folgen würde, war ihr noch ungewiss. Die Stellen seien auf ihrem Gebiet sehr rar. Sie habe schon überlegt, ob sie vielleicht als Übersetzerin arbeiten könnte, bis ihr eine Dozententätigkeit an der Universität angeboten würde.

„Das ist eine lohnenswerte Aufgabe!", machte ich ihr Mut. „Übersetzen macht Spaß, wenn man an ein interessantes Buch gerät. Ich selbst habe schon über 40 Bücher aus dem Englischen ins Deutsche übersetzt. Ich bin glücklich, wenn mir meine Arbeit gelingt.

Gerade habe ich ein wunderschönes Buch fertig gestellt mit dem Titel *Der aus dem Schatten trat. Vom Bombenleger zum Missionar.*" (Es ist im Verlag der Francke-Buchhandlung GmbH, Marburg erschienen.)

„Um was geht es denn in diesem Buch?"

„Es handelt von einem kleinen Jungen mit Namen Stephen

Lungu", begann ich. Und nach und nach erzählte ich ihr die bewegende Lebensgeschichte dieses bemerkenswerten Mannes. Stephen Lungu wurde in den Slums einer Großstadt in Afrika geboren. Seine Mutter war als Vierzehnjährige mit einem älteren Mann von 56 Jahren verheiratet worden. Mit drei kleinen Kindern und einem Mann, der dem Alkohol verfallen war, war sie total überfordert. Eines Tages sagte sie zu ihren Kleinen: „Wir gehen heute in die große Stadt." Die Kinder freuten sich über den Spaziergang, denn noch nie hatte sie die Mutter zum Einkaufen mitgenommen. An einem Schaufenster blieb sie stehen, drückte plötzlich Stephen – er war gerade sieben Jahre alt – das Baby in die Arme und beschwichtigte ihre drei Kleinen: „Kinder, bleibt hier stehen und lauft nicht weg. Ich komme gleich wieder." „Aber, Mutter, lass uns nicht allein", jammerte Stephen. „Ich bin gleich wieder bei euch, ich muss nur mal auf die Toilette." Die Mutter verschwand in einem Geschäft und kam nicht mehr wieder. Stundenlang warteten die Kinder vergeblich. Das Baby schrie vor Hunger und brauchte auch eine neue Windel. Der Dreijährige verlangte nach Brot, und Stephen wurden die Arme vom langen Halten seines Geschwisterchens müde. Schließlich setzte er sich vor dem Schaufenster auf den Bürgersteig und weinte. Eine Frau hatte die Kinder beobachtet und sich an die Polizei gewandt. So landeten sie schließlich auf der Polizeistation, bekamen etwas zu essen und das Baby wurde trockengelegt. In der nächsten Nacht schliefen sie in einem Kinderheim. Dann aber brachte sie eine Fürsorgerin zu den Verwandten zurück. Die Mutter blieb verschwunden. Natürlich war ihre Tante nicht erbaut, drei Esser mehr am Tisch zu haben. Stephen, der recht aufsässig war, wurde in den Hühnerstall eingesperrt, ab und zu warf sie ihm ein Stück Brot über den Drahtzaun. Nachts schlief er auf der Erde bei dem gackernden Federvieh und deckte sich mit einem alten Zementsack zu, den er im Stall gefunden hatte. Es war ein elendes Leben. Einmal konnte er seinem Gefängnis entkommen, strolchte in der Gegend umher und legte sich dann am Abend in eine Sandkuhle unter einer Brücke nieder. Dieser Schlafplatz war immerhin besser als der Hühnerstall. Hier roch es nicht nach Hühnermist. Als der Hunger ihn quälte, zog es ihn zum Viertel der Weißen. Er durchwühlte die Mülltonnen der Reichen und suchte sich altes Brot, einen halb verfaulten Apfel und ein Stück Wurst.

Am nächsten Tag traf er mit anderen Straßenkindern zusammen, die ihn auf die Tennisplätze mitnahmen. Dort konnte er sich ein wenig Geld verdienen, indem er Balljunge wurde.

Es war wirklich ein erbärmliches Dasein. Als er älter geworden wurde, nahm ihn eine Bande in ihre Gemeinschaft auf. Sie nannten sich *Die Schwarzen Schatten*. Es dauerte gar nicht lange, und er besorgte sich, wie seine Kumpels auch, alles, was er zum Leben brauchte, durch Raub und Diebstahl. Er überfiel alte Frauen und entriss ihnen die Handtaschen. Mit siebzehn Jahren griffen ihn kommunistische Funktionäre auf und schleusten ihn in eine Terrorgruppe ein. Fortan bastelte er Benzinbomben und sorgte für Aufruhr, der sich gegen die weiße Bevölkerung in Simbabwe richtete. Mit zwanzig war er sogar der Kopf einer kriminellen Vereinigung. Sein Trupp bestand aus zwölf Terroristen.

Einmal hatten sie als Ziel ihrer Terrroranschläge eine Bank ausgesucht und wollten in der Schalterhalle Benzinbomben werfen. Auf dem Weg dorthin kamen sie an einem großen Zelt vorbei. „Dorothea Mission" war am Eingang auf einem weißen Schild in großen Lettern zu lesen. „Das Ding fackeln wir ab", beschlossen die Jungen. „Es wird brennen wie Zunder."

Stephen ging mit seinen Kumpanen ins Zelt. Er wollte sich die ganze Sache erst einmal ansehen. Auf den hintersten Plätzen ließen sie sich nieder. Ein junges Mädchen erzählte gerade, wie es Christ geworden war. Die junge Dame war ausnehmend schön und sprach mit klarer Stimme. Ihr Zeugnis beeindruckte Stephen. Er hörte aufmerksam zu. Danach trat ein schwarzer Pastor ans Rednerpult. Zum ersten Mal vernahm Stephen die Botschaft von Gottes großer Liebe. Er wurde in seinem Innersten ergriffen. Noch nie hatte ein Mensch zu ihm gesagt: Stephen, du bist wertvoll. Hier aber hörte er diese Wahrheit. Er schlich sich nach vorne zur Rednertribüne. Die Tasche mit den Benzinbomben hielt er in der Hand. Er wollte unbedingt mit dem Evangelisten sprechen, trat auf ihn zu, warf sich zu seinen Füßen nieder und umklammerte seine Beine. Die Ordner wollten ihn wegtragen, aber der

Pastor wehrte sie ab. „Lasst ihn", sagte er. Als er seine Predigt beendet hatte, setzte er sich mit Stephen auf eine Bank und hörte eine ergreifende Lebensgeschichte. Der Pfarrer begriff: Hier war ein junger Mann, der herauswollte aus dem Milieu des Terrors und der Gewalt, und der ein neues Leben mit Jesus beginnen wollte. Es wurde eine lange Nacht. Am Ende ihres Gesprächs kniete Stephen nieder und legte sein Leben Gott in die Hände. Er empfing die Vergebung von allen seinen Sünden und wurde ein neuer Mensch. Fortan wollte er Christus nachfolgen. Danach ging er wieder unter seine Brücke und legte sich zum Schlafen in der Kuhle nieder.

Am nächsten Morgen stand er auf. Vom Sand sah er ganz braun aus und nicht mehr schwarz. Er schüttelte sich den Staub von seinen alten, zerrissenen Kleidern, ging zum Fluss hinunter, um sich zu waschen, schaute zum Himmel auf und sagte: „Lieber Gott, bist du heute auch noch da? Liebst du mich immer noch? Ich will dir sagen, dass ich dich sehr gerne habe", und dabei umklammerte er den Baum, der am Ufer stand. „Ich umarme dich, lieber Gott, wie ich jetzt den Baum umarme, und will dir sagen, dass ich dich ganz dolle lieb habe."

Er überlegte danach, was er in seinem Leben in Ordnung bringen musste, und machte sich auf den Weg zur Polizei.

„Ich bin verhaftet", stellte er sich einem Beamten.

„Was heißt hier, ich bin verhaftet? Wer hat dich denn verhaftet?"

„Jesus hat mich verhaftet."

Ungläubig blickte der Polizist den jungen Mann an. Hatte er es hier mit einem Irren zu tun? Er holte seinen Vorgesetzten, denn mit dieser Antwort konnte er nichts anfangen. Einen ganzen langen Tag lang wurde Stephen verhört und nach seiner Tätigkeit in der Jugendbande befragt. Sogar der Pastor wurde geholt und musste bezeugen, dass er in der Nacht zuvor mit Stephen ein langes Gespräch geführt hatte. Damit gab er ihm ein Alibi. Stephen konnte nicht an den Bombenexplosionen teilgenommen haben, die sich in dieser Nacht in der Stadt ereignet hatten, denn er war im Zelt gewesen. Gegen Abend entließ ihn der Polizeibeamte mit den Worten: „Stephen, Sie können gehen.

Wenn Ihnen der Himmel verziehen hat, dann verzeihe ich Ihnen auch." Gerade wollte er die Polizeistation verlassen, da wurde er noch einmal zurückgerufen. *Jetzt werden sie mich doch noch in den Knast wandern lassen,* dachte Stephen. Aber wie erstaunt war der junge Mann, als ihm der Polizeioberst sagte: „Stephen, hier haben Sie Geld. Gehen Sie mit Gott und kaufen Sie sich eine Bibel." Stephen konnte das Wunder kaum fassen. Mit einer Gefängnisstrafe hatte er gerechnet, und nun war er noch mit Geld beschenkt worden!

Am nächsten Tag ging er sofort in ein Kaufhaus und wollte sich eine Bibel kaufen. Aber nirgendwo fand er eine. Dann überlegte er: Er hatte schon einmal eine Bibel gesehen. Sie war schwarz und roch nach Leder. Da Schuhe auch schwarz sind und aus Leder angefertigt werden, suchte er einen Schuhladen auf. Die Verkäuferin war ganz überrascht, als er nach einer Bibel fragte, und verwies ihn an einen Buchladen. Dort konnte er endlich das Evangelium erstehen. Es war ihm wie ein Heiligtum. Er packte die Heilige Schrift in eine Einkaufstüte und verwahrte sie wie einen kostbaren Schatz. Nachts vergrub er sie neben sich im Sand, damit sie ihm nicht gestohlen werden konnte.

Der Pastor, bei dem er zum Glauben gekommen war, kümmerte sich fortan um ihn. Er durfte eine Schule besuchen und später sogar ein Predigerseminar. Er wurde ein glühender Verkündiger der frohen Botschaft und führte selbst viele Menschen zu Christus. Einige Jahre später verliebte er sich in eine Bankbeamtin. Aber als er sie heiraten wollte, traten Schwierigkeiten auf. In Simbabwe ist es Sitte, dass der Bräutigam einen Hochzeitskuchen kaufen muss. Aber woher sollte er das Geld nehmen? Noch immer lebte er von der Hand in den Mund. Es gab große Aufregung in der Familie der Braut, und fast wäre das Hochzeitsfest gescheitert. Denn ohne Kuchen gibt es keine Hochzeit! So betete er zu Gott: „Vater im Himmel, du hast mir eine so wunderbare Frau an meine Seite gestellt. Ich liebe dieses Mädchen über alle Maßen. Wenn du mir schon in Rahel ein so wertvolles Geschenk gemacht hast, muss es dir doch ein Kleines sein, mir einen Hochzeitskuchen zu spendieren. Ich vertraue darauf." Zwei Tage später erhielt er ein Päckchen, in dem viele Banknoten lagen. Auf einem Zettel stand zu lesen: „Ich hätte Ihnen das Geld schon lange schicken sollen, aber mir war Ihre Adresse unbekannt. Ich hoffe, das Geld erreicht Sie. Gottes reichen Segen wünscht Ihnen einer, der unbekannt bleiben will."

Stephen konnte das Wunder nicht fassen. Die Hochzeit schien gerettet. So ging er am Tag der Trauung frühmorgens in einen Bäckerladen und wollte den Kuchen kaufen. Aber die Ladeninhaberin gab ihm zu verstehen, dass solch ein Kuchen mehrere Tage zuvor bestellt werden müsste. Die Zubereitung erforderte nämlich viel Zeit. Ganz enttäuscht wollte er schon den Laden verlassen, da betrat ein Mann tieftraurig das Geschäft und sagte: „Ich muss meinen Hochzeitskuchen abbestellen. Meine Hochzeit ist geplatzt."

Für Stephen klangen diese Worte wundervoll im wahrsten Sinne des Wortes. Er sah darin wirklich ein Wunder. Sofort kaufte er den Kuchen, und das Fest konnte stattfinden.

Gewiss, es war ein mühevoller Anfang in der Ehe. Das Paar musste in einem einzigen Zimmer wohnen. Und da sich die Zahl der Kinder schnell auf fünf vermehrt hatte, wurde es recht eng im Raum.

Die Eltern teilten sich das Bett mit den beiden Ältesten, die am Fußende liegen mussten, und die drei Kleinen wurden in Decken gewickelt und abends unters Bett geschoben. Später bekam Stephen Lungu eine Anstellung bei der Missionsgesellschaft *African Enterprise* im Süden des Landes. Die Missionsleitung stellte ihm einen Bungalow zur Verfügung. 14 Tage später holte Stephen seine Familie am Flughafen ab und sagte: „Rahel, wir fahren gleich in unser neues Zimmer. Aber vorher muss ich noch ein Paket im Hause eines Weißen abstellen. Ihr dürft alle mitkommen und die Wohnung betreten, aber rührt nur nichts an und macht nichts kaputt." So betrat die Familie den Bungalow. Die Kinder kamen aus dem Staunen gar nicht mehr heraus. Noch nie hatten sie ein so vornehmes Haus gesehen. „Papa, sieh, hier steht ein Kühlschrank! Und dort ein Sessel! Sogar drei Schlafzimmer und eine wunderschöne Küche gibt es hier! Und schau dir erst mal das Bad an. So schöne Fliesen haben wir noch nie gesehen."

Die Kleinen staunten und staunten über den Reichtum und

Komfort, den die Weißen besaßen. Dann aber lüftete Stephen das Geheimnis: „Kinder, wisst ihr was, all die schönen Sachen gehören uns. Das ist jetzt unsere neue Wohnung. Gott hat sie uns geschenkt." Die Familie konnte es nicht fassen, und der Jüngste fragte ganz aufgeregt: „Papa, wickelst du mich jetzt nicht mehr abends in die Decke und schiebst mich unters Bett?" Alle mussten lachen.

An der Stelle hörte ich mit dem Erzählen dieses wunderbaren Buches auf. Meine Reisebegleiterin hätte gerne noch länger zugehört. Aber sie musste sich allmählich zum Aussteigen bereit machen. Ihre Reise nahte sich ihrem Ende.

Ja, so ist das Leben, spannend, widersprüchlich und unglaublich reich, wenn es unter der guten Hand Gottes gelebt wird, musste ich denken. Es macht mir immer Freude, wenn ich Menschen im Zug mit Jesus vertraut machen kann.

In Kreiensen stiegen dann zwei Herren zu uns ins Abteil. Mit schweren Koffern und zwei Gitarren hatten sie Mühe, ihr Gepäck zu verstauen. Aber wir rückten zusammen, halfen ihnen, und schließlich hatte jeder seinen Sitzplatz eingenommen.

„Sind Sie Musiker?", begann ich das Gespräch.

„Musiker nicht, aber wir nennen uns die ‚Sexy Poets'. Wir arbeiten in einer Kleinkunstbühne, schreiben unsere Texte selbst und treten vor allen Dingen in Kabaretts auf. Gerade kommen wir von einer Abendveranstaltung in Goslar. Möchten Sie noch mehr über uns hören?" Und schon legte der junge Mann los und deklamierte ein lyrisches Gedicht. Damit ich dieses Gedicht nicht vergessen sollte, schenkte er mir noch sein Buch. *Dieser Mann kann dichten,* musste ich denken. *Wunderbar erfühlt er eine Situation und schildert sie dann.* Seine Verse gefielen mir.

„Darf ich Ihnen auch etwas von mir in die Hand drücken?", fragte mich sein Kollege. Er schlug mir Seite 43 in seinem Buch auf.

An die Geliebten

Es war mit euch, Geliebte,
Mit allen schön.
Ich ließ das Glück, Versiebte,
Nicht gerne gehn.

Doch wenn sich Hoffnung rührte,
Dass ich euch wieder wollt,
Dann sagt mir doch, Verführte,
Warum ich sollt.

Ich hab, was ich begehrte,
Komplett gekriegt.
Es tut mir leid, Versehrte,
Ich hab gesiegt.

Ich brauche keine Liebe
Und keine Treu.
Dass wirklich eine bliebe,
Das wär mir neu.

„Diese Verse wirken recht hoffnungslos. Sie offenbaren eine recht negative Einstellung Frauen gegenüber. Mit dieser Haltung werden Sie wohl nie das wahre Glück bei einer Frau finden, oder irre ich mich da?"

„Nein, nein, das sehen Sie richtig. Hoffnung, dieses Wort existiert nicht in meinem Vokabular! Hoffnung gibt es nicht für mich. In diesen kurzen Versen drücke ich meine Weltanschauung aus. Ich will leben und in vollen Zügen genießen. Wer weiß, was morgen auf mich zukommt! Für mich gilt nur der Augenblick."

„Sie müssen ein zutiefst enttäuschter Mensch sein. Da habe ich es besser. Hoffnung ist für mich das Wesentliche. Ohne Hoffnung könnte ich gar nicht leben. Ich schöpfe diese Hoffnung aus dem christlichen Glauben. Schon als junger Mensch mit fünfzehn Jahren bin ich Christ geworden. Jesus gibt meinem Dasein einen tiefen Sinn. Er vergibt mir meine Schuld, liebt mich und versteht mich. In seinen Augen bin ich wertvoll. Er schenkt mir, was kein Mensch mir geben kann, Zukunft und Perspektive. Ich weiß auch um die Bedeutung des ewigen Lebens, und das macht mich reich und zufrieden. Das ist es doch, was jeder braucht. Und hat nicht schon Nietzsche gesagt: ‚Alle Lust will Ewigkeit, tiefe, tiefe Ewigkeit'? Ich habe einen Menschen an meiner Seite, der auch Christ ist. Seit 45 Jahren gehören wir zusammen. Gott hat uns glücklich gemacht in unserer Ehe. Schmetterlingskribbeln im Bauch und Vergnügen für einige wenige Stunden sind zwar ein schönes, aufregendes Gefühl. Aber es wäre mir zu wenig und würde mich nicht befriedigen. Was Sie in Ihrem letzten Vers sagen: ‚Ich brauche keine Liebe und keine Treu', zeigt mir, dass Sie wahre Liebe und Treue noch nicht erfahren haben. Denn Sie führen ja weiter aus: ‚Dass wirklich eine bliebe, das wär mir neu.'

Treue macht erst die Liebe beständig und gibt ihr Tiefe. Wie sehr wünschte ich Ihnen auch diese Liebe von Gott und dann auch die Erfahrung einer festen Bindung an eine Partnerin. Wie schön erst würden dann Ihre Verse klingen! Denn Gott kennen ist Leben, wirkliches Leben. Das hat schon Leo Tolstoi gesagt. Gott zeigt sich uns Menschen in der Person Jesu Christi. Da können wir ihn kennen lernen. Lesen Sie einmal das Neue Testament. Dort begegnet Ihnen der Gottessohn, und nur bei ihm können Sie wahre Hoffnung finden."

Es war ein langes, intensives Gespräch, das wir im InterRegio miteinander führten. Nur in Auszügen kann ich es hier wiedergeben. Viel zu schnell war ich in Marburg angelangt.

„Mit Ihnen wären wir gerne noch ein Stück weitergefahren", verabschiedeten sich die beiden von mir, als ich in Marburg aussteigen wollte. Ich sagte Adieu.

Am Bahnsteig empfing mich mein Mann und nahm mich in die Arme. Es ist schon ein wunderbares Geschenk, geliebt zu werden, und das nicht nur für den Augenblick! *Vielleicht war es doch richtig, dass ich den ICE verpasst habe*, musste ich noch denken. Hier im InterRegio sind mir Menschen begegnet, denen ich sagen konnte, wo sie wahre Hoffnung und echtes Glück finden können.

Der letzte Spaziergang

Es war ein strahlender Herbsttag. Golden lag die Sonne über dem bunt gefärbten Wald. Mein Vater stattete uns einen Besuch ab. Es war sein letzter, das konnte ich schon erahnen. Vater und ich unternahmen einen Spaziergang. Wir kamen nicht sehr weit, denn schon bei der nächsten Bank mussten wir uns am Waldrand niederlassen. Es war mir schwer mit anzusehen, wie stark der Krebs die Kraft meines Vaters gebrochen hatte. Und doch war er ein Kämpfer. Von Sterben und Tod wollte er nichts hören. „Man muss mit allen Fasern des Lebens gegen die Krankheit ankämpfen", sagte er sehr bestimmt. Also schwieg ich zu diesem Thema und sprach nicht von seinem nahen Ende. Noch war er dem Leben ganz zugewandt. Würde mir Gott vielleicht später eine Chance geben, meinen geliebten Vater auf die letzte steile Wegstrecke vorzubereiten? Er sollte doch um den Trost wissen, den Jesus uns gegeben hat! Mit seinem Sterben am Kreuz hat er dem Tod die Macht genommen und Leben, ewiges Leben für uns geschaffen. Sicher würde es später noch eine gute Möglichkeit geben, ihm davon zu sagen. In solchen Situationen gilt es, behutsam zu sein. Das war mir klar.

Heute, an diesem herbstlich warmen Sonnentag, sprachen wir von anderen Dingen. Ihm lagen die Enkel sehr am Herzen, und manchmal überfiel ihn die bange Furcht, sie könnten in den Sog der Drogen und des Alkohols geraten. Es herrschte nämlich eine böse Zeit. Sogar in den höheren Schulen wurde mit Haschisch und Kokain gedealt.

„Lotte, sorge dafür, dass deinen Jungen kein Gras unter den Füßen wächst. Halte sie zur Arbeit an. Suche für sie kleine Jobs, die sie gewissenhaft erfüllen können. Die Kinder sollen auch lernen, sich etwas Geld zu verdienen. Es ist nicht gut, wenn die Eltern sie finanziell zu sehr unterstützen. Kinder wissen den Wert der Arbeit und des Geldes viel mehr zu schätzen, wenn sie ihren Rücken krumm machen, ihre Hände und Füße bewegen und etwas Sinnvolles tun."

Unsere vier Ältesten waren damals zwischen 12 und 16 Jahre alt. Das war mir ein guter, hilfreicher Rat meines klugen und erfahrenen Vaters, und in der Folgezeit setzte ich ihn in die Tat um. Zu den Arbeiten, die meine Tochter und meine Söhne verrichteten, gehörten Rasen mähen, Zeitungen austragen, Babysitting und Straßen kehren bei den Nachbarn.

Der zweite Ratschlag meines Vaters betraf mich selbst. Er hatte nämlich bemerkt, wie sehr ich mich im Haushalt abrackerte. „Lotte, es ist nicht so wichtig, dass du deine Fenster und Möbel immer auf Hochglanz polierst. Wichtig ist, dass du dir Zeit nimmst für deine Kinder. Sie sind ein so wertvolles Gut, das uns anvertraut wird. Aber sie brauchen auch die Hingabe der Mutter. Ich weiß, dass du gerne auch berufstätig sein möchtest wie andere Frauen. Aber du leistest mehr, sogar viel mehr, wenn du dich voll für deine fünf Kinder einsetzt. Später, wenn sie aus dem Haus gegangen sind, wirst du sicher eine Möglichkeit finden, etwas zu tun, das dir besondere Freude macht."

Vater hatte bei mir einen wunden Punkt berührt, denn nach meinem Theologiestudium war ich nie berufstätig gewesen, sondern sofort zur Hausfrau und Mutter ‚umfunktioniert' worden. In stillen Stunden bewegte mich schon die Frage, ob ich mir nicht eine Halbtagsstelle besorgen sollte, und so widerstrebte mir dieser Rat meines Vaters. Er schien es zu merken und gab sich Mühe, mir seine Meinung Schritt um Schritt darzulegen. Es sei nötig, dass meine Zeit ganz den Kindern gehörte, zumal mein Mann aus beruflichen Gründen sehr angespannt und über viele Wochen gar nicht in Marburg war.

„Lotte, du glaubst gar nicht, wie schön es ist, wenn der Mann und die Kinder mittags zu Hause empfangen werden und das Essen schon auf dem Tisch steht.

Die erste Stunde nach Schulschluss ist für deine ‚Trabanten' überaus wichtig. Sie müssen die Möglichkeit haben, sich von der Seele zu reden, was sie Schönes erlebt haben und worüber sie sich geärgert haben.

Du musst ihnen auch eine Hilfe sein, wie sie ihre Freizeit gestalten sollen. Dazu ist es nötig, dass du jedes Kind genau beobachtest und darauf achtest, welche Gaben und Fähigkeiten es hat. Du wirst dann seine Neigungen in die rechte Bahn lenken können. Deine Söhne können ohne Ball nicht leben. Das ist mir aufgefallen. Sie haben immer entweder einen Tennisball oder einen Fußball in den Händen. Sport ist eine gute Sache! Fördere ihr Talent. Anne Ruth liebt die Musik. Lass sie zu einer guten Musikerin ausgebildet werden. Deine Kinder müssen nicht Medaillen und Lorbeerkränze nach Hause bringen, aber die Freude an der Bewegung, die Freude an den Teamkameraden, die Freude am sozialen Engagement und an der Musik und Kunst sind Erfahrungen, die sich nicht ersetzen lassen. Hierbei geht es nicht nur ums Gewinnen, auch das Verlieren muss eingeübt und verkraftet werden. Wer das nicht in seiner Jugend gelernt hat, wird im späteren Leben scheitern. Das sind bedeutsame Erfahrungen, die man nur im Kindesalter machen kann.

Lotte, erlaube den Kindern auch, Freunde mit nach Hause zu bringen. Sicher ist dies für dich oft auch anstrengend. Es herrscht dann noch mehr Durcheinander, als es so schon der Fall ist. Auf Ruhe kannst du nicht bedacht sein! Wer einmal zu einer großen Familie Ja gesagt hat, muss dann auch konsequent diesen Weg weitergehen. Freunde gehören in das Leben eines jeden Kindes. Wenn du die Kameraden im Haus freundlich aufnimmst, sie bewirtest, mit ihnen spielst, dann lernst du sie auch kennen, und du kannst die Wahl der Freunde etwas dirigieren und die Weichen recht stellen. So gelingt es dir, deine Kinder vor schlechtem Einfluss zu bewahren.

Und noch etwas ist mir überaus wichtig. Weißt du noch, Lotte, wie ich dir als Kind einmal zwei Kaninchen geschenkt habe, ein Weibchen und ein Männchen? Unser Knecht Stanislaus hat dir damals einen Stall gebaut, und staunend standest du vor dem Gitter, als die Hasenmutter eines Tages Junge zur Welt gebracht hat. Sie waren noch vom Flaum in ihrem Nest bedeckt. Aber als sie die ersten Hopser im Stroh unternahmen, hast du dich mächtig gefreut. Zehn Junge waren geboren, grau gescheckte, wunderschöne Hasen. Sie waren dir aber nicht nur zur Freude geschenkt worden, sondern du musstest auch selbst für sie sorgen, sie mit Rüben, Hafer und Gras füttern. Zwei Jahre später habe ich dir dann eine richtig große Box im Hühnerstall eingerichtet, und du hast buchstäblich die Wahrheit des Sprichworts erfahren: ‚Sie vermehren sich wie die Karnickel.' Ich freue mich, dass euer Daniel im Garten ein Häschen hat! Lotte, glaube mir, der Beruf einer Mutter ist so vielseitig, wie kein anderer Beruf es sein kann. Im Grunde beneide ich dich. Vor dir liegen große, wunderbare Aufgaben. Ärgere dich bloß nicht, dass du nur Hausfrau bist."

„Ja, Vater, du hast Recht. Neulich musste ich sogar Tierarzt spielen, als Lisa Durchfall hatte. Ich sehe Daniel noch vor mir. Er war ganz entsetzt, als ich mir sein Häschen anschaute und etwas unbedacht vor mich hin sagte: ‚Junge, das Tier wird wohl die Nacht nicht überleben. Es sieht ja schrecklich elend aus.' Daraufhin verschwand Daniel in seinem Zimmer, warf sich auf sein Bett und schluchzte herzzerreißend. Da merkte ich, was ich mit meinen unbesonnenen Worten angerichtet hatte. Ich habe dann so gehandelt, wie ich meine Kinder versorge, wenn sie Durchfall haben. Lisa wurde in die Küche geholt, und dort habe ich ihr im Wännchen ein Lager gerichtet. Ich löste Kohletabletten in Tee auf und flößte sie Lisa mit einer Spritze ein. Ein geriebener Apfel und ein eingeweichter Zwieback taten dann noch ein Übriges, dass sich Lisa wieder erholte. Über Nacht ließ ich den Hasen im Wännchen in der Küche stehen, denn draußen war es bitterkalt. Als wir am andern Morgen zum Frühstück kamen, haben wir herzlich lachen müssen. Fröhlich und munter hopste das Tier über Tisch und Bänke. Überall hatte es seine Knüttelchen hinterlassen. Meine Küche glich einem Hasenstall. Mir hat der Schmutz aber nichts ausgemacht. Ich war froh, dass es dem Mümmelmann wieder besser ging! Am glücklichsten aber war Daniel. Seine Lisa war wieder gesund! Mit vereinten Kräften haben wir schnell alle Spuren beseitigt."

„Ja, Tiere sind für Kinder sehr bedeutsam. Sie können zu Freunden werden."

Lange habe ich mit Vater an diesem Nachmittag in der Sonne gesessen und habe mir seine Ratschläge gerne angehört. Mein Vater verstand mich. Er hat mir die Weichen neu gestellt und mein Denken geordnet. Ganz neu wurde mir das Geschenk der Kinder und die Verantwortung für sie wichtig. Dafür bin ich meinem Vater dankbar. In den Trends und Strömungen unserer

Zeit war es für mich wichtig, die rechte Orientierung zu finden. Seine Worte sind mir ein Vermächtnis.

Als es dann kühler wurde, traten wir den Heimweg an. Kurz darauf wurde mein Vater bettlägerig. Am 14. Mai 1977 wurde ich dann telefonisch informiert: Vater ginge es sehr schlecht. Als wir an sein Sterbebett traten, war er noch bei vollem Bewusstsein. „Lotte", sagte er und nahm dabei meine Hand in die seine. Zum letzten Mal spürte ich seine warme Hand. „Wir hatten ein so schönes Familienleben. Wenn es nicht so schön gewesen wäre, fiele es mir nicht so schwer, von euch zu gehen." „Vater", versuchte ich ihn zu trösten, „du gehst uns in die Ewigkeit voran, wir aber wollen am Glauben festhalten und auch dieses Ziel erreichen."

Er nickte still. Er wusste, wovon ich sprach, denn ich hatte ihn in einem langen Brief gebeten, dass er sich Christus anvertrauen sollte. Jesus hat ja selbst die Bitterkeit des Todes erfahren müssen, als er für uns am Kreuz auf Golgatha starb. Und deshalb gibt es keine Lage, in der Jesus uns Menschen nicht verstehen könnte. Ich weiß, dass mein Vater sich an den Gottessohn geklammert hat. Er lebte von der Gewissheit, dass der Herr nicht im Grabe geblieben ist, sondern auferstanden ist, damit wir Menschen auch nicht im Tode bleiben müssen. Christus hat uns den Himmel erschlossen, und das ist Hoffnung angesichts der eigenen Endlichkeit.

In dieser Situation des 14. Mai konnte Vater nicht mehr viel sagen, denn die Atemnot machte das Reden zur Qual. Angst erfasste ihn. Als Zuspruch lasen wir Verse aus dem 23. Psalm, und wie gewinnen solche Worte angesichts des Todes an Bedeutung: „Und ob ich schon wanderte im finsteren Tal, fürchte ich kein Unglück, denn du, Gott, bist bei mir." Unter großer Anstrengung bat Vater, dass sich Mutter neben ihn setzen sollte. Er nahm sie noch einmal in den Arm und küsste sie. Dann aber faltete er seine Hände und betete: „Herr Jesus Christus, schenke Frieden und Eintracht in der Familie. Gib, dass Kinder und Enkelkinder auf deinen Wegen wandeln, und erbarme du dich über uns alle. Amen!"

Das waren Vaters letzte Worte. Sie sind mir ein Vermächtnis. Ergriffen standen wir um sein Bett, bis der letzte Atemzug ausgehaucht war. Mir blieb nur der Dank gegenüber Gott, dass er mir einen solch liebevollen Vater gegeben hatte. Sein Leben war nun vollendet.

Bessarabien, das Land zwischen Dnjester und Pruth

Mein Mann und ich sitzen bei einer Tasse Tee zusammen und schwelgen, was selten vorkommt, in Erinnerungen. Die Vergangenheit wird wieder vor mir lebendig, und so berichte ich begeistert von dem Land, in dem ich geboren wurde. Aus mir sprudeln die Worte nur so heraus, wenn ich erzähle: von den herrlichen Weintrauben, den süßen Wassermelonen, den Akazienbäumen am Wegrand, die zur Blütezeit von Bienenschwärmen umringt sind, von dem fruchtbaren Ackerboden, der niemals gedüngt werden muss, und von den Weizenfeldern, die sich erstrecken, so weit das Auge reicht.

Ganz spontan wirft mein Mann ein: „Wie sehr muss Gott euch Bessarabier geliebt haben, dass er euch ein so schönes Fleckchen Erde anvertraut hat!"

Ich sinne seinen Worten nach und spüre, wie Wehmut, Sehnsucht und Heimweh in mir aufsteigen. Im Innersten bin ich von all dem Schönen berührt, das uns geschenkt war. Zugleich aber empfinde ich auch den herben Schmerz des Verlustes. Verstohlen wische ich mir ein paar Tränen aus den Augen. Ja, so ist es wohl. Gott hat uns mit diesem wunderschönen Land reich beschenkt und uns gesegnet. Die Geschichte Bessarabiens gibt Zeugnis von der Freundlichkeit und Güte unseres Gottes.

Bewegt singe ich meinem Mann unser Heimatlied vor:

Gott segne dich mein Heimatland!
Ich grüß dich tausendmal,
Dich Land, wo meine Wiege stand
Durch meiner Väter Wahl.
Du Land, an allem Gut so reich,
Ins Herz schloss ich dich ein;
Ich bleib dir in der Liebe gleich,
Im Tode bin ich dein!
So schirme, Gott, in Freud und Leid,
Du unser Heimatland!

Bewahr der Felder Fruchtbarkeit
Bis hin zum Schwarzmeerstrand.
Erhalte du uns deutsch und rein,
Send uns ein freundlich Los,
Bis wir bei unsern Väter ruhn
im heimatlichen Schoß.

(Text und Melodie von Albert Mauch (1922)).

Solange es Deutsche gibt, die in Bessarabien geboren wurden oder deren Väter und Mütter ihnen davon erzählt haben, werden sie sich aufmachen und die Spuren suchen, die die deutschen Einwanderer in diesem Land hinterlassen haben. Über 60 Jahre sind seit 1940 vergegangen, als die Umsiedlung begann und 93 000 Einwohner ihre Heimat verließen. So will ich einen kurz gefassten geschichtlichen Überblick geben. Vor allen Dingen haben unsere Kinder und Kindeskinder ein Anrecht darauf, zu fragen: Wie und wann sind die Deutschen nach Bessarabien gekommen? Wie haben sie gelebt? Woher nahmen sie die Kraft, ihr schweres Schicksal zu tragen? Wie gestaltete sich ihr kirchliches Leben? Wie sah das Land aus und was ist aus ihm heute geworden?

Bessarabien ist ein Landstrich westlich des Schwarzen Meeres, der nach Norden hin immer schmaler wird und 45 000 qkm umfasst. Heute ist dieses Land keine verwaltungsmäßige Einheit. Seit Perestroika und Glasnost gehört das Gebiet im Norden zu Moldawien, der südliche Teil dagegen zur Ukraine.

Drei Flüsse und das Schwarze Meer im Osten begrenzen das Gebiet: im Süden der Unterlauf der Donau mit dem Donaudelta, im Osten der Dnjester und im Westen der Pruth.

Hügelig ist die Gegend im Norden, zum Teil auch bergig. Zum Süden hin flacht das Land immer mehr ab, bis es dann zum Meer hin ganz eben wird. Im Süden finden sich weite Steppengebiete, die urbar gemacht wurden, und im Norden gibt es sogar Wälder.

Landklima herrscht hier vor. Die Sommer sind heiß und trocken, und die Winter kalt, mit viel Schnee und eisigen Winden aus Russland. Es ist ein sehr fruchtbares Land. Über ein Meter tiefer Humusboden bringt bei guten Wetterbedingungen sehr gute Ernten hervor. Düngen ist hier nicht nötig. Gefahrvoll für die Landwirte waren länger andauernde Dürreperioden und starker Frost. Sie können zu Missernten führen.

Seinen Namen verdankt Bessarabien nicht Arabien, wie man annehmen könnte, sondern dem Fürstengeschlecht der Bassarab, das seit dem Mittelalter gewisse Teile besiedelt hatte. Seit der Völkerwanderung gab es Stämme, die auch dieses Gebiet durchzogen, da es keine unüberwindliche natürliche Grenze besaß.

Im 17. Jahrhundert schob sich das Reich des Zaren immer näher an das Schwarze Meer heran. Odessa wurde die Hafenstadt. Archäologische Funde weisen darauf hin, dass diese Stadt schon im 11. Jahrhundert gegründet wurde. Im 13. Jahrhundert entstand der Hafen, der zum größten Hafen Russlands am Schwarzen Meer wurde. Bekannt wurde die Stadt besonders durch die Arbeiterunruhen, die im Juni 1905 in Petersburg ausbrachen, und in deren Gefolge in Odessa ein Generalstreik ausgerufen wurde. Die meuternden Matrosen des Panzerkreuzers *Potemkin* schlossen sich dem Streik an, der aber von zaristischen Truppen blutig niedergeschlagen wurde.

In Odessa lebten auch viele Deutsche. Der Zar hatte sie ins Land geholt. So wurden Kolonien errichtet, um das fruchtbare Land zu erschließen und es durch verbesserte Anbaumethoden zu fördern.

Natürlich waren für diesen Plan noch mehr tüchtige Menschen nötig, und man fand sie in Polen und Deutschland.

Durch den Frieden in Bukarest im Mai 1812 nach dem Ende des russisch-türkischen Krieges (1806-1812) fiel Bessarabien dem Zarenreich zu und erhielt ein eigenes Gouvernement. Kischinew wurde zur Hauptstadt ernannt.

Die muslimischen Bewohner, Türken und Tataren, verließen das Land, und nur die christlichen Schichten der Bevölkerung, Moldowaner, Russen und Ukrainer, blieben zurück.

Im Jahr 1813 bat Zar Alexander I. die Deutschen in Polen, sich in Bessarabien anzusiedeln. Ihnen wurden große Versprechungen gemacht, wenn sie sich dem Garten- und Weinanbau und der Seidenraupenzucht widmeten. Nach zehn Jahren sollten sie dann die ihnen zu diesem Zweck gewährten finanziellen Mittel wieder in Raten zurückzahlen. In diesen zehn Jahren waren sie von aller Steuerlast befreit und brauchten auch nicht zum Militärdienst eingezogen zu werden. Jede Familie erhielt 66 Hektar Land als Eigentum. Außerdem war ihnen Religionsfreiheit zugesichert worden. Den Aussiedlern sollte auch ein besonderer Rechtsstatus, der des Kolonisten, eingeräumt werden.

Das war für die Deutschen aus Polen ein lukratives Angebot. Sie waren ja noch vor gar nicht langer Zeit aus Württemberg nach Polen eingewandert und hatten noch alle Hände voll zu tun, um sich eine Existenzgrundlage zu schaffen. Sie hatten in Polen den Durchzug der napoleonischen Truppen mit all ihrer Zerstörungswut erleiden müssen und standen vor dem wirtschaftlichen Ruin. Ihre rechtliche Lage hatte sich nach der Errichtung von Kongresspolen 1815 sehr verschlechtert. Von der katholischen Kirche wurden die evangelischen Deutschen daran gehindert, ihren Glauben auszuüben. Man bedrängte sie stark, sich zum Katholizismus zu bekehren.

Ab 1814 begann dann die Auswanderungswelle der Deutschen aus Polen. Unter ihnen gab es auch eine kleine Gruppe katholischer Siedler.

Der Zar schickte aber seine Werbetrupps nicht nur nach Polen, sondern auch nach Württemberg in Deutschland. Die Bevölkerung in diesem Land war mehr und mehr verarmt, denn nach dem napoleonischen Krieg wurden ihr unerträglich hohe Abgaben vom Staat auferlegt. Es hatte einige Missernten gegeben. Außerdem herrschte unter den Frommen Württembergs eine große Unzufriedenheit. Die Pietisten wollten die liberale Haltung ihrer Kirche nicht länger hinnehmen. Sie fürchteten, dass ihr Glaube dadurch immer mehr verflachen könnte und auch ihre Kinder unter dem geistlichen Werteverfall würden leiden müssen. Sie hofften außerdem, dass sie noch zu ihrer Lebenszeit das Wiederkommen Christi auf diese Erde erleben würden, und warteten auf sein Erscheinen.

Die schweren Lebensbedingungen in ihrer Heimat weckten in ihnen das Verlangen nach einem „Bergungsort" im Osten auf dem Weg ins Heilige Land. Alle diese Gründe bewirkten, dass eine größere Anzahl von Christen an Auswanderung dachte.

So zogen sie, Alte und Junge, mit dem Schiff auf der Donau oder auf dem Landweg über Böhmen und Galizien nach Bessarabien. Diese Auswanderung dauerte oft über mehrere Monate und war mit vielen Strapazen verbunden. Auf dieser beschwerlichen Reise wurden Kinder geboren, aber auch der Tod reiste mit. So mancher liebe Angehörige musste sterben und wurde dann in die fremde Erde gebettet. Viele der Auswanderer konnten das Ziel nicht erreichen, das sie sich gesteckt hatten. Genaue Zahlen sind nicht auszumachen, aber in einer Schätzung geht man davon aus, dass nur 8000 Menschen ihren Fuß auf das Land ihrer Sehnsucht setzen konnten.

Die Regierung des Zaren verteilte das Land und bestimmte die Lage der Dörfer. Bei der Aufteilung war es wichtig, dass die dazugehörenden Ländereien nicht allzu weit von Haus und Hof entfernt lagen. Außerdem mussten immer genügend Wasserquellen vorhanden sein, damit Brunnen gegraben werden konnten. Es wurden Straßendörfer angelegt. In der Mitte des Dorfes sollten auf einem großen freien Platz die Schule, die Kirche und ein Laden gebaut werden. Die Häuser standen mit dem Giebel zur Straße. Ställe und Wirtschaftsgebäude schlossen sich ihnen an. Für den Hof und den Garten war ums Haus herum genügend Platz vorgesehen. So waren die neuen Siedlungen zumindest geplant. Aber der Anfang der Besiedelung war voller Gefahren und forderte viele Menschenleben. Zunächst mussten die Neuankömmlinge sich in Erdlöchern eine Behausung schaffen, denn in dieser Steppe lag noch kein Stein auf dem andern. Als der erste Winter mit seinen starken Frösten und heftigen Ostwinden hereinbrach, fiel ihm ein großer Teil der Siedler zum Opfer. Außerdem war das Gebiet über weite Teile mit mannshohem Gras bewachsen. Aber die Kolonisten ließen sich nicht entmutigen. Die Bauern erkannten sofort, wie fruchtbar diese Erde mit dem hohen Humusanteil war, und begannen mit großem Fleiß und Einsatz, die Steppe urbar zu machen. Das war eine überaus anstrengende, ja mörderische Tätigkeit, denn die Siedler mussten sich erst mit den neuen Anbaumethoden der Äcker vertraut machen.

Die medizinische Versorgung der Bewohner war äußerst dürftig. Man müsste sie sogar katastrophal nennen, denn es gab nur sehr wenige Ärzte. Eine besondere Bedrohung waren die Seuchen, die durch den Hafen von Odessa ins Land eingeschleppt wurden.

Aber in jedem Ort gab es wenigstens eine Hebamme und einen so genannten Feldscher, der genügend Kenntnisse für eine medizinische Notversorgung besaß. Diese beiden konnten im Notfall zur Hilfe geholt werden, aber ihre Ausbildung war nur mittelmäßig und entsprach nicht den Anforderungen der Siedler. Leider bewahrheitete sich der Spruch:

Die erste Generation ereilte der Tod.
Die zweite Generation erlitt Not.
Die dritte Generation hatte Brot.

Und erst die Generation, die 1940 umgesiedelt wurde und nach Deutschland kam, hatte es zu einem gewissen Wohlstand gebracht.

Bis zum Jahr 1848 entstanden insgesamt 25 so genannte Mutterkolonien. Danach aber verebbte der Auswandererstrom aus Württemberg, und auch der Kontakt nach Deutschland brach ab. Die Bessarabiendeutschen mussten nun auf ihren eigenen Füßen stehen. Sie bauten sich Häuser, Stallungen und Scheunen aus Lehmbatzen, die aus ungebranntem Lehm unter Verwendung von Stroh oder Kuhdung hergestellt wurden. Diesen Lehmbatzen gab man die Form von Backsteinen, die an der Luft getrocknet wurden. Das Erstaunliche war, dass die Siedler mit ihrem eigenen Hausbau auch ans Werk gingen, ein Bethaus zu errichten, das zugleich als Schule genutzt wurde. Es wurden Lehrer angestellt, die auch den Dienst als Küsterlehrer, wie sie genannt wurden, in der Kirche übernahmen. Ein Beispiel dazu aus der Festschrift:

Die Kirche in Sarata – Symbol unseres Glaubens und unserer Geschichte

Im Jahr 1822 wurde Sarata von Ignaz Lindl gegründet. Im Jahr 1823 kam Christian Friedrich Werner, ein Kaufmann aus Giengen an der Brenz, im 63. Lebensjahr nach Sarata. Nur wenige Monate konnte er hier im großen Segen wirken. Das von Christian Friedrich Werner ererbte Vermögen ermöglichte der Gemeinde Sarata den Bau der Kirche. Sie wurde 1840 eingeweiht und war die erste evangelische Kirche in Bessarabien überhaupt. Bis zum Umsiedlungsjahr 1940 diente sie als Gotteshaus. Danach wurde sie zweckentfremdet. Der Kirchturm wurde abgetragen. Mehr als 40 Jahre war die Kirche ‚Haus der Offiziere' und danach Jugenddiskothek. Edwin Kelm wurde durch die Reisen nach Bessarabien auf die Kirche in Sarata aufmerksam. Sein Gedanke war, sie vor dem Zerfall zu bewahren und ihrer eigentlichen Bestimmung, der Verkündigung des Wortes Gottes, wieder zuzuführen. Nach vielen, mit Beharrlichkeit verbundenen Bemühungen gelang es ihm, die Kirche für die bessarabische Volksgruppe zu erwerben. Bereits am 1. April 1995 wurde mit den Bauarbeiten begonnen. Vieles bedurfte einer gründlichen Erneuerung. Edwin Kelms Fachkompetenz, seine Ausdauer und seine Zähigkeit bei den Verhandlungen mit den Behörden, sein gutes Gespür bei der Auswahl der Mitarbeiter, wobei er immer auf die Unterstützung seiner Frau bauen konnte, machten es möglich, dass nach nur einem halben Jahr Bauzeit die Kirche im neuen Glanz erstrahlte und am 1. Oktober 1995 in einem feierlichen Festakt wieder ihrer Bestimmung übergeben werden konnte.

Es war ein Anliegen des Bundesvorsitzenden der Landsmannschaft, Edwin Kelm, dass ich am Tage der Einweihung anwesend bin. In meinem Grußwort an über 800 Besucher, darunter mehr als 600 heutige Bewohner von Sarata und den umliegenden Gemeinden, sagte ich: ‚Ich bin in Sarata im Jahr 1910 geboren und in dieser Kirche getauft worden. Hier wurde ich auch konfirmiert und in dieser Kirche bin ich im Jahr 1940 kurz vor der Umsiedlung getraut worden. In all den vergangenen Jahren ist die Erinnerung an diese Kirche lebendig geblieben, und ich bin von Herzen froh, den heutigen Tag in meinem hohen Alter noch erleben zu dürfen. Für die Zukunft Saratas und seiner Einwohner wünsche ich alles Gute und eine friedvolle Zeit.

Dass in der Kirche von Sarata wiederum das Evangelium verkündet werden kann, grenzt an ein Wunder, für das wir dem Allmächtigen Dank schulden.'
Dank und Anerkennung für ihre großartige Leistung gebühren dem Bundesvorsitzenden der Landsmannschaft, Edwin Kelm, und seiner Frau Olga, geb. Eberle. Voller Hochachtung und Dankbarkeit sind wir für das Erreichte. In den Dank mit eingeschlossen sind die vielen Helfer und Geber, die zum Gelingen des Werkes beigetragen haben. Eingedenk des über dem Portal der Kirche stehenden Bibelwortes ‚Ich will Frieden geben an diesem Ort' wünsche und hoffe ich, dass die Menschen diesen Ort aufsuchen, Freude und Trost im Wort Gottes empfangen und die Kirche von Sarata gleichzeitig ein Symbol der Völkerverständigung sein möge.
(Christian Fies; Bundesehrenvorsitzender der Landsmannschaft der Bessarabiendeutschen und Ehrenvorsitzender des Heimatmuseums der Deutschen aus Bessarabien)

Ist es nicht zum Staunen, dass es nach über 50 Jahren möglich ist, Gottes Wort in diesem so wunderschönen, aber hart heimgesuchten Land Bessarabien (heute Moldawien) zu verkündigen?

Da ich selbst zu den Bessarabiendeutschen zähle, ist es mir ein tiefes Bedürfnis, die Versöhnung unter den Völkern, die einst im Krieg miteinander lagen, zu fördern. Menschen sollen von Christus erfahren, und die Kirchenglocken sollen wieder läuten. Ich habe die Bitte zu Gott, dass die Segensgeschichte, die Gott mit dem Volk der Bessarabiendeutschen begonnen hat, seine Fortsetzung findet.

Der besondere Reichtum – Kinder

Die Bessarabiendeutschen hatten meist viele Kinder. Zehn bis zwölf Kinder und mehr waren keine Seltenheit. Allerdings starben viele Kinder schon in frühem Alter. Es fehlte in diesem Land an einer guten medizinischen Versorgung. Der Kinderreichtum brachte aber auch Probleme mit sich.

Das Erbrecht sah es vor, dass immer dem jüngsten Sohn der Hof überschrieben wurde. Für die anderen Kinder musste dann nach einer neuen Erwerbsmöglichkeit gesucht werden. So ging man dazu über, dass die Bauernsöhne ein Handwerk erlernten. Mit zunehmendem Wohlstand wurde es aber Brauch, dass die Väter für ihre anderen Söhne Land erwarben oder es pachteten, um ihnen somit eine Existenzgrundlage zu schaffen. Manche Söhne wanderten auch ins Zarenreich oder ins Ausland aus. Später wurde es von der Regierung geduldet, dass die Ländereien und Höfe aufgeteilt wurden.

Schon 1857 hatte sich die Bevölkerung um mehr als das Doppelte auf gut 23.000 Personen vermehrt. Bei der Umsiedlung 1940 betrug ihre Zahl schon 93.000.

Zu Beginn der Einwanderung waren zunächst alle Kinder in der Landwirtschaft tätig. Später ergriffen sie dann den Beruf des Schusters, Schlossers, Stellmachers, Schneiders, Schmieds usw. Man ging auch dazu über, in den Dörfern Markttage einzuführen. Dadurch wurden zugleich Absatzmöglichkeiten für die nicht deutsche Bevölkerung erschlossen. Die Entwicklung zur industriellen Produktion begann. Nach und nach wurden Mühlen gebaut und auch die ersten Ziegeleien entstanden. Nun baute man die Häuser nicht mehr aus Lehm, sondern verwandte dazu Ziegelsteine. Auch die Schaf- und Pferdezucht entwickelte sich gut.

Durch diesen wirtschaftlichen Aufschwung kamen die Deutschen auch mit anderen Völkerschichten besser in Kontakt. So lebten Moldowaner, Russen, Bulgaren recht friedlich nebeneinander. Aber jedes Volk hatte seine eigenen Siedlungsdörfer. Das hing vor allen Dingen mit sprachlichen und religiösen Gegebenheiten zusammen und war von der Regierung auch so gewollt.

Aber an Markttagen fanden die Menschen zusammen. Man traf sich auch auf den Fahrten nach Odessa. So entstanden enge Berührungspunkte, und jeder lernte vom andern den notwendigen Wortschatz, um sich zu verständigen. Aber sonst führte jede einzelne Völkergruppe ihr Eigenleben. Mischehen waren verpönt.

Aber mit der Zeit war es immer mehr gang und gäbe, dass sich fremdländische Knechte und Mägde bei den deutschen Bauern verdingten, weil sie erkannten, dass sie vieles von ihrer Arbeitsweise übernehmen konnten. Es sprach sich nämlich im Land herum, dass die deutschen Kolonisten sehr fortschrittlich waren und es zu einem gewissen Wohlstand gebracht hatten. Aber dies blieb keine Einbahnstraße. Wer von den Deutschen die Augen offen hielt, konnte auch manches von den Nachbarvölkern lernen, z.B. den Anbau von Paprika und seine kulinarische Verwertung, um nur ein Beispiel zu nennen. Es herrschte zwischen den Menschen verschiedener Nationalitäten ein friedliches Nachbarschaftsverhältnis, also schon damals ein „Vereintes Europa" im kleinen Maßstab.

Bildung, Lehre und Leben

Ein besonderes Augenmerk muss man auf den guten Bildungsstand der deutschen Kolonisten richten. Schon gleich bei der Einwanderung begannen Laien mit dem Unterricht ihrer Kinder. Er fand im Freien statt. Später wurden dann Lehrer ausgebildet, die die Kinder in den Bethäusern unterrichteten. Das große Erbe des Kaufmanns Christian Friedrich Werner wurde ja unter der Auflage an Sarata vermacht, dass es dem Bau des Reiches Gottes dienen sollte. Aber nach zähen Verhandlungen durfte es auch für den Bau einer Lehrerbildungsanstalt verwendet werden. „Die Wernerschule", wie sie genannt wurde, eröffnete schon 1844 ihre Pforten. Es war das erste deutschsprachige, pädagogische Institut. Studierende aus Bessarabien aber auch aus den deutschen Siedlungen im Zarenreich bis hin zum Kaukasus genossen hier in Sarata ihre Ausbildung auf hohem Niveau. Die Wernerschule gewann weit über die Grenzen Bessarabiens hinaus an Bedeutung. Die Ausbildung war laut Stiftungszweck an das evangelisch-lutherische Bekenntnis gebunden. Hervorragend ausgebildete Lehrer gingen aus diesem Institut hervor, das gerade in Bezug auf das christliche Werteverständnis prägend war. Die Lehrer waren ja auch als Küsterlehrer für das kirchliche Leben der deutschen Kolonisten verantwortlich, da es nur wenige Pastoren im Lande gab. So wurden die Lehrer zu einer Elite für das geistige und geistliche Leben.

Natürlich haben neben den Lehrern auch die Pastoren dazu beigetragen, dass die Auseinandersetzung in geistigen und kulturellen Fragen ihren rechten Stellenwert behielt. Aber die Zahl der Geistlichen blieb weiterhin sehr klein.

Die Aufgaben, die in einem Dorf zu leisten waren, wie der Bau der Kirche, der Schule und die Errichtung des Friedhofs führten die Kolonisten in eine enge Mitverantwortung füreinander. Arnulf Baumann schreibt dazu in seiner Schrift *Die Deutschen in Bessarabien*: „Beim Hausbau wurde das meiste in Eigenarbeit getan, nur beim ‚Bodenlegen' – dem Herstellen des Estrichs aus gestrichenem Lehm – wurden die Nachbarn hinzugeholt. Es wurde auf Zucht und Ordnung gehalten, die auf weltlicher Seite vom Schulzen (Bürgermeister) und seinen Helfern, auf kirchlicher Seite vom Pastor bzw. Küsterlehrer und den Kirchenvätern (Kirchenältesten) überwacht wurde. Es bildeten sich Sitten und Gebräuche heraus, die das gemeinschaftliche Leben des Dorfes und das Leben der Familien bis in die Einzelheiten regelten. Aufgrund der unterschiedlichen Herkunft gab es von Ort zu Ort leichte Variationen, die sich aber mit der Zeit immer mehr anglichen. Der Grundgedanke war, dass die Feiern auf dem Lebensweg wie Taufe, Konfirmation, Hochzeit und Beerdigung nicht Privatangelegenheiten der Familie waren, sondern auch die Verwandten und Nachbarn, wenn nicht sogar die ganze Dorfgemeinschaft betrafen. Da Männer und Frauen, meist auch die Heranwachsenden, sehr hart zu arbeiten hatten, insbesondere bei der Ernte in der heißesten Zeit des Jahres, feierte man zum Ausgleich auch fröhliche Feste. Dabei war der christliche Glaube, der auch die persönliche Lebensführung bestimmte, die von allen anerkannte Grundlage. Für die Vertiefung des Glaubens setzten sich die pietistischen Brüdergemeinschaften ein, die mehrmals in der Woche zur „Stunde" mit Gesang, Gebet und Bibelauslegung durch Laien zusammenkamen. In den größeren, sich lang hinziehenden Orten gab es mehrere davon, in den kleineren wenigstens eine. Nachdem es in der Anfangszeit – auch unter dem Einfluss Lindls – Tendenzen zur Absonderung von der Kirche gegeben hatte, gelang es mit der Zeit immer besser, ein positives Verhältnis zwischen den Pastoren und den Brüdergemeinschaften herzustellen."

1874 wurde ein Sonderrecht, das der Zar den Kolonisten eingeräumt hatte, wieder aufgehoben: die Befreiung vom Wehrdienst. Darüber gab es große Verärgerungen, denn die Deutschen waren davon ausgegangen, dass sein Versprechen unbegrenzt sei. Im Reich des Zaren mussten die jungen Männer oft sieben Jahre lang den Dienst mit der Waffe leisten. Ihre Einsatzorte lagen meist in weit entfernten Gebieten. So konnten die Soldaten kaum im Urlaub nach Hause fahren. Angst und Empörung machten sich breit, denn man befürchtete, dass es den Deutschen genauso ergehen könnte wie den leibeigenen Bauern in Russland. In dieser Zeit wanderten vor allen Dingen die wehrpflichtigen Bauernsöhne nach Nordamerika aus. Aber die schlimmen Befürchtungen bewahrheiteten sich zum Glück nicht. So beruhigten sich die Kolonisten wieder und konnten ungestört in ihren Dörfern ihr Eigenleben führen. Wirtschaftlich ging es in dieser Zeit weiter voran. Eine Beeinträchtigung allerdings blieb. In den Dorfschulen musste nun Russisch gelernt werden, denn in der Verwaltung und im Rechtsbereich wurde nur noch Russisch gesprochen. Die Bevölkerung begriff, dass sie ab sofort Russisch lernen musste.

Alexander-Asyl in Sarata

Das geistliche Leben in Bessarabien blühte immer mehr auf. Kirchen und Bethäuser wurden nun in jedem Dorf gebaut. 1865 entstand in Sarata eine diakonische Einrichtung, die „Barmherzigkeitsanstalt", mit einem Diakonissen-Mutterhaus, einem Krankenhaus und einer Behinderteneinrichtung mit Pflegestation. Es war ein Glücksfall, dass Diakonissen aus Neuendettelsau in Unterfranken nach Bessarabien reisten, um hier im Namen Jesu Liebesdienst zu üben. Ihren Namen hat diese kirchlich-diakonische Einrichtung nach Zar Alexander II. erhalten. Er war gerade in der Zeit der Gründung beinahe durch ein Attentat ums Leben gekommen.

Die Sarater Schwestern wurden in vielen deutschen Dörfern Bessarabiens zum Dienst in Kindergärten und in Pflegestationen eingesetzt. Es wurde auch erwogen, die Höhere Schule weiter auszubauen. In Tarutino entstand ein Privatgymnasium. 1906 war dort schon ein Lyzeum für Mädchen eröffnet worden. So konnte nun auch die weibliche Jugend eine bessere Schulbildung erhalten.

Durch den Untergang des Zarenreiches trat 1917 eine große Veränderung in Bessarabien ein. Es löste sich von Russland und kam unter rumänische Herrschaft. Dieser Anschluss an Rumänien wurde von der entstehenden Sowjetunion nie anerkannt, und so fiel Bessarabien später durch eine Abmachung Hitlers mit Stalin 1939 wieder Russland zu. Die Deutschen aber sollten unter der Devise: „Heim ins Reich!" nach Deutschland umgesiedelt werden.

Unter rumänischer Herrschaft

Urplötzlich wurde Bessarabien Rumänien einverleibt. Das hatte zur Folge, dass nun die Bevölkerung total umdenken musste. Dies war eine ungeheure Herausforderung. Nun musste die rumänische Sprache erlernt werden. Zuvor hatte man ja schon Russisch lernen müssen. Ein Jahrhundert hatte man unter russischer Herrschaft gelebt und sich gut in alles hineingefunden, nun musste die rumänische Staatsform akzeptiert werden, die sehr fremd war.

Die Rumänen führten ziemlich bald eine Agrarreform durch. Die Bauern, die mehr als 100 ha Land besaßen, wurden enteignet, und die Äcker wurden so genannten „Landlosen" zugeteilt. Von etwa 355 000 ha Ackerland gingen ungefähr 65 000 ha verloren. Das war für die Landwirtschaft ein herber Aderlass. Für die „Landlosen" wurden so genannte Hektardörfer gegründet. Das bedeutete, dass jede Familie 6 ha Land erhielt. Aber das war zum Leben zu wenig und zum Sterben zu viel.

Auch im Schulwesen gab es eine Reihe neuer Konflikte. Ab der ersten Klasse mussten die Buben und Mädchen nun schon Rumänisch lernen. Es kamen neue rumänische Lehrer in die bisher deutsch geführten Schulen. Gerade die Gymnasiasten und die Studierenden der Lehrerbildungsanstalt waren von der neuen Regelung hart betroffen. Da sie keine rumänischen Sprachkenntnisse hatten, wurden sie nicht zum Abitur und zum Abschlussexamen zugelassen. Die deutschen Vertreter in der rumänischen

Regierung kämpften zäh, um diese harte Maßnahme wieder außer Kraft zu setzen. Es gelang ihnen, die Gymnasien und die Ausbildungsanstalt für Lehrer unter die Verantwortung der Kirche zu stellen.

Die Deutschen versuchten, mehr Einfluss auf die schulischen Belange und auf das öffentliche Leben zu nehmen. So entstanden die „Deutsche Zeitung Bessarabiens" und später noch das „Deutsche Volksblatt".

Am Schwarzen Meer wurde der deutsche Badeort Burnas errichtet.

1921 wurde ein „Deutscher Wirtschaftsverband" gegründet, um bessere Absatzmöglichkeiten zu schaffen.

In Sarata entstand das Heimatmuseum.

Diese Umstellung auf ein neues politisches System kostete viel Kraft. In dieser Zeit wanderten auch viele nach Nord- und Südamerika aus. Dieser Kontinent übte eine große Anziehungskraft auf die bessarabische Bevölkerung aus.

Auch im kirchlichen Bereich ergaben sich Veränderungen. Die Verbindung zur evangelischen lutherischen Kirche in Russland, die durch den Kommunismus einer schweren Christenverfolgung entgegenging, musste aufgegeben werden. So schloss sich die evangelische lutherische Landeskirche Bessarabien 1920 der Kirche in Siebenbürgen an.

Umsiedlung 1940 nach Deutschland

Im Herbst 1939 wurde der Hitler-Stalin-Pakt geschlossen. Bessarabien wurde wieder von den Russen besetzt, und die rumänischen Truppen mussten fluchtartig binnen drei Tagen diesen Landstrich verlassen. Die Deutschen in Bessarabien fühlten sich nun durch Sowjetrussland bedroht. Besonders die Schicht der Akademiker musste um ihr Leben bangen. Diese Intellektuellen hatten in Deutschland studiert, und von daher erregten sie bei den Russen Verdacht. Sie wurden oft wie Spione behandelt. Angst machte sich breit, und bald war es fast allen klar, dass sie nun nicht mehr länger in ihrer Heimat bleiben konnten. Dem Schicksal, das die Russlanddeutschen hatten erleiden müssen, wollten sie entgehen. Es hatte sich nämlich herumgesprochen, dass die Deutschen jenseits des Dnjesters enteignet, verfolgt und weit ins Innere Russlands verschleppt worden waren.

Am 5.9. wurde dann der Umsiedlungsvertrag abgeschlossen. Die SS wurde beauftragt, die Bessarabiendeutschen umzusiedeln und in Deutschland anzusiedeln.

Das geistliche Leben in Bessarabien

Wenn auch den Bessarabiendeutschen ihre Heimat, ihr Land, ihr Besitz genommen wurde, eines behielten sie fest in ihrem Herzen: Es war der Glaube an Jesus Christus, ihren Herrn. Das kirchliche Leben ging auf eine lange Tradition zurück. Gewiss, Erschütterungen blieben nicht aus. Aber immer wieder hatte sich Gott seiner Gläubigen angenommen und Erweckungen geschenkt. Die wesentlichen Impulse kirchlichen Lebens gingen davon aus, dass viele der Auswanderer ihre geistliche Heimat im Württembergischen Pietismus hatten. Dieses lebendige christliche Erbe nahmen sie mit in die Steppen Südrusslands, wohin man sie zur Besiedelung gerufen hatte. Die Einzelnen konnten nur wenig Gepäck mitnehmen, aber zwei Dinge durften nicht fehlen: die Bibel und der „Hiller"; das war ein Buch mit dem Titel „Hillers Liederkästlein".

Im Jahre 1822 traf ein Auswandererzug aus Württemberg in der einsamen Steppe Bessarabiens ein. Hier in dieser Wildnis lag noch kein Stein auf dem anderen. Aber dieser Treck von Deutschen wurde angeführt von Menschen, die die volle Wahrheit und Freiheit des Evangeliums verstanden hatten und bereit waren, die Botschaft von Gottes großer Liebe weiterzusagen. Buße und Bekehrung waren ihre Anliegen. Der erste Gottesdienst fand unter freiem Himmel statt. An einem Ziehbrunnen versammelte sich Alt und Jung, und gemeinsam wurde das Lied gesungen:

Fahre fort, fahre fort, wandle Volk des Herrn im Licht!
Mache deinen Leuchter helle, lass die erste Liebe nicht,
suche stets die Lebensquelle!
Zion dringe durch die enge Pforte; fahre fort, fahre fort!

Hier an diesem Brunnen wurde ein kleines geistliches Reis eingepflanzt, das aus der Heimat Württembergs mitgebracht worden war. Es sollte wachsen und Frucht bringen.

Schon ein Jahr später folgte, wie ich schon berichtet habe, den Auswanderern der Kaufmann Christian Friedrich Werner aus Giengen a. d. Brenz, in dessen Haus viele Jahre lang eine Erbauungsversammlung, die so genannte „schwäbische Stunde" abgehalten wurde. In dieser „Stunde" hatten auch die Pfarrer Lindl und Gossner gelegentlich mit dem Wort Gottes gedient. In Sarata in Bessarabien begegneten sich nun Pfarrer Lindl und der schwäbische Stundenbruder Werner wieder. Es war ihnen ein Anliegen, eine Brüdergemeinde nach urchristlichem Vorbild zu gründen.

Besonders um die Mitte des 19. Jahrhunderts gab es in vielen Dörfern Erweckungen. Die Orte Plotzk und Neu-Elft waren zuerst in diesen Segensstrom gestellt. Der vollmächtige Lehrer Leyer brach in die umliegenden Dörfer auf. Im Mittelpunkt jeder seiner Verkündigungen stand das Wort Gottes. Es wurde zu Buße und Bekehrung aufgerufen. Oft setzte ein harter Kampf ein, und die Menschen rangen um Glaubensgewissheit. Gebetet wurde kniend. Es blieb nicht aus, dass diese Frommen von manchen Menschen argwöhnisch beäugt und sogar verfolgt wurden. So verklagte ein Polizeibeamter die Stundenbesucher beim Gouverneur und forderte, dass die Versammlungen verboten werden sollten. Der Gouverneur sah sich die Sache selbst an, stellte aber den Gläubigen ein sehr gutes Zeugnis aus. In seinem Bericht hieß es: „Die Stundenleute gehören zu den besten Gliedern der Kirche, sie sind treue Staatsbürger und führen um des Gewissens willen ein christliches Leben."

So wie sie es von ihrer Heimat gewohnt waren, hielten die Frommen in den neu entstandenen Dörfern ihre schlichten Zusammenkünfte ab. Oft traf man sich dazu in Bauernstuben. Die meisten Predigten wurden von Laienbrüdern gehalten, die dann im Winter, wenn die Feldarbeit ruhte, von Dorf zu Dorf fuhren und erweckliche „Stunden" hielten. Sie riefen ihre Landsleute auf, sich reuig vom alten, sündigen Leben ohne Gott abzuwenden und sich im Glauben zu Christus zu bekehren. Durch Gottes Wirken entstand an vielen Orten ein geistlicher Aufbruch. Menschen, die zum Glauben fanden, schlossen sich zu Gemeinschaften zusammen. An manchen Orten mussten mehrere Versammlungsstuben für sie eingerichtet werden, weil so viele das Wort Gottes hören wollten.

Die Zusammenkünfte trugen den Namen „Betstunden". An die Verkündigung aus der Bibel schloss sich immer eine längere, intensive Gebetsgemeinschaft an. Die Gläubigen wussten, dass das Gebet der entscheidende Rückhalt für das Wachstum des geistlichen Lebens war.

Der Zusammenhalt vieler Kreise in den meist sehr weit auseinander liegenden Dörfern geschah durch zwei andere Einrichtungen. Da waren einmal die jährlichen Glaubenskonferenzen, bei denen oft Tausende unter dem Wort Gottes zusammenfanden. Dazu kamen dann noch die „Brüderbesuche", bei denen bewährte und erfahrene Laienbrüder von Ort zu Ort reisten, die Gläubigen stärkten und Seelsorge übten. Solche Fahrten wurden in der Regel mit dem Pferdewagen oder im Winter mit dem Schlitten unternommen.

Wenn die Brüder in ein Dorf einfuhren, wurde kurz vor dem Ortseingang angehalten. Alle stiegen ab, knieten sich am Straßengraben nieder und beteten, dass Gott ihren Verkündigungsdienst segnen möchte. Reisten sie nach ihrem Dienstauftrag wieder ab, dann knieten sie diesmal am Ortausgang nieder und dankten ihrem Herrn für den Segen, dass Menschen zum Glauben gefunden hatten.

Aber wo Gottes Geist wirkt, ist natürlich auch der Teufel auf dem Plan. Man empfing die predigenden Brüder nicht selten mit Knüppeln und bedrohte sie. Ein Bruder mit Namen Biffarth trat unerschrocken unter die Angreifer und lud sie mit freundlichen Worten zur Versammlung ein. So manchem entfiel dann der Schlagstock aus der Hand, und sein trotziges Herz wurde überwunden.

Solche Erweckungen zeigten auch in anderer Hinsicht ihre Wirkung. Familienfeiern wie Hochzeiten und Taufen wurden nicht mehr in solch ausgelassener Weise begangen. Die Schnapsschenken verschwanden zum größten Teil in den Dörfern. Es gab viele Orte, in denen die Hälfte der Bevölkerung in die „Stunde" ging.

In dem Dorf Sofiewka, in dem meine Großeltern mütterlicherseits wohnten, waren drei Stundenversammlungen entstanden: im Unterdorf, im Mitteldorf und im Oberdorf. Ich selbst habe als Kind einmal eine solche „Stunde" erlebt, als wir zu Besuch gekommen waren. Sie ist mir deshalb in Erinnerung geblieben, weil Großvater mich ermahnen musste, während der Predigt nicht zu lachen und zu schwätzen. Im Haus meines Großvaters Jakob Ohlhausen war eine große Stube vollständig ausgeräumt und mit Holzbänken versehen worden. Großvater selbst hat das Wort Gottes verkündigt. Im Winter fuhr auch er über Land und verbreitete die gute Botschaft, wie Menschen aus ihrer Sündennot befreit ein neues Leben mit Gott führen können. Als ich mit fünfzehn Jahren zum Glauben an Christus fand, hat mich oft die Frage bewegt: Warum ist mir gerade in meiner Klasse dieses wunderbare Geschenk der Gemeinschaft mit Christus zuteil geworden? Heute bin ich überzeugt, dass Großvater für alle seine Enkel gebetet hat. So wie er uns Enkelkinder mit materiellen Gütern bedacht hat, war es ihm sicher auch ein Anliegen, dass sie Jesus Christus kennen lernten. So fand ich unter den Dokumenten, die wir hinüberretten konnten, eine Schenkungsurkunde. Zur Taufe wurde ich mit acht Hektar Land bedacht. Darüber konnte ich nur staunen. Kam Großvater zu Besuch, dann mussten bei Tisch erst alle aufstehen, und er sprach das Tischgebet. Er muss ein sehr hilfsbereiter Mensch gewesen sein. Als ich mich in der Verwandtschaft und bei Dorfbewohnern, die ihn besser gekannt haben als ich, nach ihm erkundigte, wurde mir erzählt, dass er in Notzeiten den Bauern mit Geldgaben ausgeholfen hat. Oft hat er auch den Schuldschein zerrissen, wenn er sah, wie arm sein Schuldner war. In einem Buch las ich über ihn, dass er bei der Gründung des Dorfes zuerst darauf hinwirkte, dass eine Kirche und ein Schulhaus gebaut wurden. Mit der Errichtung seines eigenen Hauses hat er sogleich tatkräftig mitgewirkt. Gott hat ihm sein Opfer reich belohnt. Über seinen Feldern hat der himmlische Vater Segen ausgestreut. Er ist ein reicher Mann geworden, besaß eine Mühle, eine Ziegelei und einen Laden. Obwohl ihm selbst keine gute Schulbildung zuteil geworden war, hat er aber an sich selbst gearbeitet, später mit seinen Kindern gelernt und sich ständig weitergebildet. Er war ein frommer, bescheidener, kluger Mensch und hat auch als Abgeordneter im rumänischen Parlament zum Wohl seiner bessarabischen Landsleute mitgewirkt. Aber am allerwichtigsten war ihm das Wort Gottes.

Im Ganzen scheuten die Frommen keine Mühe, weil die Sache des Evangeliums und die Gemeinschaft der Gläubigen untereinander hohe Güter waren, die den Bessarabiendeutschen von Gott anvertraut und auf die Seele gelegt worden waren. In der Regel geschah diese Gemeinschaftsarbeit unter dem Dach der Kirche in gutem Einvernehmen mit den Pastoren. Auch wenn den Gläubigen ihre „Stunde" sehr wichtig war, so hinderte sie dies nicht daran, regelmäßig die sonntäglichen Gottesdienste zu besuchen. Ein Wort aus dem Neuen Testament soll uns an den Glaubensgrund unserer Vorfahren erinnern:

„Was wir gesehen und gehört haben, das verkündigen wir euch, damit auch ihr mit uns Gemeinschaft habt; und unsere Gemeinschaft ist mit dem Vater und mit seinem Sohn Jesus Christus." 1. Johannes 1,3.

Wir, denen das Vermächtnis unserer geistlichen Väter und Mütter anvertraut ist, wollen dieses Erbe gut verwalten. Es ist wahrlich ein großes Gut. So schreibt Pfarrer Arno Pagel über das Besondere in der bessarabischen Gemeinschaftsarbeit Folgendes: „Zu den Eigenarten, die die bessarabische Gemeinschaftsarbeit prägen, gehört neben der kräftigen Betonung der Laientätigkeit der klare erweckliche Ton, der zur Bekehrung des Einzelnen ruft. Die Bessarabier können sich eigentlich keine Freizeit und Konferenz denken, wo nicht der Jubel durchbricht, dass Sünder den Heiland gefunden haben. Immer wieder wird zum Gang ins ‚Gebetskämmerlein', zur Gelegenheit der persönlichen Seelsorge aufgefordert, und alle ringen und beten mit, dass die angefassten und erweckten Landsleute auch zur Heilsfreude gelangen. In diesen Willen zur Seelenrettung werden besonders auch die jungen Menschen, ja sogar schon die Kinder einbezogen.

Zur bessarabischen Eigenprägung gehört auch, dass jede Veranstaltung mit einer Gebetsgemeinschaft beschlossen wird. Dem Gefühl wird kein Zaum angelegt. Tränen über Sündennot und anderen Kummer, Tränen der Freude über Bekehrungen und andere Siege Gottes empfindet niemand als schwärmerisch. Man hat aber auch keineswegs den Eindruck einer einseitig gefühlsbetonten Frömmigkeit. Klare biblische Erkenntnis steht hoch im Kurs. Wer im Reich Gottes mitarbeitet, muss im Wort Gottes forschen und sich in Brüderkursen Rüstzeug holen. Bloß im Intellekt sitzt den Bessarabiern der Glaube nicht. Bei ihnen freuen sich Herz und Gemüt des Heilandes, und die Gefahr der Verstandeskälte und der Lauheit scheuen sie mehr als die des Überschwanges."

Es ist mir persönlich ein großes Vorrecht, dass ich zu diesem von Gott so gesegneten Volk zählen darf.

Die Neuansiedlung
Nach der Umsiedlung und einem langen Lagerleben folgte dann die Neuansiedlung in den Ostgebieten Deutschlands, die 1945 mit der Flucht vor der heranrückenden russischen Front ihr Ende fand. Diese Zeit des Aufbruchs mitten im Winter 1945 und das Fußfassen im Westen Deutschlands war mit viel Leid, Verlust und Weh verbunden.

Wenn wir auch viel verloren haben und der Neubeginn entbehrungsreich war, so ist doch der Glaube an den lebendigen Gott und das erweckliche, christliche Erbe uns Bessarabiern nicht verloren gegangen. Im Bessarabischen Gemeinschaftsverband, der später den Namen Nord-Süd-Verband erhielt, haben sich viele Landsleute eingefunden, so weit sie nicht in andere christliche Kirchen und Verbände integriert waren.

Ich selbst bin mit großer Freude einer Einladung gefolgt, in Bookholzberg, einem wunderschönen Freizeitheim der Bessarabiendeutschen, eine Tagung zu halten. Für mich war es der erste Dienst dieser Art. Bis dahin war ich fast 25 Jahre meiner Ehe in der Familie vollauf beschäftigt. Nun stand mir eine große Aufgabe bevor.

Ich machte mich also mit Eifer daran, die Bibelarbeiten vorzubereiten. Mein Thema war das Buch Nehemia. Wenn ich auch fleißig war und jeden Vortrag schriftlich ausgearbeitet hatte, kann ich doch nicht verhehlen, dass mir zunächst vor dem Dienst etwas bange war. Wie würden die Frauen mich annehmen? Würde Gott zu diesem Dienst Gelingen schenken? So fuhr ich los und wurde überaus herzlich empfangen: „Schwester Bormuth, wir freuen uns auf Ihre Vorträge und beten schon lange für Sie. Gott hat viel Arbeit für Sie bereit. Zwei Seelen gehören noch nicht dem Herrn. Wir müssen beten und ringen, dass diese beiden verlorenen Seelen auch den Weg zu Gott finden und gerettet werden." So wurde ich begrüßt.

Der Auftakt hätte gar nicht besser sein können. Es wurde wirklich viel gerungen und gebetet. Gewiss war es schon etwas befremdlich für mich, dass diese beiden Frauen in den morgendlichen Gebetsstunden mit Namen vor Gott gebracht wurden, wo sie doch mitten unter uns saßen. Und wirklich, das Wunder geschah. Eine junge Mutter wurde Christ. Als sie dies selbst vor dem Mittagessen bekannt gab, kam große Freude unter den Teilnehmern auf. Spontan stimmten sie das Lied an:

„Kommt her, ich will erzählen von dem, was Gott getan.
Ihr gottesfürcht'gen Seelen, kommt stimmt ein Loblied an.
Mit Freuden will ich sagen: Der Heiland ist nun mein,
Und rühm von Lieb getragen: Ich bin auf ewig sein."

So war es auch in Bessarabien Brauch gewesen, dass man dieses Lied immer dann gesungen hat, wenn ein Mensch zum lebendigen Glauben gekommen war. Wir störten uns auch nicht daran, dass an diesem Tag über unserem Singen die Suppe kalt geworden war. Wir hatten Wichtigeres zu tun. Es galt, Gott zu loben und ihn zu preisen über der großen Tat, dass er einen Menschen in seine Gemeinschaft gerufen hat. Darüber floss auch so manche Freudenträne.

Gesungen wurde auf dieser Freizeit von Anfang an recht viel und laut. Aber von da an erklang das Lob Gottes noch fröhlicher und kräftiger. So musste uns der Heimleiter bitten, dass wir uns in der Lautstärke etwas mäßigen sollten: Wenn schon um kurz nach sieben morgens die alten Lieder laut erschallten, würden seine kleinen Kinder aus dem Schlaf geweckt.

In Bookholzberg war ich drei- oder viermal zum Dienst eingeladen. In Schorndorf, dem zweiten Freizeitheim des Nord-Süd-Verbandes, war ich noch öfter. Ich wusste mich in meinem Verkündigungsdienst immer umbetet, angenommen und reich beschenkt.

An ein Ereignis denke ich heute noch bewegten Herzens zurück. Wir waren eine große Schar von über 50 Teilnehmern. Eine Frau fiel mir besonders auf. Sie saß in unserer Mitte ganz gebeugt auf ihrem Stuhl und hatte einen traurigen Ausdruck im Gesicht. Sie sang kein einziges Lied mit. Sie war blind. Auch wenn wir ganz bekannte Lieder wie „Harre, meine Seele", „So nimm denn meine Hände" oder „Stern, auf den ich schaue" anstimmten, blieb ihr Mund stumm.

An einem Tag sprach sie mich an, ob sie einmal mit mir reden dürfte. Ganz erschüttert erzählte sie aus ihrem Leben. Sie möchte auch zu Jesus kommen, aber sie schaffe es nicht. Ihre Sünde sei zu schwer. Als sie junge Bäuerin eines großen Hofes in Bessarabien war, erkrankten ihre Milchkühe schwer. Sie litten unter starken Blähungen. Sie hatten frischen Klee gefressen, der noch mit Reif bedeckt war. Es gab wohl kaum Hilfe für sie. Solch ein Verlust hätte den Hof in den Ruin treiben können. Einen Tierarzt gab es weit und breit nicht. Außerdem wäre er unbezahlbar gewesen, wenn man ihn von dem nächstgrößeren Ort hätte kommen lassen. So rief sie heimlich in den Stall einen Besprecher, von dem hinter vorgehaltener Hand gesagt wurde, er habe die Gabe der Heilung. Wenn auch der Pastor und die Ältesten der Gemeinde vor solchen Praktiken warnten, so ließ die Jungbäuerin doch den Besprecher holen.

Sie erzählte mir noch ganz genau, wie diese Zauberhandlung vollzogen wurde. Außerdem gab er ihr nach dem Zauberritus noch die Anweisung, die Kühe auf den Hof zu führen. Die Knechte sollten ihnen mit Stroh die Bäuche kräftig reiben. Damit würden die starken Schmerzen der Tiere gelindert. Wirklich, sein Rat half. Alle Milchkühe wurden wieder gesund. Niemandem hatte sie seitdem von der magischen Zauberkraft erzählt. Zwei

Jahre später erwartete sie ihr erstes Kind. Sie erwartete Zwillinge, zwei kleine Söhne. Die Geburt war schwer, aber die bewährte Hebamme des Dorfes stand ihr bei, und so konnten zwei Jungen das Licht der Welt erblicken. Es war eine Gewohnheit, dass die Babys in den ersten Monaten nachts bei der Mutter schliefen. Das war bequemer, da die Kleinen gestillt werden mussten. Außerdem war es im Winter unter den großen Federbetten sehr schön warm.

An dieser Stelle hielt die Frau in ihrem Gespräch inne. Erst als ich sie ermutigte, weiterzureden, erzählte sie die Geschichte zu Ende. Nie würde sie den Morgen vergessen, als sie entdeckte, dass eins der kleinen Kinder tot neben ihr lag. Es war unter der schweren Daunendecke erstickt.

„Straft mich Gott mit dem Tod meines Sohnes, dass ich solch eine schwere Schuld auf mich geladen und einen Besprecher geholt habe?" Sie wurde dabei regelrecht von einem Weinkrampf geschüttelt.

„Und dann habe ich noch etwas Böses gemacht", berichtete sie. „Es war kurz vor Kriegsende. Ich befand mich mit meinen drei Kindern auf der Flucht. Mein Mann war Soldat an der Ostfront. Angst überfiel mich, ob ich meinen Mann noch einmal wiedersehen würde. In meinen Zweifeln suchte ich nach einem Ausweg. Zusammen mit einer Nachbarin ging ich zu einer Kartenlegerin.

Ich wusste, dass ich dies eigentlich nicht tun dürfte. Aber die Angst um meinen Mann trieb mich dazu. 25 Mark musste ich dafür bezahlen und noch eine rote Dauerwurst mitbringen. Als ich der Wahrsagerin auf ihr Verlangen ein Foto meines Mannes zeigen musste, meinte sie, die Karten stünden gut für mich. Mein Mann würde nach wenigen Monaten der Gefangenschaft wieder zu mir zurückkehren. So ist es dann auch eingetroffen. Zwölf Monate später hat Egon mich auf der Suchliste des Roten Kreuzes entdeckt und kam zu uns. Aber der Friede meines Herzens war gewichen. Ich wusste genau, was die Bibel zu solchem Tun sagt. In 5. Mose 18,9-14 warnt Gott die Menschen vor jeder Form von Wahrsagerei und Zauberei. Es heißt da: ‚Wer solches tut, der ist dem Herrn ein Gräuel' (Vers 12).

Nun bin ich alt geworden. Mein Augenlicht habe ich durch

den grünen Star verloren. Ich weiß, dass ich vor den Toren der Ewigkeit stehe. Gibt es für mich noch eine Rettung?"

Ich las dieser alten Mutter das bekannte Wort aus Jesaja 1,18 vor, wo Gott sagt: „Wenn eure Sünde gleich blutrot ist, soll sie doch schneeweiß werden." Weiter machte ich ihr deutlich: „Wenn Sie Ihre Sünde bereuen, ist Gott bereit, sie zu vergeben. Gott straft Sie nicht wegen Ihrer Untaten. Dass Ihr kleiner Reinhold hat ersticken müssen, dafür weiß ich keine Antwort. Aber Sie sollen wissen, was in Jesaja 53,5 steht: ‚Die Strafe liegt auf ihm, auf dass wir Frieden hätten, und durch seine Wunden sind wir geheilt.' Christus ist es, auf den Gott auch Ihre Schuld gelegt hat. Sie dürfen davon frei werden. Ich will mit Ihnen noch den Herrn anrufen und Sie bitten, mir jeden Satz des Gebetes laut nachzusprechen."

So knieten wir nieder und beteten: „Herr Jesus Christus, ich komme zu dir und bitte dich aufrichtig um Vergebung aller meiner Sünden. Lass dein Blut über meine Schuld fließen und rechne mir das Böse nicht zu. Auch sage ich mich los von Satan mit allen seinen Werken, von allen dämonischen Mächten und Belastungen. Mein Leben soll fortan dir gehören. Ich danke dir für deine große Liebe. Amen."

So wurde diese Teilnehmerin Christ. Zwei Jahre später traf ich sie wieder in Schorndorf. Ich hätte sie fast nicht wieder erkannt. Aufrecht saß sie in ihrem Sessel, und auf ihrem Gesicht zeigte sich ein freundliches Lächeln. Fast alle Lieder, die sie auswendig kannte, sang sie mit. Gott hatte ihr die Stimme gelöst und ein Lied auf ihre Lippen gegeben. Laut und kräftig ertönte ihr Gesang in unserer Mitte. Sechs Wochen später hörte ich, dass Gott sie in die ewige Herrlichkeit abberufen hatte.

Ich aber wurde an das schöne Lied von Jürgen Werth erinnert:

*„Wie ein Fest nach langer Trauer, wie ein Feuer in der Nacht,
ein offnes Tor in einer Mauer, für die Sonne aufgemacht.
Wie ein Brief nach langem Schweigen, wie ein unverhoffter Gruß,
wie ein Blatt an toten Zweigen, ein ‚Ich-mag-dich-trotzdem-Kuss'.
So ist Versöhnung. So muss der wahre Friede sein.
So ist Versöhnung. So ist Vergeben und Verzeihn."*

Mich aber macht es froh, dass ich in der Reihe der Menschen stehen darf, die reich von Gott gesegnet wurden und dieses wunderbare Land Bessarabien zur Heimat haben durften.

Vom Flüchtling zum Millionär

Erinnerungen von Rudolf Stepper
War das eine große Freude, als die Hebamme der erschöpften Mutter einen kleinen Sohn auf die Brust legte! Schnell waren die Strapazen der Geburt vergessen, denn ein gesundes, kräftiges Kind, dazu noch ein Sohn, war der Stolz einer jeden Kolonistenfamilie. So begann mein Leben, und in Beresina sprach sich die Kunde wie ein Lauffeuer herum: „Steppers haben wieder ein Kind bekommen." Schon am nächsten Tag begann die Runde, dass die Nachbarinnen abwechselnd an die Tür klopften. Sie brachten Hühnersuppe, ein gebratenes Täubchen, Reisbrei mit Rosinen, Obst und Gemüse, damit sich die Wöchnerin bald wieder erholte. Das war so Sitte in Bessarabien, diesem wunderschönen, fruchtbaren Land, in dem ich am 28. Januar 1930 das Licht der Welt erblickte. Meterhoch lag der Schnee über der Erde, und morgens hatte man Mühe, sich den Weg aus dem Hause freizuschaufeln.

Meine Familie gehörte den Auswanderern an, die auf Anregung von Kaiserin Katharina II. von Russland 1814 ins Land gerufen wurden, um die Steppe zu besiedeln. Meine Vorfahren stammten aus der Gegend von Ulm, und mit der so genannten „Ulmer Schachtel", einem Schiff, sind sie auf der Donau nach Bessarabien gekommen. Jede Familie erhielt 60 Hektar Land, und den Kolonisten wurde Religionsfreiheit zugesichert. Außerdem waren die Männer vom Militärdienst befreit, und in den ersten zehn Jahren brauchten die Bauern auch keine Steuern zu entrichten. Mit zwei Pferden, einer Kuh und etlichen Schafen begann der mühevolle Weg, sich in dieser Steppe anzusiedeln, auf der noch kein Stein auf dem anderen lag. So bauten sich die Ankömmlinge Erdbunker, in denen sie hausten. Als dann der erste Winter mit seinen kalten Winden aus dem Osten und der schrecklichen Kälte oft bis weit über 20 Grad minus hereinbrach, kostete es viele Aussiedler das Leben. Krankheiten breiteten sich aus und rafften vor allen Dingen kleine Kinder und alte Leute dahin. In der ersten Generation hielt der Tod reiche Ernte. Aber dieses harte, aufopferungsvolle Leben machte die Menschen stark. Sie waren willig, den Unbilden des Wetters zu trotzen. Sie nahmen das Schicksal an in der Gewissheit des Glaubens, dass Gott sie in das Land geführt hatte. Das Vertrauen zu ihrem himmlischen Vater war ihre Stärke, eine hohe Kinderzahl ihr Reichtum.

Auch meine Familie war auf diese Weise gesegnet. Sechs Kinder waren ihr geschenkt worden, und ich war das jüngste. Aber schon früh hörte das unbeschwerte, fröhliche Kinderparadies auf, denn wir mussten bei der Arbeit tüchtig mit anpacken. Ich war sechs Jahre alt, als ich schon aufs Pferd gesetzt wurde, wenn die Maisfelder gepflügt wurden. Einmal schlief ich bei der Arbeit ein und fiel vom Pferd. „Kerl, wie kannst du nur eindösen", wetterte mein Vater und setzte mich wieder auf unseren Gaul. Die Arbeit musste getan werden, ob man müde war oder nicht. Zum Glück war ich auf dem weichen Ackerboden gelandet und hatte mich nicht verletzt. So habe ich viele Stunden am Tag auf dem Rücken des Pferdes zugebracht. Heiß brannte die Sommerglut, und nichts erwartete ich sehnlicher als den Untergang der Sonne und die Kühle des Abends. Dann wurde nach der Tageslast der Heimweg angetreten. Zu Hause wartete ein kräftiges Essen auf die müden und hungrigen Landarbeiter.

Ein Ereignis habe ich bis heute nicht vergessen. Mit meinen Freunden war ich in den Obstgarten gegangen. Es war gerade die Zeit, als die Harbusen (Wassermelonen) geerntet wurden. Klopfte man auf ihre Schale, so konnte man am Klang feststellen, ob sie schon ausgereift waren. Ich war neun Jahre alt und fühlte mich mit dieser Methode nicht ganz sicher. Meinen Geschwistern ging es ähnlich. So stachen wir die Harbusen an, um zu sehen, ob sie auch innen schon schön rot wären. Als mein Vater in den Bastan (Obstgarten) kam und sah, was wir angerichtet hatten, wurde er sehr wütend; denn die angestochenen Wassermelonen fingen alle an zu faulen. Ein großer Schaden war dadurch entstanden, denn wir kleinen Rabauken hatten uns regelrecht einen Spaß damit gemacht, unser Taschenmesser ins Fleisch vieler Früchte zu stoßen. Als wir den Vater kommen sahen, suchten wir schnell das Weite. Auf dem Getreidewagen im Hof meiner Tante versteckten wir uns und übernachteten sogar.

Wir trauten uns nicht nach Hause. Natürlich geriet die Familie zu Hause in große Aufregung. Die Eltern machten sich auf den Weg, um ihre Kinder zu suchen. Erst am anderen Tag wurden wir Übeltäter entdeckt und natürlich übers Knie gelegt. Strafe musste sein, denn wir hatten die halbe Ernte verdorben. Vater hatte eine kräftige Hand, und noch tagelang spürte ich seine fünf Finger auf meinem Hinterteil. An diesem Tag flossen bei mir viele Tränen. Ich konnte mich lange nicht beruhigen.

Ein anderes Erlebnis nahm ein dramatischeres Ende. Auf dem Dreschplatz lag ein hoher Schober. Man hatte dort die Maisstängel zu einem großen Haufen aufgeschichtet. Wir Jungen machten uns einen Spaß daraus, darauf Purzelbäume zu schlagen, ein wahrhaft herrliches Vergnügen. Leider schlug mein Freund auf einen Stein auf und brach sich dabei den Arm. Sein lautes Schreien hatte den Hund alarmiert, der ihm noch in den Hintern biss. War denn mein Freund nicht schon genug gestraft? In Bessarabien gab es in der Zeit noch keine Ärzte. So liefen wir zu Karl Vetter. Er war aus dem Kaukasus in unser Dorf gekommen und hatte früher als Soldat eine Ausbildung als Sanitäter erhalten. Vorsichtig schiente er den Arm. Die Knochen wuchsen wieder zusammen, aber leider schief. Viele Jahre später, als wir uns noch einmal begegneten, erinnerten wir uns an unsere Lausbubengeschichten. „Weißt du noch, Paul", erzählte ich, „wie wir bei einer anderen Gelegenheit mit einem kleinen Leiterwagen einen Abhang heruntergefahren sind? Die Eltern waren auf Besuch zu Verwandten und hatten uns Kindern den Wagen zum Spielen überlassen. Mit der Deichsel zwischen den Füßen ging die Fahrt fröhlich bergab. Dann stieß noch Otto Schweiger zu uns. Er war mit seinen 14 Jahren älter als wir und schlug vor, uns vom Hügel herunterzuziehen, damit die Räder noch schneller rollten. Als wir unten eine Kurve drehten, stürzte der Wagen um und du, Paul, brachst dir wieder den Arm. Da war die Not groß! Was würden die Eltern sagen, wenn sie beim Heimkommen von diesem Unglück hörten? An dem Abend legte ich mich früh zu Bett. Am anderen Morgen kam der alte Mittelstädt, Pauls Vater, aufgeregt auf unseren Hof und fragte: ‚Wo ist Rudi?' Mein Vater weckte mich nichts ahnend und sagte sofort: ‚Was habt ihr wieder angestellt?' Als er von unserem gefährlichen Treiben erfuhr, holte er diesmal den Riemen, mit dem er immer sein Rasiermesser schärfte. Die Tracht Prügel, die ich damit bezog, spürte ich noch Tage später."

Wenn meine Mutter strafte, griff sie meist nach dem Besenstiel und drehte ihn herum. Zum Glück nahmen wir Jungen immer schnell Reißaus, sodass die Schläge ins Leere gingen.

Von meinem Hobby muss ich noch erzählen. Das war meine Taubenzucht. Öfters lieh ich mir besonders wertvolle Täuberiche aus, holte eine meiner schönsten Tauben und stellte sie nachts in einem Käfig unter mein Bett, damit sie sich paarten. Mit großer Spannung wartete ich dann auf das Ausschlüpfen der Brut. Über mehrere Jahre frönte ich diesem Hobby und hatte immer die schönsten Tauben im Dorf, oft auch mit blau schillernden oder grün schillernden Federn.

In Neuborodino, wohin wir verzogen waren, gab es die „Stundenleute", wie sie sich nannten. In vier Wohnstuben trafen sich die Frommen im Ort zum Gebet und zum Bibelstudium. Gottes Wort prägte das Alltagsleben dieser Kolonisten. Auch in unserm Haus kamen die Dorfbewohner zusammen, um sich im Glauben zu stärken. Im Winter kehrten Laienprediger im Ort ein. Eine ganze Woche, manchmal sogar noch länger, verkündigten sie das Evangelium und riefen zum Glauben an Jesus auf. Es waren vor allen Dingen die christlichen Lieder und Choräle, die die Besucher hörbereit machten und sie zur Buße und Bekehrung führten. Oft entstanden durch diese Hausversammlungen geistliche Erweckungen. In den Menschen wurde die Frage wach, die schon einen Martin Luther umgetrieben hat: Wie finde ich einen gnädigen Gott? Manche Menschen fanden erst durch einen schweren Bußkampf zum Glauben. Aber dann brach auch der Jubel bei ihnen durch, welch wunderbare Tat Jesus durch seine Versöhnungstat am Kreuz für die Menschen vollbracht hat.

Im Jahre 1939 fand die letzte Erweckung in Bessarabien statt. Gott hat wohl gewusst, wie nötig es war, die Bessarabiendeutsche auf das vorzubereiten, was ihnen bevorstand. Bauern und Knechte, Bäuerinnen und Mägde ließen sich in die Nachfolge Jesu rufen. Die Bibel wurde zu ihrem allerliebsten Buch. Wenn die

Kolonisten auf die Felder fuhren, war es üblich, dass die Frommen ihr Neues Testament mitnahmen. Wurden dann die Pferde in der Mittagszeit getränkt und gefüttert, setzten sich die Leute auf ein Bund Stroh und lasen ihre Bibel und beteten. Nicht selten geschah es, dass ein Mensch von der Sünde überführt wurde und Christus um Errettung bat. Das war eine Zeit voller Glück und Hoffnung.

Aber schon bald zogen am Himmel dunkle Wolken auf. Die Rumänen mussten das Land an Russland abtreten, die Deutschen aber sollten „heim ins Reich", wie die Parole hieß. Ein weher Schmerz erfasste die Bevölkerung, als unter Glockengeläut im Oktober 1940 ein ganzes Dorf die alte, geliebte Heimat verließ und dann in Deutschland einen Neuanfang wagte. Zunächst führte der Weg in ein Aussiedlungslager, in dem die Bessarabiendeutschen etwa 18 Monate bleiben mussten, bis sie dann in Westpreußen neu angesiedelt wurden. Nur wenige Jahre des Neuaufbaus waren ihnen vergönnt. Schon im Januar 1945 nahte die Ostfront. Die russische Armee war auf dem Vormarsch, und der Kanonendonner drang immer näher. Es war ein plötzlicher Aufbruch, der Millionen von Menschen bei zwanzig Grad Kälte auf die Straße trieb. In langen Trecks brach die Bevölkerung auf. Eisig war der Wind, der vom Osten blies, und spiegelglatt die Straßen. In einem langen Konvoi setzte sich der Zug in Bewegung, westwärts, immer nur westwärts. Nicht allen gelang die Flucht vor dem Feind. Manche wurden buchstäblich von den russischen Panzern überrollt; es war ein schreckliches Blutbad, wenn die Kettenfahrzeuge über Mensch und Tier hinwegdonnerten.

Unserer Familie aber gelang die Flucht. Der Treck landete in Norddeutschland. Pastor Baumann vom Lutherischen Hilfswerk hatte eine Zuzugsgenehmigung für die Flüchtlinge nach Württemberg erreicht. Siebzehn Familien aus dem Raum Bremen fuhren mit der Eisenbahn Richtung Süden. Ihre Pferde hatten sie oft unter Tränen verkauft. Es gibt nichts Schlimmeres, als wenn sich ein Bauer von seinen Pferden trennen muss. Das war ihr letztes Hab und Gut. Unsere Familie hatte schon vorher ein Pferd an einen Metzger verkauft. Die Hälfte des Kaufpreises wurde uns sofort ausgezahlt. Für die andere Hälfte holten wir jede Woche Wurst und Fleisch für unsere große Familie.

Zunächst kamen wir Umsiedler in eine Baracke nach Bietigheim. Als der Lagerleiter uns sah, meinte er: „Stepper, ihr seid eine arbeitsfähige Familie." So fand ich einen Job bei der Maschinenfabrik „Werner und Pfleiderer" in Stuttgart-Feuerbach. Ich musste den Garten und das große landwirtschaftliche Anwesen in Ordnung halten, was mir als Bauernsohn nicht schwer fiel. In einer Unterkunft, die früher Kriegsgefangene beherbergt hatte, fanden wir ein Zimmer. Mit einem Lastwagen, der mit einem Holzvergaser betrieben wurde, holte man uns ab. Wir Kinder saßen samt unserer Habe hinten auf der Ladefläche, die Eltern aber innen im Auto. Der Fabrikant Pfleiderer besaß viel Land, das nun mein Vater mit uns Kindern bestellte. In der Nachkriegszeit war der Anbau von Gemüse wie Tomaten, Gurken, Bohnen und Kraut sowie Kartoffeln und Wein lebensnotwendig, denn die Hungersnot war schrecklich. Das Gemüse musste in die Fabrikkantine geliefert werden. Damit wurden Tausende von Menschen versorgt. Für unsere Familie war es ein Glück, dass wir selbst ein Stück Gartenland benutzen durften. Mutter hat sogar vor der Baracke einen Pfirsichkern in die Erde gelegt, der zu einem Bäumchen heranwuchs. Die Wohnverhältnisse in der Nähe der Fabrik waren äußerst bescheiden und beengt. Trotzdem fingen meine Eltern damit an, eine „Stunde" einzurichten. Jede Woche fand sie an einem Abend statt, und mein Vater legte selbst das Wort Gottes aus. Zum ersten Mal hörte ich Vater predigen. Wieder wurden wie in Bessarabien viele Lieder laut und mit tragender Stimme gesungen. Gebetet wurde kniend. Ansonsten hockten wir auf unseren eisernen Bettgestellen, Holzkästen und Strohsäcken. Außerdem durften wir mit Hilfe des Altpietistischen Gemeinschaftsverbandes sogar in einem größeren Raum die „Monatsstunde" abhalten. Zu dieser Veranstaltung kamen die Frommen oft von weither.

Ich aber fand keinen Gefallen an diesen Bibelstunden und nahm oft Reißaus. Wenn die Mutter mich bat, „Rudi komm doch zur ‚Stunde'", dann hatte ich immer eine Ausrede parat, um all dem „frommen Kram", wie ich es nannte, zu entgehen. Meine Mutter litt darunter. Zu gerne hätte sie alle ihre Kinder bei Jesus gewusst.

Im Jahre 1952 erschien eine Delegation aus Australien, die tüchtige, junge Handwerker für ihr Land suchte. Diese Möglichkeit der Auswanderung faszinierte mich, und ich wäre auch gerne in das schöne, große Land ausgewandert. Deshalb meldete ich mich sofort und wurde auch angenommen. Aber gerade in dieser Zeit erkrankte mein Vater schwer. Er lag todkrank danieder, und so zog ich meine Auswanderungspapiere wieder zurück. 1952 starben zur gleichen Zeit mein Vater und auch meine Tante. Sie wurden an einem Tag beerdigt.

Genau zu dieser Zeit lernte ich Erna Mantei kennen. Mein Herz entflammte für dieses wunderschöne Mädchen. Wie aber sollte ich Kontakt zu ihr aufnehmen? Ein Freund kam mir dabei zur Hilfe. Er musste Zeitungen für einen Kleingartenverein austragen und kam so auch in das Haus der Manteis. Ich begleitete ihn auf seiner Tour und lernte Erna etwas näher kennen, ohne aber mit ihr ins Gespräch kommen zu können. Sie war stattlich, schön und gerade mal 17 Jahre alt. Mit meinen 22 Jahren hatte ich das heiratsfähige Alter erreicht. Sonntags gingen die Manteis in die Kirche. Da passte ich die Zeit ab, wenn die Familie auf dem Heimweg vom Gottesdienst war.

Als eine Cousine heiratete, war ich zur Hochzeit eingeladen. Natürlich wählte ich Erna als mein Brautmädchen. Vor dem Gang zum Traualtar hielt Lehrer Schneider vor der Kirchentür eine kurze Andacht. Dabei schaute er mich ständig an, denn ich stand neben der Braut. Es war ihm ein fataler Fehler unterlaufen. Er hatte mich mit dem Bräutigam verwechselt. Dieser war recht schmächtig und einen Kopf kleiner als die Braut. Der Lehrer wollte mir schon zur Hochzeit gratulieren, ich aber rückte schnell aus seinem Blickfeld. Diese Verwechslung hätte peinlich werden können! Auf dieser Hochzeit hätten wir jungen Leute gerne getanzt, aber das wurde uns nicht erlaubt. Wir sollten uns bei anderen frohen Spielen vergnügen. Tanzen wurde damals unter den Frommen als Sünde angesehen.

In der Nachkriegszeit gab es in Deutschland ein geistliches Erwachen. Hin und her im Lande wurde zu Großveranstaltungen eingeladen, damit Gottes Wort bekannt würde und viele den Weg zu Jesus fänden. So kam auch die Zeltmission nach Zuffenhausen. Damals war besonders der Evangelist Werner Heukelbach aktiv. Meine gläubigen Schwestern und Tanten besuchten diese Versammlungen. Doch mein Bruder, der früher SS-Mann gewesen war, weigerte sich, dort hinzugehen. Aber die Schwestern ließen nicht locker und drängten ihn, sie zu begleiten. So willigte er schließlich ein. Am dritten Abend rief der Evangelist dazu auf, dass die Menschen nach vorne kommen sollten, die Christus in ihr Leben aufnehmen wollten. Der frühere SS-Mann war von der Predigt in seinem Herzen berührt worden und fest entschlossen, zu Jesus Ja zu sagen. Er kam an diesem Abend zum Glauben und seine Frau am nächsten Abend. Nun lud er auch mich zur Zeltmission ein. Ich sagte zu und wollte meine Freundin auch zu der Veranstaltung mitnehmen. Aber das verbot ihr Vater. Natürlich war ich enttäuscht und hatte kein Interesse mehr, nach Zuffenhausen zu fahren. Nur meinem Bruder zuliebe ging ich mit. Wie überrascht war ich, als aufgerufen wurde, Zeugnis über das neue Leben mit Gott abzulegen. Mein Bruder stand auf und begab sich zum Rednerpult. „Ich war SS-Mann", erzählte er, „und wollte nichts von Gott wissen. Aber nun hat mich die Liebe Jesu überwunden. Mein Leben soll von jetzt an ihm gehören." Fassungslos saß ich auf meiner Bank. Mein Bruder ein Christ – das war mir unbegreiflich!

In Deutschland herrschte in der Nachkriegszeit große Not. Der Schwarzhandel blühte. In Stuttgart waren viele amerikanische Soldaten stationiert. Eines Tages beobachtete ich, wie sie einen Lastwagen voll Konserven mit Ölsardinen in einen See entluden. Sie warfen die Dosen einfach ins Wasser. Mein Freund besaß einen Pferdewagen, und damit fuhren wir zum See, um die Dosen herauszufischen. Dazu hatte ich die Zinken einer großen Heugabel krumm gebogen, und wir fischten das kostbare Gut aus dem Wasser. Wenn die Kartoffelsäcke voll waren, wurden sie auf den Pferdewagen geladen. Wir beide teilten uns die teure Ware. Ich fuhr damit nach Metzingen, wo französische Soldaten stationiert waren, und tauschte die Ölsardinen gegen Äpfel ein. Natürlich war der Grenzübergang von der französischen zur amerikanischen Zone ein gefährliches Unterfangen. Wer dabei erwischt wurde, hätte in der Fremdenlegion landen können. Doch ich hatte Glück. Mit den Äpfeln fuhr ich nach Augsburg. Die Züge waren voll besetzt. Oft musste man sogar auf dem Trittbrett stehen. Ich wollte mein teures Gut zu einer Mühle bringen und gegen Mehl eintauschen. Auf dem Weg dorthin fiel mir der Apfelsack ins Gras, und die Äpfel rollten einen Abhang hinunter. Ich hatte Mühe, sie alle wieder aufzulesen. Schließlich hatte ich die Mühle erreicht. Am Hoftor warnte ein Schild: „Vorsicht bissiger Hund!" Ach was, dachte ich, der Mühlenbesitzer will sich nur mit dieser Warnung die Schwarzhändler vom Halse halten. So ging ich ganz unbesorgt auf den Hof. Plötzlich kam mir ein großer Schäferhund entgegen. Er biss zu, und an meinem Arm klaffte eine tiefe Wunde. Die beiden Frauen, die gerade in der Küche ihr Essen kochten, waren erschrocken. „Können Sie denn das Schild nicht lesen", schimpften sie los. Ich überstand den Angriff des Hundes. Als der Mühlenbesitzer mir die Wunde verbunden hatte, wurde ich sogar zum Essen eingeladen und dann begann das Tauschgeschäft: Ein Pfund Äpfel gegen ein Pfund Mehl. Mit diesem Mehl fing ich einen regen Tauschhandel an. Es war eine begehrte Ware.

Nach der Währungsreform im Juni 1948 betrieb ich den Handel weiter. Ich kaufte Strickjacken und Bettwäsche, Hemden und Handtücher für 8 DM ein und verkaufte sie dann für 16 DM weiter. Das Kaufmannsblut wallte in meinen Adern. Von einem Bauern in der Nähe erwarb ich 800 Zentner Zuckerrüben und ließ sie von meinem Freund mit seinem Pferdewagen direkt vom Feld abtransportieren. Dazu kaufte ich auch Kartoffeln, die die Leute für den Winter einkellerten. Das Geschäft blühte, und ich verdiente nicht schlecht. Von jedem Zentner floss eine DM Mark in meine Tasche.

Und doch strebte ich nach mehr. Die Ferne lockte mich. Noch immer bestand die Möglichkeit auszuwandern, diesmal nach Kanada. Am 8. Juni 1953 war es dann so weit. Ich hatte meine Papiere eingereicht und war für würdig befunden worden, in dieses schöne, große Land überzusiedeln. Ich durfte aber nur zwölf Kanadische Dollar mitnehmen. So lauteten die Bestimmungen. Aber meine Mutter schmuggelte noch zwölf Dollar in mein Gepäck ein, indem sie das Geld in das Adressenkärtchen steckte, das am Koffergriff hing. Mit zitternden Knien ging ich auf den Zöllner zu, der auch sofort seine Hand auf das Adressenkärtchen legte. Es sah ja auch dicker als gewöhnlich aus. Aber der Zöllner am Schiff in Bremerhaven schien mit Blindheit geschlagen zu sein, denn er ließ mich ungehindert aufs Schiff. Eine wehmütige Stimmung beschlich mich da. Das Wort bewahrheitete sich: Nur wer die Sehnsucht kennt, weiß, was ich leide. Als die Schiffsirene aufheulte und somit das Signal zur Abfahrt gegeben war, spielte die Kapelle das Lied: „Muss i denn, muss i denn zum Städtele naus, und du, mein Schatz, bleibst hier." Zurück blieben meine Mutter, meine Geschwister und Freunde. Langsam setzte sich das Schiff in Bewegung und bahnte sich einen Weg aufs offene Meer. Die Lichter von Bremerhaven verloschen allmählich, und spätestens jetzt wurde mir unausweichlich klar, dass die Brücke zu Deutschland abgebrochen war. Würde ich dieses schöne Land noch einmal wiedersehen? Ein paar Dollar und einige Koffer waren mein ganzes Vermögen.

Elend, ja erbärmlich gestaltete sich für mich der Beginn in diesem großen, fremden Land Kanada. Für einen jungen Mann ohne englische Sprachkenntnisse war es nicht einfach, einen rechten Job zu finden. Auf dem Schiff erhielt jeder Passagier eine Landkarte. Weit und groß war dieses ferne Land! Dagegen nahm sich Deutschland wie ein kleiner Fleck auf der Weltkarte aus. In Quebec gingen wir an Land. Nonnen der katholischen Kirche standen für die Einwanderer bereit, um ihnen bei den ersten Schritten in ein fremdes Land behilflich zu sein.

Ich wollte ein Telegramm an meinen Cousin in Edmonton aufgeben. Die Ordensfrauen sagten mir den englischen Text. Auf dem Weg zum Postschalter wiederholte ich immer wieder diesen Satz. Fünf Tage würde die Fahrt bis zu meinem Cousin dauern, der schon 1911 in dieses Land ausgewandert war. Als ich endlich mit meinem Gepäck im Abteil saß, meldete sich der Hunger. Ich ging in den Speisewagen und wollte mir auf der Speisekarte ein Essen aussuchen. Aber durch die englische Bezeichnung der Gerichte war ich derart irritiert, dass ich nur Cornflakes lesen konnte. Zum ersten Mal entdeckte ich auch einen Farbigen, der die Gäste bediente. Zwei Spiegeleier mit Toast brachte mir der Kellner und kassierte dafür 2,50 Dollar. Mein Geld im Portemonnaie schrumpfte gewaltig zusammen. Was sollte ich bloß an den restlichen Tagen essen? Mir wurde Angst. In Ontario hielt der Zug für wenige Minuten an. Ich stieg schnell aus, kaufte mir an einem Stand ein halbes Pfund Butter, eine lange Wurst, drei Tomaten und etwas Brot. Plötzlich sah ich, wie sich der Zug wieder in Bewegung setzte. Schnell rannte ich los. In meinen Händen hielt ich die Lebensmittel fest. Der Chinese am Stand rief mir noch hinterher: „Money! Money!" Ich aber sprang schnell auf das Trittbrett. Zum Glück rollten die Räder nur ganz langsam an, denn die Lok fuhr nur zum Wasserauftanken. So lief ich wieder zum Chinesen zurück und bezahlte meine Schulden. Die Butter, die ich gekauft hatte, war stark gesalzen und verursachte mir schrecklichen Durst. Die Reise dauerte sehr lange und war beschwerlich. Zudem hatte ich mir meinen besten Anzug und ein weißes Hemd angezogen, um bei meinem Vetter Eindruck zu schinden. Nun schwitzte ich fürchterlich. Mein Gesicht und mein Hände waren kohlrabenschwarz, und mein weißes Hemd sah aus, als sei es durch den Dreck gezogen worden. Die Lokomotive rußte entsetzlich, und bald sah ich genauso schwarz aus wie der farbige Kellner. Zu allem Unglück erlitt noch ein Mitreisender einen epileptischen Anfall. Noch nie hatte ich solche Zuckungen bei einem Menschen gesehen. Ich litt mit dem Kranken, war zutiefst erschrocken und konnte ihm doch nicht helfen.

Je näher ich meinem Ziel kam, desto aufgeregter wurde ich. Aus meiner Jackentasche holte ich mir das Foto meines Cousins Reinhold Stahl, um mir sein Bild einzuprägen. Als ich angekommen war, holte mich mein Vetter mit seiner Frau und seinem jüngsten Sohn in einem Truck ab. Auf dem Weg zu seiner Farm stiegen wir noch beim Frisör ab, und ich ließ mir für 1,50 Dollar die Haare schneiden. Nun hatte ich mein letztes Geld ausgegeben. So arm war ich noch nie gewesen. Auf der Fahrt zur Farm, die mehrere Stunden dauerte, überfiel mich schreckliches Heimweh. Es war die große Einöde, die sich schwer auf meine Seele legte. Weit lag die Prärie vor mir. Schließlich übermannte mich die Müdigkeit, und ich schlief ein. Als wir auf der Farm angekommen waren, fragte ich meinen Vetter: „Wie soll es jetzt weitergehen?"

„Du kannst bei mir schaffen", lautete seine Antwort. Kanada ist ja das Land der unbegrenzten Möglichkeiten, aber für einen Neuankömmling auch verwirrend. So blieb ich zunächst auf der Farm. Einmal sollte ich das Vieh allein versorgen, weil mein Vetter mit seiner Frau in die Stadt gefahren war. Dieser Tag wurde zu einem Fiasko, denn ich hatte noch nie gemolken und musste nun gleich 12 Kühe melken. Meine Finger schmerzten fürchterlich, und bis zum Mittag war ich noch immer mit dieser Aufgabe beschäftigt. Mein Vetter wurde ärgerlich, als er heimkam und sah, dass die Milch noch nicht abgeliefert war. „Ach, so ein Farmer bist du", schimpfte er verächtlich.

Bis jetzt hatte ich noch keinen Dollar als Lohn erhalten, was mich schrecklich wurmte. Ich schrieb einen Brief an meine Mutter nach Hause und legte der Farmerin den unfrankierten Umschlag auf den Tisch. Sie wollte mir noch nicht einmal die 16 Cent für die Briefmarke geben. Allmählich ärgerte mich der Geiz des Farmers, und ich fragte ihn, ob er mir denn nicht den Lohn auszahlen wollte. „Rudi, du bekommst Geld, wenn du für mich Bäume fällst", war seine Antwort. Das bedeutete, ich sollte die Wildnis roden. Es war Knochenarbeit, und für einen Stoß von 1,5 Kubikmeter, das war ein Lot, sollte ich einen Dollar erhalten. Die schlimmste Plage im Wald waren die Schnaken. Ich schwitzte, war müde und musste mir sagen: Hier bei meinem Cousin habe ich keine Zukunft. Ich brauche eine richtige Arbeit.

Die Sehnsucht nach Deutschland wurde immer größer. Eines Tages hörte ich, dass es im Nachbarort eine bessarabische Familie gab. Sie hätte zwei Söhne, die damit beschäftigt wären, Silos zu bauen. Mein Cousin beschrieb mir den Weg dorthin: „Rudi, du reitest mit dem Schimmel zwei Meilen westwärts, dann zwei Meilen südwärts, dann zwei Meilen gegen Norden." Solch eine Wegbeschreibung hatte ich noch nie gehört. Würde ich diese Familie finden? Ja, ich fand sie, besuchte meine Landsleute, kehrte aber wieder auf die Farm zu meinem Vetter zurück.

Eines Tages fuhr ein fremder Truck auf den Hof. Oswald und Arthur Knodel, zwei Brüder, wollten mich besuchen. Oswald war Vorarbeiter bei einer Firma, die Silos baute. Er fragte mich: „Rudi, ich höre, du suchst Arbeit und kommst aus Bessarabien. Wir brauchen Arbeiter. Am besten, du fährst gleich mit uns." Er hatte sechs Flaschen Bier mitgebracht und bot mir eine an. Als ich dann am Mittag zu meinem Essen ein Glas Bier an meinem Platz stehen hatte, rügte mich mein Cousin. Er war nämlich fromm und gehörte zu den Antialkoholikern. „Was, du trinkst Bier?" Ich fragte zurück: „Ist das Sünde? Bier trinken ist doch kein Vergehen. Nur wer im Übermaß Alkohol zu sich nimmt, lädt Schuld auf sich." War es nicht sehr verwerflich, dass ein Mann wie mein Cousin bei anderen ein Glas Bier als Sünde hinstellte, bei sich selbst aber den Geiz gar nicht sah? Auf ihn traf das Wort der Bibel zu: „Was siehst du aber den Splitter in deines Bruders Auge und nimmst nicht wahr den Balken in deinem Auge?"

Ich fuhr dann mit meinem Cousin zu Knodels, wo wir freundlich bewirtet wurden. Die Großmutter hatte Dampfnudeln gekocht, ein Nationalgericht der Bessarabier. Am Sonntag feierte die Familie die Taufe des jüngsten Kindes. Das war natürlich für meinen Cousin ein anstößiger Tag. Als Baptist hielt er nicht viel von der Kindertaufe. Mit diesem Fest war ihm der Sonntag verdorben. Aber immerhin brachte er mich, so wie wir es ausgemacht hatten, später zu Knodels. Meine Koffer lud er auf den Truck. Unterwegs hielten wir an einer Raststätte an. Ich hätte so gern etwas gegessen und getrunken. Aber ich hatte ja nicht einen Cent in meiner Tasche. Als ich dies später Oswald erzählte, wurde er ärgerlich und schimpfte los: „Diese geizigen Verwandten! Mir ist es auch so ergangen, als ich in Kanada eingewandert bin. Ich wurde ganz schön ausgebeutet und über den Tisch gezogen."

Aber nun hatte ich endlich einen Arbeitsplatz und würde bald auch wieder Geld in der Tasche haben. Die Arbeitsgruppe, die Silos baute, wohnte direkt neben der Baustelle in Wohnwagen. Für mich war allerdings kein Platz mehr darin. So suchte ich in der Nähe der leer stehenden Silos einen Unterschlupf und nagelte mir aus alten Brettern eine Pritsche für die Nacht. Eine Plane von einem Truck sollte mich vor dem Regen schützen. Viele Nächte schlief ich auf diesem harten Lager. Aber glücklich war ich nicht. Das Heimweh plagte mich, und ich fragte mich zu Recht: *Warum bin ich bloß nach Kanada gekommen? Ich war ein Narr, ein großer sogar.* Hier lag ich auf einem elenden Lager im Freien und in Deutschland bei uns zu Hause hätte ich es viel besser gehabt. Diese Arbeit beim Bau von Silos war zudem äußerst gefährlich, denn die Sicherheitsbestimmungen, wie sie in meiner Heimat gegolten haben, wurden hier außer Acht gelassen. 30 Meter hoch waren die Getreidesilos. Hinzu kam noch, dass jeder Arbeiter sein eigenes Werkzeug mitbringen musste. Als ich am ersten Morgen an der Baustelle erschien, schaute mich der Vorarbeiter verständnislos an: „Hast du keinen Hammer, keine Säge, kein Metermaß, keinen Overall?" Spöttisch wandte er sich an die Kumpels: „Hat denn dieser Emigrant aber auch gar nichts?"

Beschämt schaute ich zu Boden. Mit welchem Geld hätte ich mir denn Werkzeug kaufen sollen? Mein Cousin hatte mir doch für die 6 Wochen elender Schinderei auf der Farm und in der Wildnis keinen Cent gegeben. Schließlich half mir der Chef und stattete mich mit allem Nötigen aus. Von meinem ersten Lohn wollte er mir dann den Betrag für das Werkzeug abziehen. Wir arbeiteten auf unserer Arbeitsstelle viel mit Holz. Ein Brett mussten wir aufs andere nageln. Ich war ja von Beruf Schreiner und stark zudem. Darum ging mir alles flott von der Hand. Mit einem harten Schlag hatte ich den Nagel im Brett. Der Chef sah mir zu und fragte mich sogleich, welchen Beruf ich denn erlernt hätte. „Schreiner", war meine Antwort. „Kannst du auch einen Schreibtisch herstellen oder ein Regal?" Ich gab ihm zur Antwort: „Das ist für mich kein Problem, gib mir nur das richtige Holz dazu." Ich war froh, dass ich nun nicht mehr aufs Gerüst musste. Oft lag der Reif morgens auf den Brettern, und sie waren dadurch glatt. Ich hatte einmal mit ansehen müssen, wie Joseph, den ich gut kannte, vom Gerüst gestürzt war und das Leben verloren hatte. Er war ein Vater von drei Kindern gewesen. Sein Tod hat mir viel zu schaffen gemacht. Von dieser gefährlichen, riskanten Arbeit konnte ich nun Abschied nehmen, von nun an baute ich Möbel. Einmal fragte mich der Chef, ob ich auch Aufzüge installieren könnte. Diese neue Aufgabe war nicht ganz leicht, da ich kein Englisch konnte. Aber ich vertiefte mich in die Pläne, und fortan kam zusätzlich zum Bauen von Möbeln noch eine neue Aufgabe auf mich zu. Ja, sie wurde mir zu einer großen Herausforderung, die mir Spaß machte. So baute ich Lifte. Ich durfte auch beim Meister im Wohnwagen schlafen und erhielt 1,25 Dollar Stundenlohn.

Da wir mit unserem Bautrupp oft den Standort wechselten, kamen wir auch nach Trochu, das 500 Meilen südlich liegt. Im Adressbuch fand ich den Namen Samuel Kehler. Er war mein Onkel und hatte uns 1950 in Deutschland besucht. Schon 1927 war er von Bessarabien nach Kanada ausgewandert. Bei einem Gespräch hatte er mir Mut gemacht: „Rudi, du musst nach Kanada kommen." Nun hatte ich die Möglichkeit, ihn aufzusuchen. Er war der Chef auf einer großen Baustelle. Als ich im Büro nach ihm fragte, trat er sofort auf mich zu und lud mich übers Wochenende ein, in sein Haus zu kommen. Viel hat er mir über das Leben in Kanada berichtet und mich in die Kultur des Landes eingeführt. Er erzählte mir auch einiges Persönliche aus seinem Leben. So war seine erste Frau bei einem Brand auf der Farm ums Leben gekommen. Verzweifelt und ohne Trost war er nach diesem schrecklichen Unglück. Nun musste er zusehen, wie er ohne seine geliebte Frau die Farm bewirtschaftete. Als die Trauerzeit um war, fuhr er nach Bessarabien. Er wollte gerne eine Frau aus seinem früheren Heimatland heiraten. Aber er fand kein junges Mädchen, das bereit gewesen wäre, mit ihm nach Kanada zu ziehen. Schließlich heiratete er eine Kanadierin, die seinen Kindern eine gute Mutter wurde.

Unser nächster Arbeitseinsatz fand in der Nähe meines Vetters statt. Er kam sogar herüber, um mich zu besuchen. „Na, bist du schon Millionär?", fragte er mit etwas ironischem Unterton. Ich schwieg auf diese spöttische Frage. Was hätte ich ihm auch antworten sollen? Noch einmal stieß es mir bitter auf, wie schmählich mein Cousin mich behandelt hatte. Nicht einmal den Dollar für das Holzfällen hatte er mir gegeben. Dabei war mir dieses Geld von ihm zugesagt worden. Aber nun ging es mir ja besser. So wollte ich mir das Herz nicht mit alten Bitterkeiten beschweren lassen. Von Ende Juni bis Oktober hatte ich mir nach Abzug des Geldes für die Werkzeuge schon 620 Dollar gespart. Und doch konnte ich über meinen Erfolg nicht glücklich werden. Das Heimweh plagte mich schrecklich.

Eines Tages besuchte mich mein Vetter und nahm mich übers Wochenende auf seine Farm mit. In meiner großen Überseekiste, die ich noch bei ihm hatte stehen lassen, befand sich meine Leica. In Deutschland hatte ich sie mir für 1000 DM gekauft. Sie war also sehr wertvoll und sollte mir in Kanada als eiserne Ration dienen. Mein Vetter bot mir an, sein Auto dafür zu geben. Unerfahren wie ich war, willigte ich ein. Da ich noch keinen Führerschein besaß, holte ich mir die Fahrerlaubnis bei einem Juden. Er fragte mich nur, wie viele Kilometer ich schon gefahren sei. „5000", schwindelte mein Vetter. Für einen Dollar erhielt ich den Führerschein.

Unsere nächste Station beim Bau war in Fort McLeod. In dieser Nähe wohnte auch Erna Mantei, das junge Mädchen, das ich schon in Deutschland in mein Herz geschlossen hatte und später heiraten würde. Sie arbeitete auf einer Zuckerrübenfarm. Ich korrespondierte mit ihr, und sie beschrieb mir, wie ich den Weg zu ihr finden könnte. Diese Strecke legte ich mit einem Bus zurück. Als Geschenk für Erna kaufte ich eine große Harbuse. Auf dem Weg zum Bus war es schrecklich heiß. Ich schwitzte entsetzlich. So fragte ich mich zu Recht: Wie konntest du nur so dumm sein und solch eine große Harbuse kaufen? Mal trug ich sie auf meinen Händen, mal auf dem Kopf. Der Weg wurde mir lang. Aber dann war die Freude groß, als ich Erna in meine Arme schließen konnte. Wenn ich heute ein Präsent aussuchte, würde es sicher keine Harbuse mehr sein!

Erna hatte sich verpflichtet, zwei Jahre mit ihrer Familie auf der Farm zu arbeiten. Ich fand mein Zuhause bei ihren Eltern und ließ die Überseekiste hierher senden. Später erfuhr ich, dass mein Vetter seine Farm verkauft hatte und nach Vancouver verzogen war. Wir blieben aber in Kontakt. Viel später besuchte er mich sogar. Als er hörte, dass es mir gut ging, fragte er mich wieder: „Na, bist du schon Millionär?" Ich hatte mir inzwischen mein erstes Haus gebaut. Beim Mittagessen, zu dem ich ihn in ein Restaurant einlud, stellte er mich überall als seinen reichen Cousin vor. Ich wollte die Verbindung zu ihm nicht abbrechen und lieber so handeln, wie es die Bibel uns lehrt: „Vergeltet nicht Böses mit Bösem." Wenn ich freihatte, nahm ich ihn später in unser Wochenendhaus zum Fischen mit.

Auf einer Fahrt nach Calgary suchte ich eine neue Arbeitsstelle. Für 60 Dollar im Monat nahm mich Familie Sattler in Kost und Logis auf. Eigentlich hätte Frau Sattler gar keinen Platz für mich gehabt, denn in ihrem Haus wohnten schon 10 Boys und eine Tochter. Als ich wieder gehen wollte, stürzte ich auf ihrer Treppe und fiel in ihr Tomatenbeet. Da hat sie wohl das Mitleid mit mir gepackt, und ich durfte in einem Zimmer zusammen mit ihrem Sohn wohnen. „Der Kerl ist mir sympathisch", lobte mich ihr Mann, und Frau Sattler war wie eine Mutter zu mir. Sie hat mir viel Gutes getan und für Ordnung im Haus gesorgt. Gebadet wurde nach einem Plan, und wenn einer von ihren Pensionsgästen Geburtstag hatte, stellte sie immer eine Kerze mit einem Bibelspruch auf den Tisch. Sie war eine wunderbare Christin. Wenn ich Zeit hatte, versuchte ich im Haus behilflich zu sein. Einmal bat mich Herr Sattler, als er geschlachtet hatte: „Du Bessarabier kommst mit mir in den Keller. Du musst mir beim Wurstmachen helfen." So drehte ich den Fleischwolf.

Die Stadt Calgary, die heute etwa eine Million Einwohner hat, gefiel mir sehr gut. Ich wollte dort bleiben und schrieb Oswald, er möge mir meinen Koffer nachschicken. Mein Auto holte ich zusammen mit einem Russlanddeutschen von meinem Vetter ab. Aber auf der Heimfahrt gab der alte Motor seinen Geist auf. So habe ich nur diese eine Fahrt mit meinem Auto gemacht. Mein Cousin war wirklich ein Schlitzohr, dass er mir eine solch alte Karre angedreht hat! Immerhin war meine Kamera sehr wertvoll gewesen.

Die Jobsuche in dieser Stadt gestaltete sich äußerst schwierig. „Do you have a job for me?", fragte ich immer wieder verschiedene Firmenchefs. An einem Tor las ich das Schild. „No Help Wanted!" Plötzlich kam ein Auto angefahren. Der Fahrer drehte das Fenster herunter und fragte mich: „Suchen Sie einen Job?" Es war ein irischer Unternehmer. Er lud mich in seinen Wagen ein und fuhr mich an einen leeren Bauplatz. „Kommen Sie morgen um acht Uhr."

Auf dieser Baustelle errichtete der Chef ein großes Werk, in dem Betonröhren hergestellt werden sollten. Er drückte mir am nächsten Tag Pickel und Schaufel in die Hand, ich sollte mit anderen Arbeitern die Fundamente ausheben. Auf diesem Bauplatz wurde auch viel Holz abgeladen. Als der Chef sah, dass ich den Plan für sein Werk verstand, gab er mir eine elektrische Säge. „Sie sind mein Vorarbeiter", bestimmte er. „You can hire and fire people", erklärte er mir. Für mich war dies eine große Herausforderung. Ich musste nun Arbeiter einstellen und auch wieder entlassen, so wie es gerade nötig war. „The work must go on quickly", war sein letztes Wort an diesem Tag zu mir. Mit dieser Befugnis im Hinterkopf fuhr ich zu Ernas Vater und stellte ihn sofort ein. „Ich bin jetzt Chef", teilte ich ihm stolz mit. Die Fahrt zurück dauerte eine ganze Nacht. So fuhren wir gleich zur Baustelle. 70 Leute hatte ich eingestellt. Die meisten waren Deutsche. Schwierig wurde für mich, als ich das achteckige Dach aufsetzen musste. Würde es passen? Ich hatte es selbst zugeschnitten, und wirklich, es ließ sich auf den Zentimeter genau einfügen! Nachdem das Werk fertig gebaut war, sagte mir mein Chef, ich müsste alle Arbeiter bis auf zwei entlassen. Über die Wintermonate würde er nicht bauen. Da ist es in dieser Gegend viel zu kalt. Manchmal zeigt das Thermometer minus 35 Grad und mehr an. Wer kann da an einer Baustelle etwas verrichten? Nun musste ich meinen Leuten sagen: „Ab Freitag seid ihr arbeitslos. Nur einer darf bleiben." Die Männer dachten, ich würde meinen zukünftigen Schwiegervater behalten. Aber ich musste fair handeln und arbeitete mit einem jungen Familienvater weiter. Mantheys wollten auch gerne in Calgary wohnen und boten mir an, bei ihnen Quartier zu beziehen, wenn sie eine Bleibe gefunden hätten. Es zeigte sich aber, dass dies schwieriger war, als wir annahmen. Immer wenn wir an einer Tür fragten: „Haben Sie eine Wohnung zu vermieten?", wurde uns entgegengehalten: „Leider sind die Räume schon vergeben." Schließlich war Vater Sattler bereit, uns auf unseren Gängen durch die Stadt zu begleiten. Wir fuhren in eine deutsche Siedlung. Plötzlich standen wir vor Willi

Schön, einem Mann aus Stuttgart. Er war bereit, uns aufzunehmen. Nur mussten wir warten, bis die Wohnung fertig gestellt war. Ich schlug ihm vor, das Untergeschoss auszubauen, da ich ja Schreiner war. Jeden Abend nach sechs Uhr, wenn ich von der Arbeit kam, ging ich zum halb fertigen Haus der Familie Schön und hämmerte munter drauflos. Mantheys zogen dann dort ein, und ich konnte auch eine Bleibe bei ihnen finden. Wir vier jungen Männer richteten uns in einem Zimmer ein, und Erna kochte für uns das Essen und wusch auch die Wäsche.

An meiner „richtigen" Baustelle drängte der Chef, dass wir im Obergeschoss der Fabrik die Platten anbringen sollten. Unter uns war Zementfußboden. Ich stand gerade auf der Leiter, als das Gerüst zusammenstürzte. Mein Freund Willi lag bewusstlos auf dem Boden, und ich hatte mir bei diesem Fall aus großer Höhe einen dicken Nagel durch den Arm gerammt. Ich biss die Zähne zusammen und zog ihn heraus. Die Schmerzen waren kaum auszuhalten. Beide kamen wir mit dem Rettungswagen ins Krankenhaus und wurden sofort in den Operationssaal geschoben. Als ich aus der Narkose aufwachte, war mein Arm eingegipst und hing in einem Streckverband. Mein Freund lag im Bett gegenüber. Ich rief ihn an: „Willi, Willi!" Er aber reagierte nicht. Noch am gleichen Abend kam unser Chef an unser Bett und entschuldigte sich für das baufällige Gerüst. Er brachte uns einen Pack Zigaretten mit. Da er nun zwei neue Arbeiter brauchte, stellte er meinen zukünftigen Schwiegervater und Willis Cousin ein. Es war ein Glück für sie beide, denn nun waren sie über den Winter nicht mehr arbeitslos. Willi hatte bei dem Sturz 15 Brüche davongetragen. Ich war weniger schwer verletzt und hatte auch keine Schmerzen mehr. Nach zehn Tagen wurde ich aus der Klinik entlassen, musste aber täglich zur Nachbehandlung.

In dieser Zeit der Öde und Langeweile – arbeiten konnte ich ja noch nicht – kehrte ich zum Zeitvertreib bei einem älteren Mann ein, in dessen Haus sich gläubige Männer zum Bibellesen trafen. Es war der kleine, alte Bruder Schmitt, der mich spontan fragte: „Rudi, gehst du auch in die Kirche?" Er lud mich in seine Gemeinde zur Evangelisation ein. Er wollte noch von mir erfahren, ob ich denn wisse, was Evangelisation bedeute. „Gewiss", antwortete ich. „Meine Eltern sind fromm. In ihrem Haus fand immer die ‚Stund' statt. In einer Evangelisation will man die Leute bekehren."

Dem alten Bruder Schmitt zuliebe, er stammte auch aus Bessarabien, ging ich zur Abendveranstaltung in die Kirche. Sie war bis auf den letzten Platz gefüllt, und ich setzte mich in die hinterste Reihe. Ein Bruder aus Amerika predigte auf Deutsch und konnte dazu Lieder auf einer Säge spielen. Das interessierte mich besonders. Gegen Ende der Veranstaltung rief der Evangelist laut in die Menge: „Wer ein Kind Gottes werden will, der komme nach vorne zum Altar. Weicht dem Ruf Gottes nicht aus, sondern entscheidet euch heute! Jetzt!" Fluchtartig verließ ich das Gotteshaus. Mir war nicht wohl in meiner Haut. Aber der gute Bruder Schmitt ließ nicht locker. Er lud mich immer wieder ein, und am dritten Abend hatte Jesus meinen Widerstand überwunden. Es war besonders das folgende Lied, das mich in seine Arme trieb: „Komm doch zur Quelle des Lebens ..."

Jetzt oder nie – so lautete mein Entschluss. Jesu Ruf hatte mich getroffen. Ich ging nach vorn. Ich wollte aus dieser göttlichen Quelle Vergebung meiner Schuld und tiefen Frieden schöpfen. Das war der Beginn meines neuen Lebens mit Christus. Voller Eifer begann ich in der Bibel zu lesen und auch zu beten. Ich wurde ein innerlich erneuerter Mensch, der Christus nachfolgte. Fortan lautete mein Motto: „Trachtet zuerst nach dem Reich Gottes und seiner Gerechtigkeit, so wird euch alles andere zufallen!" Eine nie zuvor erlebte Freude erfüllte mein Herz. Nun hatte ich den Schritt zu Gott vollzogen. Nicht Geld, nicht Geschäft, nicht Freunde durften die Stelle einnehmen, die nur Gott zukam. Auch meine Frau fand zum Glauben an Jesus. Eine evangelische Brüdergemeinde wurde unsere neue geistliche Heimat. Gott segnete meiner Hände Arbeit, und als Bauunternehmer darf ich jährlich 300 Stepper-Häuser bauen. Bei meinem Motto bin ich bis heute geblieben: „Trachtet zuerst nach dem Reich Gottes, so wird euch alles andere zufallen."

Herr Stepper hat inzwischen das biblische Alter erreicht, aber noch immer liegt ihm die Firma am Herzen. Sein Sohn führt sie weiter. Fast täglich lässt er sich im Büro oder auf den Baustellen blicken. Ihm fehlt es nicht an einem freundlichen ermutigenden Wort für seine Mitarbeiter. Als Seniorchef fühlt er sich mit ihnen verbunden.

Und es kam anders

Ein Ehemann erzählt:
Wir waren jung verheiratet und führten eine Wochenendehe. An den Arbeitstagen blieb ich am Studienort, während meine Frau noch bei ihren Eltern wohnte und ihren beruflichen Tätigkeiten nachging. Endlich, nach Monaten, zeichnete sich das Ende dieser Übergangszeit ab. Wir konnten am Studien- und Ausbildungsort eine kleine Zweizimmerwohnung beziehen, und es bestand die Aussicht, später noch ein weiteres Zimmer hinzuzumieten. Meine Frau war schwanger, und im schönen Monat Mai sollte unser erstes Kind geboren werden. Mit ganz großer Freude erwarteten wir es. Regelmäßig suchte meine Frau den Gynäkologen auf. Auch ging sie zur Schwangerschaftsgymnastik, um für die Geburt fit zu werden. Alles schien in bester Ordnung, und der ersehnte Tag der Geburt rückte näher. Mit viel Liebe wurde das Körbchen für das Neugeborene hergerichtet. Ein „Himmel" mit Schleifchen durfte nicht fehlen. Obwohl wir nur zwei Zimmer und noch nicht einmal ein eigenes Bad hatten, waren wir doch sehr glücklich.

Am Tag vor der Geburt machte meine Frau einen Besuch im Krankenhaus, wo auch die Entbindung stattfinden sollte. Es traf sich, dass ihr die Hebamme begegnete. Sie war bereit, die Herztöne des Kindes abzuhören. Meine Frau hatte in den letzten Tagen Bedenken geäußert, da sich das Kind im Mutterleib nur wenig bewegte. Der Verdacht erhärtete sich, dass das Kindchen nicht mehr lebte. Also war ein Krankenhausaufenthalt unumgänglich. Sie packte ihr vorbereitetes Köfferchen und ließ sich wieder von einem Bekannten zur stationären Aufnahme in die Klinik fahren.

Ich selber konnte aus beruflichen Gründen meine Frau nicht begleiten, da ich bereits zum Unterricht gegangen war. Als ich am Spätnachmittag von der Schule nach Hause kam, empfing mich die Nachricht: Es steht nicht gut. Das Kindchen war noch nicht geboren, aber dass es nicht mehr lebte, war sicher. Eine Welt voller Hoffnung und Freude brach für mich zusammen.

Konnte das wahr sein? Am Morgen dieses Tages hatte es doch in der Losung der Herrnhuter Brüdergemeine geheißen: „Deine Toten werden leben" (Jesaja 26,19).

Und jetzt sollte unser Kind tot sein? Wie konnte Gott das zulassen? In meinem Tagebuch finden sich die Worte: „Ich möchte am liebsten in einen Strom von Tränen ausbrechen."

Wie ein Donnerschlag warf mich die Nachricht zu Boden. Alle Probleme, die am Nachmittag im theologischen Seminar gewälzt worden waren, erschienen mir angesichts dieser Schreckensnachricht wie fades Geschwätz. Ich betete noch mit einem gläubigen Freund, ehe ich mich auf den Weg zu meiner Frau ins Krankenhaus begab. Wie sehr sie unter dieser Situation leiden würde, ahnte ich. Es fiel mir schwer, in das Krankenzimmer zu gehen. Als ich den Raum betrat, in dem noch mehrere, meist ältere Frauen lagen, brach meine Frau in heftiges Weinen und Schluchzen aus. Wir konnten beide nur noch weinen. Der Gedanke, ein totes Kind im Leibe zu tragen, war einfach entsetzlich. Weil die freudige Erwartung so groß gewesen war, wogen jetzt Schmerz und Trauer umso schwerer.

Am folgenden Morgen wurde die Geburt eingeleitet. Die Nacht war für meine Frau und mich entsetzlich gewesen, aber wir hatten sie überstanden. Gern hätten wir das Kind wenigstens gesehen, aber die Hebamme war besorgt um uns und wollte es uns nicht zeigen. Sie sagte etwas wagemutig: „In einem Jahr werden Sie ein neues Baby haben."

Wir erfuhren noch, dass das Kind ganz normal entwickelt war, eine Länge von 50 Zentimeter aufwies und wohl schon 14 Tage vor der Geburt aus unbekannter Ursache gestorben war. Wir machten uns Gedanken, dass es angesichts dieser Lage auch sehr leicht zu einer inneren Vergiftung meiner Frau hätte kommen können. Es gab also trotz des großen Leides auch noch etwas, worüber wir dankbar sein konnten. In meinem Tagebuch finden sich folgende Eintragungen: „Das Kind ist bei Jesus. Hiob 1,21 hat sich bewahrheitet: ‚Der Herr hat's gegeben, der Herr hat's genommen.' Die Fortsetzung dieses Verses konnte ich Hiob nicht nachsprechen: ‚Der Name des Herrn sei gelobt.' Vier Pfund und 20 Gramm hat es gewogen. Es war ein Junge. Die Nabelschnur war in Ordnung. Es war ein normales Kind. Eine Todesursache konnte nicht genannt werden."

Der Schmerz hat lange angedauert. Da das Kindchen tot zur Welt gekommen war, wurde es auch nicht registriert. Aber für uns hat es den Namen Gottfried erhalten; denn in Gott hatte es Frieden gefunden. Im Hinblick auf das Wort „Deine Toten werden leben" haben wir die Zuversicht, dass das Kindlein bei Jesus lebt und wir es sehen werden.

Die Wochen nach dem schweren Ereignis waren noch manches Mal mit Tränen gefüllt. Wir wurden in dieser Zeit sensibel für echtes Mitleid. Wir hatten zuweilen den Eindruck, dass Bibelworte uns gar nicht erreichten. Dann konnte ein warmherziger Händedruck uns mehr bedeuten als leicht dahingesprochene Worte.

Der Grund für das frühe Sterben des Kindes im Mutterleib ist uns bis heute verborgen geblieben. Für uns selber haben wir aus diesem Leid gelernt, barmherzig zu sein mit Menschen, die Gott auf rauen Wegen führt, und besonders vorsichtig mit Schuldzuweisungen umzugehen, wie das etwa die Freunde Hiobs taten. Sie lebten wohl in der Überzeugung, dass alles Leid als Strafe Gottes zu verstehen sei.

Aber schon ein Jahr und zwei Tage nach der Totgeburt von Gottfried wurde uns das erste lebende Kindchen geschenkt. Es war wieder ein kleiner Junge. Ihm folgten in den Jahren darauf noch vier weitere gesunde Kinder, ein Junge und drei Mädchen. Heute dürfen wir uns sogar an der stattlichen Zahl von zehn Enkelkindern mitfreuen. Gottes Wege sind für uns manchmal unverständlich. Aber wir halten uns an das Wort der Bibel: „Dennoch bleibe ich stets an dir, denn du hältst mich bei meiner rechten Hand" (Psalm 73,23).

Das einfache Leben in Ostpreußen

Erinnerungen von Martha Stein, geb. Vetter
Geboren wurde ich am 7.2.1918 in Segertswalde Kr. Mohrungen in Ostpreußen. Meine Eltern lebten mit meinen älteren Geschwistern Olga und Karl als Flüchtlinge auf einem Gut. Im Frühjahr 1916 hatte meine Mutter aus ihrer Heimat Wolhynien fliehen müssen. Dieses wunderschöne, fruchtbare Land liegt im Nordwesten der Ukraine zwischen dem Bug im Westen und dem Tal des Dnjeper im Osten. Die Verschleppung der Wolhyniendeutschen hatte schon 1915 begonnen. Zum Teil wurden die Menschen nach Sibirien deportiert. 100 000 Überlebende von ihnen kehrten aber nach dem Ende des 1. Weltkrieges wieder in ihre Heimat zurück. 1921 fiel das Land Polen zu.

Mein Vater musste, obwohl er Deutscher war, als russischer Soldat dienen. 1915 war er in deutsche Kriegsgefangenschaft geraten, durfte aber im Herbst 1916 zu seiner Familie zurückkehren.

In Wolhynien hatten meine Eltern einen eigenen Bauernhof bewirtschaftet, aber jetzt mussten sie sich als Knechte und Mägde verdingen. Das Bauernblut wallte mächtig in ihren Adern, und sie setzten alles daran, um wieder als freie Bauern einen Hof zu bewirtschaften. Sie arbeiteten im Akkord und legten jeden verdienten Pfennig auf die hohe Kante, damit sie ihrem Ziel näher kamen. Es war kein leichtes Schicksal, in der Fremde leben zu müssen. Der Gutsherr unterdrückte sie, und zudem war ihnen die polnische Sprache fremd. Als sie in dieses Dorf kamen, hieß es nur: „Die Russe komme!" Aber schon bald merkte die Bevölkerung, dass sie keine Russen waren. Feindseligkeiten, wie sie am Anfang vorkamen, wurden mit der Zeit abgebaut, und es entstanden sogar herzliche Beziehungen. Es war vor allen Dingen Familie Böhnke mit ihren fünf Jungen, die uns wohlgesonnen waren.

Als ich das Licht der Welt erblickte, war auch bei unseren Freunden die Freude groß. Sie begrüßten meine Eltern mit den Worten: „A Marjellche ist angekomme!" Frau Böhnke wurde dann auch meine Patentante. Als sie mich zum ersten Mal auf den Arm nahm, rief sie aus: „Ach Gottche, su'n klienes Krottche!" Ich war so gegen 21 Uhr geboren worden, aber schon am nächsten Morgen stand meine Mutter am Waschtrog und wusch die blutige Wäsche von der Geburt. Die Nachbarinnen, die gekommen waren, um zum neuen Erdenbürger zu gratulieren, waren erstaunt, als sie Mutter schon bei der Arbeit sahen. Vater war wieder in die Scheune gegangen, um zu dreschen. Seine Aufgabe bestand darin, die vollen Säcke von der Maschine abzunehmen. Manchmal stützte er sich dabei auf die Säcke, um eine kurze Pause einzulegen, und nickte darüber ein. Die Nacht war wegen meiner Geburt auch für ihn recht unruhig gewesen. Darüber lachten die anderen Knechte und Mägde und sagten: „Na, wär hot dänn nu da Marjellche bekomme heit Nacht, der Vätter oder seine Frau?"

An meine Geburt erinnert mich übrigens noch eine Glückwunschkarte. Sie wurde damals in ein Album geklebt und hat Jahrzehnte überdauert. Außerdem wurde ich mit einem wunderschönen Jäckchen mit Spitzen und Schleifen beschenkt. Später trugen meine jüngeren Geschwister dieses Jäckchen zur Taufe. Ich war ein zartes, sehr kleines Wesen. Darüber waren meine Eltern besorgt. Öfter als meine Geschwister erhielt ich zur Stärkung das Ei, das unsere Henne in die Ofenecke gelegt hatte. Mein Bruder Karl, der bei meiner Geburt vier Jahre alt war, gönnte mir diese Extrabehandlung nicht. Aber trotz meiner körperlichen Schwäche lernte ich sehr früh das Laufen.

Kurze Zeit nach meiner Geburt ging meine Mutter wieder zur Arbeit und schaffte im Akkord. Sie hat sich immer viel abverlangt. Für ihre eigene Familie mussten die Nachtstunden herhalten. Da wusch sie die Wäsche, backte das Brot und kochte das Essen für den nächsten Tag. Olga war erst sechs Jahre alt, und doch wurden ihr die kleineren Geschwister anvertraut: Sie musste Karl und mich hüten und versorgen. So konnte dann Folgendes passieren: Ich wurde von Olga im Kinderwagen aufs Feld geschoben, damit meine Mutter mich dort stillen konnte. Einmal lag auf dem Feldweg ein Kohlehaufen. Olga konnte schlecht ausweichen. So kippte der Kinderwagen um, und ich landete mitsamt dem Kissen im Kohlenstaub. Olga sammelte die Wäsche auf, aber die Kissen und auch ich waren kohlrabenschwarz. Mutter wusch dann erst mein kleines „Schnutche" mit Brustmilch ab. Meine Schwester wurde natürlich tüchtig ausgeschimpft. Olga hatte es wirklich nicht leicht mit mir.

Die Eltern kamen erst im Dunkeln wieder von der Arbeit nach Hause. Elektrisches Licht gab es damals noch nicht. So saßen wir Kleinen in der dunklen Stube. Wenn dann die Ratten – sie waren so zahlreich wie Mäuse im Weizenhaufen – aus den Ecken hervorkrochen und ihre Augen im Dunkeln aufblitzten, bekamen es meine beiden Geschwister mit der Angst zu tun. Sie kletterten dann in meine Wiege. Wenn ihre Angst ausuferte, warfen sie ihre „Schlorren" nach den Viechern. Schließlich saßen sie barfuß da, denn sie hatten ja nur vier. Die Angst wurde dann so stark, dass sie Reißaus nahmen und die kleine Martha allein mit den Ratten zurückließen. Olga bekam dann für ihr verantwortungsloses Verhalten eine Abreibung.

Es war damals durch die Inflation eine sehr schwere Zeit in Deutschland. Man prägte das Wort vom Steckrübenwinter. An manchen Tagen bekamen wir nichts anderes zu essen als Steckrübenschnitzel. Aber richtig gehungert haben wir nicht. Das hat mir mein Vater später erzählt.

Weil meine Eltern gerne wieder einen Bauernhof erwerben wollten, wurde sehr gespart. Als Dienstleute des Gutshofes konnten sie sich so nebenbei ein Schwein halten. Auf dem Komposthaufen baute Vater Kürbisse an und erntete immer große Früchte. Sie dienten auch als Schweinefutter. Wenn das Schwein geschlachtet wurde, verkauften wir einen Teil des Fleisches. Auf dem Schwarzmarkt brachte das viel Geld ein.

Ein besonderes Glück wurde uns durch einen Dorfbewohner zuteil, der nur „Bruder Schulz" genannt wurde, weil in seinem Hause christliche Versammlungen abgehalten wurden. Meine Eltern gehörten zu den Freunden von Bruder Schulz. Er besaß ein Geschäft. Als er es zu einem günstigen Zeitpunkt verkaufte, erhielt er sehr viel Geld. Er war ein wirklicher Bruder in Christus und lieh auch meinen Eltern eine größere Summe. So konnte mein Vater in Mothal/Kreis Mohrungen elf Hektar Land kaufen.

Im Frühjahr 1919 zogen wir dorthin um. Da stand aber weder Baum noch Strauch, und wir wohnten in einem abbruchreifen Gehöft. Meine Eltern bauten zuerst einen Stall. Auf der südlichen Seite richtete Vater eine Behelfswohnung ein, die aus einer Stube und einer Küche bestand. Als Nächstes baute er eine Getreidescheune. Die Äcker waren im Frühjahr bestellt worden, und er brauchte Platz, um die Ernte einzubringen.

Es wurde Herbst, und Mutter war auf dem Acker, um die Kartoffeln auszuhacken. Da ich noch gestillt wurde, klemmte mir Olga ein Holzbänkchen unter den Arm und schickte mich aufs Feld. Mutter sollte mir die „Titti" geben. Die Leute, die mich sahen, amüsierten sich darüber, wie das „kliene Krottche" über die Kartoffelreihen stolperte. Immer wieder rutschte mir das Bänkchen aus dem Arm. Ich musste es dann aufheben und weitertragen. War ich dann endlich bei der Mutter angelangt, so rieb sie sich die Erde von den Fingern, setzte sich aufs Bänkchen und gab mir die Brust. Stolz und satt trabte ich dann wieder nach Hause.

Auf unserem Hof wurde tüchtig gebaut. Die Handwerker hatten auch so ihre Freude an mir. Arbeiteten sie auf dem Dach, und es war Mittagszeit, dann stellte ich mich breitbeinig vor den Stall und rief laut: „Assa kumma!" Obwohl sie meinen Ruf längst verstanden hatten, trieben sie ihren Schabernack mit mir und fragten immer wieder: „Was sulle mir?" Ich beugte mich vor und schrie, so laut ich nur konnte: „Assa kumme!"

Unser Dorf bestand fast ausnahmslos aus Flüchtlingssiedlern, die aus Russland, Wolhynien, Bessarabien oder Polen gekommen waren. Man hatte diese Menschen aus ihrer Heimat vertrieben. Alle waren arm, schrecklich arm sogar. Aber es entstand eine gute Dorfgemeinschaft. Einer trat für den andern ein. Sonst hätten die Bauern kaum überleben können.

Meine erste Erinnerung geht auf die Zeit zurück, als ich ein Mädchen von drei Jahren war. Mama kalkte die Wände in der Stube. Ich war sehr krank, hatte hohes Fieber und durfte nicht hinaus ins Freie. Wenn die weiße Farbe durch die Gegend spritzte, machte mir dies Spaß. Mama stellte mein Bänkchen von einer Wand zur andern, damit ich von der weißen Farbe verschont bliebe. Ein anderes Mal musste unsere Küche „gewitschert", also gekalkt werden. Die wenigen Möbel trug Vater zusammen mit einem Helfer aus der Wohnung. Darunter war auch ein kleines, offenes, niederes Schränkchen, in dem Heringe lagen. Sie waren in Zeitungspapier eingewickelt. Plötzlich tauchte die große Sau auf, grunzte, schnupperte herum und schnappte sich mit einem Biss die Heringe. Auf unser Geschrei hin lief sie davon. Das Papier zerriss, einige Heringe fielen auf die Erde, aber zwei Stück behielt sie zwischen den Zähnen. Ich glaube, sie waren nicht mehr zu retten.

Und noch ein Erlebnis ist mir in Erinnerung geblieben. Es war Winter. Draußen war es bitterkalt. Es herrschte heftiges Schneetreiben. In unserer Stube stand ein großer Ofen, der vor Hitze glühte. Rings um ihn herum hatte Vater ein Strohlager errichtet. Dort schliefen Männer, die sich mit ihren Pelzen zugedeckt hatten. Ich fragte, woher denn die Männer gekommen wären. Da erfuhr ich, dass es sich um meinen Großvater Johann Vetter, Onkel Heinrich Dinter und noch um einen Fremden handelte. Sie waren aus Wolhynien zurückgekehrt. Eigentlich wollten sie dort die Lage erkunden und sehen, was aus ihren Höfen geworden war. Aber eine Rückkehr in die Heimat war wohl nicht mehr möglich. Die Situation schien katastrophal, zumal das Land jetzt zu Polen gehörte. Sie hatten dann versucht, ihre ehemaligen Höfe zu verkaufen, aber dies gelang nicht. So siedelten sie auch in Ost- und Westpreußen.

1921 begann dann der Bau unseres Wohnhauses. Ich weiß noch ganz genau, was damals passierte. Durch das Geviert des Küchenfensters sah ich hinaus auf den Hof. Auf dem Gebälk des Fußbodens stand Vater, neben ihm ein Polizist. Er gestikulierte heftig und redete zornig auf Vater ein. Ich eilte zu meinem Vater und umklammerte ängstlich seine Beine. Später erzählte uns Vater, er hätte Speck aus der eigenen Schlachtung auf dem Schwarzmarkt verkauft, weil er dringend Geld brauchte. Ob er dafür bestraft wurde, konnte mir später keiner sagen. Ich glaube, der Polizist hatte Mitleid mit uns kleinen Kindern und verstand Vaters Handeln. Damals herrschte in Deutschland viel Not, und wir waren vom Elend besonders betroffen, denn unsere Eltern hatten ja durch die Flucht ihr ganzes Vermögen verloren und wagten nun einen Neuanfang. Sparen, sparen und noch mal sparen lautete die Devise. Sirup war für uns der einzige Brotaufstrich. Er wurde aus Zuckerrüben selbst gekocht. Im Steintopf längs der Wand in der Eckstube hatte er seinen Platz zum Abkühlen gefunden, und ich geriet oft in Versuchung, davon zu naschen.

In dieser Eckstube, in der noch der Fußboden fehlte, wurde auch Adolf geboren. Das war im Juli 1922. Zwei Jahre zuvor, im Juli 1920, hatte Willi das Licht der Welt erblickt. Mit meinen beiden Brüdern konnte ich später wunderbar spielen. Leider war uns das Spielen nur selten erlaubt; denn es gab in unserer Familie auch noch jüngere Geschwister, die betreut werden mussten. Die Großen, Olga und Karl, mussten damals schon schwierigere Aufgaben übernehmen. Sie holten Steine für den Hausbau herbei und luden sie ab. Manchmal bluteten ihnen dabei die Hände. Aber Vater kannte in dieser Beziehung kein Erbarmen. Karl hütete meistens die Kühe. Es gab damals noch keine Weidezäune, Ketten oder Gatter. Da musste mein Bruder höllisch aufpassen, dass ihm das Vieh nicht weglief und Nachbars Roggenfeld zertrampelte. Meine Aufgabe war es, auf die Gänse aufzupassen. Mutter brauchte nämlich für die große Familie viele Federbetten. Gänse waren auch wegen des guten Sonntagsbratens für uns überaus begehrt.

Meine Eltern waren die Ersten der Großfamilie Vetter, die sich ein Eigentum erwirtschaftet hatten. So war es auch selbstverständlich, dass wir immer viel Besuch hatten. Manchmal kam auch die Verwandtschaft, um bei der vielen Arbeit zu helfen. Meine Tante Auguste feierte sogar ihre Hochzeit in unserem Hause. Ich war von diesem Fest begeistert und wollte auch gerne Hochzeit feiern. Drei Jahre war ich damals alt, und mein Bräutigam sechs. Ich wurde mit Schleier und Kranz festlich ausgestattet, und so fuhren wir mit dem kleinen Rodelschlitten zur Trauung. Unsere Kirche war das Klohäuschen auf unserem Hof. Olga stand oben auf dem Sitz und vollzog die Trauung. Hinterher gab es sogar ein Festessen: Dicke Bohnen und Kartoffeln.

Meine Kindheit wurde von einem hässlichen Leiden überschattet: Ich hatte fast immer juckende Frostbeulen, die schrecklich schmerzten. Irgendwann muss ich mir die Füße erfroren haben. Die Winter waren bei uns sehr kalt, und gutes Schuhwerk war Mangelware. Manchmal brachen die Frostbeulen auch auf und entzündeten sich. Noch heute habe ich Narben an den Füßen. Ich weinte viel, und da ich nahe ans Wasser gebaut hatte, wurde ich „Heulsuse" und „Plärrliese" genannt. Weil mir im Winter dazu noch die Nase lief, ärgerten sie mich noch mit „Rotzliese". Taschentücher gab es bei uns nicht, und so wischte ich mir die Nase an der Schürze ab. Das brachte mir den Namen „Drecklieschen" ein. Mit Schimpfnamen war ich gesegnet! An Weihnachten aber erhielt jedes Kind ein Taschentuch.

Übrigens war Weihnachten immer der Höhepunkt des Jahres. Trotz der Armut und der schweren Zeit verstanden es die Eltern, uns Freude zu bereiten. So fing Mutter beizeiten an, Plätzchen und Kekse zu backen. Der Tannenbaumschmuck wurde selbst gebastelt. Schon am frühen Nachmittag des Christfestes wurden wir gebadet. Bei der großen Kinderschar war dies schon eine gewaltige Aufgabe! Vater holte eine Zinkwanne aus dem Waschhaus und stellte sie in der Küche auf. Sie wurde mit warmem Wasser gefüllt, das auf dem Kohleherd heiß gemacht worden war. Einer nach dem andern stieg in die Wanne, manchmal auch zwei zugleich. Immer wenn einige sauber waren, wurde das Wasser erneuert. Mutter hatte uns unsere Sonntagskleider aus dem Schrank geholt. Die Haare wurden noch feucht zu Zöpfen geflochten, und kurz vor dem Kirchgang lösten wir die Zöpfe aus und kämmten das Haar. Wir sahen aus wie kleine Engel. Einmal allerdings fing Olgas Haar an einer Kerze Feuer. Danach durften wir nie mehr mit offenem Haar zur Christvesper gehen. Die Feier fand immer in unserem Gemeinschaftssaal statt. Aus der weiteren Umgebung eilten die Besucher herbei, denn nirgendwo gab es so etwas Festliches wie bei uns. In unserem Ort besuchten alle Kinder die Sonntagsschule. Für den Heiligabend lernten wir Gedichte und viele Weihnachtslieder auswendig. Die Gottesdienstbesucher sangen unter der Begleitung des Posaunenchores Choräle und Lieder. Es folgte dann eine recht kurze Predigt. Die Kinder sagten ihre Gedichte auf und wurden danach mit einer prall gefüllten Tüte beschenkt. In den ersten Jahren in

Mothal war es üblich, dass Jugendliche in der Vorweihnachtszeit von Haus zu Haus gingen, um Äpfel und selbst gebackenes Gebäck – wir nannten es „Mürbchen" – zu sammeln. Später wurden die Bewohner um Geldgaben gebeten, und in den Tüten befanden sich dann gekaufte Lebkuchen mit Zuckerguss sowie Schokoladenkringel und bunte Anisplätzchen. Je besser es der Bevölkerung ging, desto voller wurden die Tüten. Ich freute mich besonders, wenn ich mal mit einer Apfelsine beschenkt wurde. Sogar Walnüsse und Haselnüsse waren in unseren Weihnachtstüten. Das letzte Lied des Posaunenchores hörten wir kaum noch. Wir drängten nach Hause.

In warme Mäntel, Schals und Handschuhe eingepackt, traten wir den Heimweg an. Die Flocken glitzerten, und am Himmel leuchteten die Sterne. Unter unsern Schuhen knirschte der herrliche Schnee. Hier und da sah man schon hinter den erleuchteten Fenstern den Christbaum; denn die meisten Leute hatten nicht so viele Kinder wie Vetters. Mutter brauchte einfach mehr Zeit, bis sie die Kleinen alle „eingemummelt" hatte. Wenn der Schnee besonders hoch lag, holte Vater den Pferdeschlitten, und mit unsern beiden Schimmeln fuhren wir unter Klingelgeläut durch die winterliche Landschaft. Bei normalen Schneeverhältnissen zogen die Großen die Kleinen auf dem Rodelschlitten. Die Jungen rannten meist besonders schnell. Die Spannung war nämlich riesengroß, aber sie landeten immer vor verschlossenen Türen. Nur die Eltern öffneten an diesem hohen Fest die Haustür. Natürlich fragte ich mich: Wie konnte das Christkind in die gute Stube kommen, wenn die Tür so fest verriegelt war? Über Jahre blieb mir dies ein Geheimnis.

Nachdem die Kerzen am Weihnachtsbaum angezündet waren, sangen wir einige Lieder und konnten dann unsere Geschenke in Empfang nehmen, die unter dem Tannenbaum lagen. Es gab meist praktische Sachen. Aber wie freuten wir uns über neue Handschuhe, einen Schal, eine Mütze, ein buntes Taschentuch, ein Federkästchen oder dergleichen Dinge mehr, die wir für die Schule benötigten! Die Kleinen erhielten auch ein Spielzeug wie einen Baukasten oder ein Bilderbuch. Adolf bekam einmal ein Gummipferdchen. Doch beim Mittagsschlaf biss er das schöne

Tier kaputt. Er weinte bitterlich, und es flossen viele Tränen. Etwas Besonderes waren die Spielsachen, die man mit einem Schlüssel aufziehen konnte. Meist waren es Tiere oder Autos. Damit spielten wir Großen auch gerne.

Später, als wir schon selbst Familie hatten, fuhren Olga mit ihren fünf und ich mit meinen drei Kindern gerne noch nach Hause. Dann herrschte großer Trubel, und Karl meinte: „Wie gut, dass wir nicht immer so viele sind." Ich staune heute noch darüber, wo wir alle am Tisch Platz fanden und nachts ins Bett gehen konnten.

Aber auch Ostern hatte seinen Reiz. Die stille Woche ist mir in guter Erinnerung geblieben. Zanken war in dieser Zeit verboten. Geschah es dennoch einmal, dann wurden wir an den Tod unseres Heilandes erinnert. Das brachte uns dann zur Vernunft und wir versöhnten uns schnell. Zum Palmsonntag holten wir Zweige von dem weit ausladenden Weidenbaum, der auf unserer Viehweide stand. An diesem Sonntag fand auch immer die Konfirmation statt. Ich war fast jedes Jahr zum Fest der Einsegnung geladen, und alle zwei Jahre fand auch solch ein festlicher Tag bei uns statt. Er wurde aber nur im Familienkreis begangen, und der war schon recht groß. Besonders still und andächtig ging es am Karfreitag zu. Zum Gottesdienst zogen zumindest die großen Mädchen ein schwarzes Kleid an. Zum Abendmahl fuhren wir in einem Kutschwagen in die evangelisch-lutherische Kirche. Sie lag sieben Kilometer von uns entfernt. Mothal war schon ein besonderer Ort! Die meisten Bewohner waren bewusste Christen. Da die Kirche so weit entfernt lag, feierten wir meist in einer großen Wohnstube Gottesdienst. Laienprediger, zu denen auch mein Vater gehörte, wechselten sich in der Wortverkündigung ab. Nach dem Vormittagsgottesdienst fand die Sonntagsschule statt. Am Nachmittag traf sich der Jugendbund. Sehr bald entstanden auch Gitarren- und Posaunenchöre. Jede Familie nahm am geistlichen Leben der Gemeinde teil.

An Ostern fiel den Posaunenbläsern eine besonders schöne Aufgabe zu. So etwa gegen zwei Uhr trafen sich die Bläser und spielten vor den Fenstern eines jeden Hauses zwei Auferstehungslieder. Besonders gut gefielen mir „Er lebt! Er lebt!", „Rollt ab den Stein von dem Felsengrab" und „Aus dem Grabe auferstand Jesus, der Herr".

An Ostern war ich oft so bewegt, dass ich gar nicht einschlafen konnte. Ich hörte den Posaunenbläsern nicht nur zu, wenn sie vor unserm Fenster bliesen, sondern freute mich noch lange, wenn von weit her diese wunderschönen Melodien zu mir herüberdrangen.

Etwas Besonderes erlebte ich Ostern 1936. Zunächst war ich traurig, dass unter unserem Haus nur ein Lied erklang. Dann aber, nach einer kurzen Pause, bliesen die Posaunen noch ein Lied genau unter meinem Fenster. Rudolf Stein hatte die Idee gehabt, auch unter meinem Fenster eine Melodie zu blasen. Zwischen uns hatte es schon ein wenig „gefunkt". Ich war so glücklich und freudig erregt, dass ich auf die Bettpfosten sprang, um das Oberlicht zu öffnen. In diesem Moment wurde mir bewusst, dass ich ein recht kurzes Hemdchen anhatte. Erschrocken wich ich zurück. Die ganze Sache war mir schrecklich peinlich, aber später erzählte mir mein Mann, sie hätten in die Noten schauen müssen, deshalb bekamen sie mich nicht in meinem kurzen Hemd zu Gesicht. Mein Aufzug würde sie vermutlich auch nicht sehr verwundert haben: Nachthemden oder Schlafanzüge waren damals bei uns noch nicht Mode, bestenfalls Nachtjacken. Als die Tochter unseres Nachbarn zur Hochzeit schöne, bunte Nachthemden geschenkt bekommen hatte, waren ihr diese viel zu wertvoll. Sie zog sie als Sommerkleider an.

Das letzte Haus, vor dem die Posaunen erklangen, gehörte der Witwe Kühn in Görken. Dort stand dann auch eine große Schüssel mit Eiern bereit, und ein kräftiges Frühstück wurde serviert. Nach dem Posaunenspiel versammelten sich die Dorfbewohner im Saal zur Auferstehungsandacht. Dort wurde auch gesungen und gespielt. In früheren Jahren fand der Gottesdienst bei Sonnenaufgang auf dem Friedhof statt. Uns Kindern hatte man erzählt, dass man in der aufgehenden Sonne das Osterlamm hüpfen sehen könnte. Man müsste dann nur in die Sonne schauen. Noch heute ist in meinem Herzen eine tiefe Sehnsucht nach diesem Osterblasen geblieben.

Für uns Kinder ging es dann noch zum Ostereiersuchen. Meist

hatten die Eltern die Eier bunt gefärbt. Manchmal halfen auch die größeren Geschwister mit. Mir war die Sache mit dem Osterhasen sehr rätselhaft. Einmal kam ich in die Küche und spiegelte meiner Mutter vor, ich sei durstig. Ich tat so, als würde ich weder nach rechts noch nach links schauen. In Wirklichkeit nahm ich aber alles wahr, was ich sehen wollte. Ich suchte und entdeckte dann später im Bodengebälk bunte Lappen. Diese wurden zum Eieranmalen gebraucht. Mutter wollte die Eier besonders schön färben und hatte dafür Abziehbilder gekauft. Sie wurden auf die Eier gelegt, mit dünnen Lappen umwickelt und in heißes Wasser getaucht. Jedes Jahr färbte Mutter 60-70 Eier, und das war immer mit viel Arbeit verbunden. Unter dem Küchenfenster und vor der Haustür bauten wir dann unsere Nester. War das Wetter kalt und regnerisch, benutzten wir auch den Flur. Jedes Kind bekam 15-17 Eier. Oft schlossen wir untereinander Wetten ab, wer denn seine Eier am längsten aufheben könnte. Man versteckte sie dann, um die Geschwister zu überlisten. Karl war meistens der Sieger. Dass ihm einige Eier dabei auch faul wurden, störte ihn weniger. Hauptsache, er hatte die Wette gewonnen!

An den Festtagen veranstalteten wir auch gern ein Ostereierwettessen. Das war in unserem Dorf so Sitte. Mancher hat sich allerdings dabei den Magen verdorben. Auch das Ostereierklopfen machte Spaß, aber nur für den Sieger. Da die Eier in ihrer Schale unterschiedlich stark waren, gehörten große Geschicklichkeit und Schnelligkeit dazu. Wessen Ei dabei zu Bruch ging, den stimmte das Spiel sehr traurig. Ich hatte große Freude daran, wenn wir bei strahlendem Sonnenschein auf unsere Wiese gingen und die Eier einen Abhang hinunterkullern ließen. Ich gab meinem Ei einen kleinen Schubs, dann rollte es immer recht weit. Süßigkeiten oder andere Geschenke gab es aber an Ostern nicht.

Wir hatten eine Mutter, die sich selbst viel abverlangte und überaus fleißig war. Aber sie fand immer noch Zeit, sich den schönen Dingen des Lebens zuzuwenden. Wenn Vaters Geburtstag nahte, übte sie schon viele Tage vorher mit uns Gedichte ein. Das jüngste Geschwisterchen sagte oft folgendes Sprüchlein auf:

Nun lasst mich auch heran,
dass ich mein Sprüchlein sagen kann.
Ich bin ja auch schon groß
und trage Jack und Hos
grad wie der Vater.

Ob dieses Gedicht noch mehr Verse hatte, das weiß ich nicht. Zur Erklärung muss ich anfügen, dass damals im Kleinkindalter auch die Jungen Kleidchen trugen. Vielleicht war es so einfacher, die Kleinen zu wickeln oder aufs Töpfchen zu setzen.

Wir haben bei unserer Mutter viele Gedichte gelernt. Aber sie wollte nie, dass wir sie damit überraschen und ehren. Sie war in ihrem Wesen sehr bescheiden und einfach nur für ihre Familie im Einsatz. Am liebsten hatte sie es, wenn ihre Kinder und Enkel zu Besuch kamen. Sie stand dann in der Haustür und empfing uns mit den Worten: „Kommt herein, kommt herein!" Sie umarmte uns, drückte uns an sich und gab jedem einen kräftigen Kuss auf die Wange. Diese Zeichen der Liebe werde ich ein Leben lang nicht vergessen. Mutter opferte sich für ihre Familie auf. Sie strebte nicht nach Selbstverwirklichung. Sälbchen, Wässerchen, Oil of Olaz, Schminke und was wir so alles in unsern Badezimmern herumstehen haben, hat sie nie gebraucht. Und doch war sie eine sehr schöne Frau; liebevoll war sie außerdem. Ihre Hände ruhten fast nie. Wenn sie sich einmal hinsetzte, um ein wenig zu verschnaufen, dann hatte sie immer gleich einen Strickstrumpf zur Hand. Nur manchmal rutschte der Strumpf in ihren Schoß, wenn sie für ein paar Minuten eingenickt war. Christel hat sie einmal gefragt: „Mutter, wie viel Strümpfe hast du in deinem Leben schon gestrickt?" Da antwortete sie ihr: „Eine Stube voll wird es wohl schon gewesen sein." Bei der großen Kinderschar von neun Sprösslingen ist das durchaus möglich! Die Jungen trugen damals im Winter noch lange Wollstrümpfe und kurze Hosen.

Meist im Abstand von zwei Jahren wurde bei uns ein kleiner Erdenbürger geboren. Als Heinz 1924 das Licht der Welt erblickte, weinten wir Mädchen, weil die Brüder nun in der Überzahl waren. Sahen wir einen Storch, über unser Haus fliegen, dann riefen wir: „Storch, Storch, Bester, bring uns eine Schwester!"

Die Jungen aber schrien: „Storch, Storch, Guter, bring uns einen Bruder!"

Zunächst war der Erfolg auf unserer Seite. Im Jahr 1926 wurde Christel geboren, und dann folgte Meta. Leider war dieses Mädchen eine Frühgeburt und starb schon nach drei Tagen. Wir waren alle sehr traurig. Nun aber waren die Brüder wieder am Zuge. 1930 erblickte Harry das Licht der Welt. Leider stellten die Ärzte fest, dass dieses Kind an einem schweren Herzfehler litt. Sie prophezeiten ihm keine lange Lebenszeit. Vielleicht war das der Grund, dass wir ihn alle besonders liebten. Die Eltern setzten alle Hebel in Bewegung, um ihm sein Leiden zu erleichtern. So erhielt ich, wenn ich zur Konfirmandenstunde ging, 10 Pfennige und brachte ihm auf dem Nachhauseweg vier Brötchen mit. Diese wurden in Milch eingetaucht und mit Honig gesüßt. Wir haben Harry diese Vorteile gerne eingeräumt, denn sein Leben war leidvoll und schwer. Honig gab es bei uns nur, wenn ein Familienglied erkältet war. Das war dann auch die einzige Medizin. Harry war ein sehr kluger und frühreifer Junge, aber er war so schwach, dass er fast gar nicht zur Schule gehen konnte. Er starb vier Monate nach meiner Hochzeit, im November 1937.

1933 bekamen wir noch ein Schwesterchen, Ruth Lydia, und im Mai 1935 ein Brüderchen, unser Nesthäkchen Hermann. Ruth hatte schwarze Haare, etwas dunklere Haut und braune Augen. Wir nannten sie lange „das Geunerle", weil sie so aussah wie ein Zigeunermädchen. Mutter überließ mir oft die Kleinen. Sie arbeitete meist auf dem Feld und im Hof. Ich hatte ein wenig nähen gelernt, und bei unserer großen Familie war der Bedarf an Kleidung groß. Da ließ sich sogar Mutter von mir Kleider anfertigen.

Wir waren alle ganz verschieden: Mein Bruder Adolf war ein molliger Wonneproppen. Er hatte blaue Augen, die Mutter so sehr liebte. Er lag auch lange an ihrer Brust und wurde gestillt. Kamen Besucher ins Haus, dann sagte er: „Mama, deck zu!", oder „Komm in die andere Tub (Stube)!" Er ärgerte sich nämlich, wenn die Leute lachten und spotteten: „Guckt euch mal den Kleinen an! Er hat schon einen größeren Kopf als seine Mutter. Er wird sie wohl noch ganz aufessen." Ihm konnte Mutter schlecht eine Bitte abschlagen. Er war ihr Liebling. Später nannten wir ihn Joseph nach dem Knaben im Alten Testament, der von seinem Vater Jakob den anderen immer vorgezogen wurde und sogar einen bunten Rock geschenkt bekam.

Willi hingegen gehörte zu unseren Sorgenkindern. Er litt schon als Kleinkind an Geschwüren und hatte einen Sprachfehler: Er stotterte bis in sein achtes Lebensjahr hinein. In unserem Dorf gab es drei Jungen mit dem Namen Willi. Alle drei stotterten. Einer von ihnen hat sein ganzes Leben lang unter seinem Sprachfehler leiden müssen und wurde als Jugendlicher oft verspottet. Unseren Willi liebte ich besonders. Das lag wohl auch daran, dass wir altersmäßig nahe beieinander waren und uns auch gegenseitig unterstützen mussten. Wir waren nämlich beide recht schmächtige und verängstigte „kleine Küken".

Insgesamt übernahm ich viel Verantwortung für meine jüngeren Geschwister. Karl dagegen fühlte sich über mich erhaben und meinte immer, mich erziehen zu müssen. Ich war ja auch vier Jahre jünger als er. Als er dann in die Stadt zur Lehre ging, wollte er mir am Samstag städtische Sauberkeit beibringen. Er hielt mir immer vor, was ich doch für ein Dreckspatz sei. Aber ich hatte auch wirklich viel Arbeit aufgebürdet bekommen. Wie sollte ich mich dann auch noch um mich selbst kümmern? Sechs Geschwister waren jünger als ich. Sie musste ich betreuen. Außerdem lebten wir auf einem Bauernhof. Da musste ich auch tüchtig im Stall mithelfen. Als wir dann elektrisches Licht im Haus hatten, schaute mir Karl zu, wie ich den Boden schrubbte: „So, jetzt ist es hell in der Küche, da kann man endlich sehen, ob Martha auch sauber putzt." Dieses Lästermaul ärgerte mich maßlos. Ich nahm vor Wut das Wischtuch in die Hand und schlug ihm mit voller Wucht den nassen Lappen um die Ohren. Ich fühlte mich stark, sehr stark sogar, und wollte mir nicht mehr alles gefallen lassen. Karl war ganz sprachlos über meine Reaktion. Damit hatte er nicht gerechnet. Später, als junges Mädchen, habe ich mich dann mit meinem Bruder bestens verstanden.

Weil Karl seine Lehrzeit in der Stadt verbrachte, bekamen wir jüngeren Geschwister so manches von der großen, weiten Welt zu sehen und zu hören. So standen in unserem wunderschönen Glasschrank allerlei „Trophäen", die Karl auf den Jahrmärkten erstanden hatte. In seiner Tasche klimperte nämlich schon eigenes Geld, und das Angebot in den Städten war weit größer als in unserem kleinen Dörfchen. Als er später ein eigenes Motorrad besaß, durften wir oft mit ihm fahren. Ansonsten waren wir auf unsere Fahrräder angewiesen. Damit konnten wir so manche Touren unternehmen. Im Rahmen des EC-Jugendkreises gab es eine Reihe von Veranstaltungen in den Nachbarorten, die wir gerne besuchten. Schlimm war es nur, wenn auf der Heimfahrt am Abend die Karbidlampen nicht brennen wollten. So manches Schlagloch auf der Straße brachte uns in Gefahr.

Nun habe ich schon weit vorgegriffen. Ich hätte zuvor noch von meiner Schulzeit berichten müssen. Doch damit hatte ich schlimme Probleme. Meine Hände und Füße waren von argen Beulen befallen. Weder Schuhe noch Pantoffeln konnte ich anziehen. Außerdem hatte es nicht viel Sinn, die Schule zu besuchen, denn wir lernten fast gar nichts. Unser Lehrer Rossmann war meist betrunken, wenn er das Klassenzimmer betrat. Mein Vater machte den Schulrat auf die Missstände aufmerksam. Dieser wollte der Sache auf den Grund gehen und kam eines Tages in unser Dorf zur Schulvisitation. Er traf den Lehrer an, wie er seinen Kopf auf den Arm abgestützt hatte und eingeschlafen war. Aber leider hat sich an dieser Situation nichts geändert. Der Schulrat erlaubte dann einigen Eltern, dass sie einen Privatlehrer ins Dorf holen konnten, der die Schüler unterrichtete. Daraufhin wurde auf einem Gut ein Klassenzimmer angemietet. Dort konnten allerdings nur Kinder über zehn Jahre vom Lehrer Wolf unterrichtet werden. Die größten Probleme beim Lernen hatte Karl. Ihn interessierte jedes Rädchen an der Maschine, das sich drehte, nur fürs Lernen hatte er nichts übrig.

Während wir Schulaufgaben erledigten, baute er besonders gerne kleine Mühlen. Er war ein gewitzter Junge und hatte immer neue Flausen im Kopf. So präparierte er mit anderen den Stock des Lehrer so, dass Tinte herausspritzte, wenn ein Schüler damit geschlagen wurde. Sie hatten die Rinde fein eingeritzt und mit

Tinte gefüllt. Einmal machte er sogar unter dem Fenster des Klassenzimmers ein Feuerchen. Dass er auf dem Feld oder hinter dem Stall gerne mit Feuer spielte, das wussten wir.

Es war ein Glücksfall für meinen Bruder, als Herr Lehrer Strötzel in unser Dorf kam. Er wusste, wie er mit Karl umgehen musste, und konnte ihn dadurch für die Schule begeistern. Von da an gab es für ihn noch Wichtigeres als nur Rädchen und Feuerchen.

Meine Beulen an den Füßen besserten sich während des Sommers. So war es mir möglich, die Privatschule zu besuchen. Ich wurde den Größeren zugeordnet, und später erhielt ich auch Einzelunterricht bei Lehrer Wolf. Meine Eltern waren nicht reich, aber ihnen lag es sehr am Herzen, dass wir eine gute Schulausbildung bekamen.

Einmal spielte mir eine Dorfbewohnerin einen üblen Streich. Ich war auf dem Weg zum Unterricht, als sie mir aus dem Fenster zurief: „Heute fehlt der Lehrer in der Schule. Der Unterricht fällt aus!" Ich war gerade sieben Jahre alt, so überlegte ich nicht lange und kehrte wieder nach Hause um. Am nächsten Tag wurde ich hart bestraft, weil ich die Schule geschwänzt hätte. Mit der Rute bekam ich Hiebe auf die Handflächen. Ich war zutiefst wütend und empfand die Strafe als ungerecht. Warum glaubte mir der Lehrer nicht? Ich legte trotzig meinen Kopf auf die Bank und weinte herzzerreißend. Als dem Lehrer doch dämmerte, dass mich eine Frau aus dem Dorf böswillig hereingelegt hatte, tat ihm sein Verhalten Leid. Er ging in den Laden und kaufte mir eine Hand voll Pfefferminzstangen. Ich wollte sie in meinen Ranzen stecken und zu Hause mit meinen Geschwistern teilen; aber das erlaubte mir mein Lehrer nicht. Ich sollte sie sofort essen. Doch so schnell war ich nicht ausgesöhnt. Er musste mich noch auf seinen Schoß nehmen und mir auf dem Klavier ein Liedchen vorspielen.

Die Erziehungsmethoden waren damals insgesamt recht drastisch. Bauer Heise war der Ansicht, dass der Unterricht, den ich genoss, auch seinem Sohn gut tun würde, und schickte ihn auch zu Herrn Wolf in die Privatschule. Berthold war zwar ein Jahr älter als ich, aber durch den miserablen Lehrer, der meist betrunken ins Klassenzimmer kam, hatte er überall große Lücken.

Herr Wolf stellte uns einige Aufgaben, die Berthold nicht lösen konnte, wohl aber ich. Darüber war ich sehr stolz. Doch als ich sah, dass Berthold übers Knie gelegt und kräftig durchgeprügelt wurde, tat er mir Leid, und der Stolz verging mir. Das Prügeln wiederum verging dem Lehrer, als Berthold ihn in den Hintern biss. Das war das erste und letzte Mal, dass Berthold in die Privatschule ging.

Leider wurde die Privatschule nach einem Jahr wieder geschlossen. Zum Glück war inzwischen in der Dorfschule ein neuer Lehrer angestellt worden, und Karl und ich machten weiter gute Fortschritte im Schreiben, Lesen und Rechnen. Meine große Schwester Olga, ein kräftiges junges Mädchen, verließ mit vierzehn Jahren die Schule. Sie wurde zu Hause von den Eltern dringend zur Arbeit benötigt. Sie war in allem recht geschickt. Aber noch heute schimpft Olga wie ein Rohrspatz, wenn das Thema Schule angesprochen wird. Sie war in ihrem Durst nach Wissen unersättlich und wäre gerne länger zum Unterricht gegangen. Mir machte die Schule auch großen Spaß. Aufsätze schrieb ich besonders gerne. Manchmal verfasste ich sogar ein Gedicht und durfte es dann der Lehrersfrau vorlesen. Als Belohnung erhielt ich von ihr ein Stück Schokolade. Solche Süßigkeiten gab es bei uns zu Hause nicht.

Für die Schulentlassenen richtete Lehrer Strötzel einen Fortbildungskurs ein. Er war wirklich um das Wohl seiner Schüler besorgt. Dadurch konnte so mancher, der durch den mangelhaften Unterricht von Lehrer Rossmann geschädigt war, sein Wissen aufbessern. Die Mädchen wurden auch im Kochen, Backen und Einwecken unterrichtet. Damals kamen die ersten Weckgläser auf den Markt. Ich erinnere mich noch sehr gut an unsere eingeweckten Pflaumen. Sie standen im hinteren Flur in einem Schrank. Nur wenn Besuch kam, wurde ein Glas geöffnet.

Für die Schüler war nachmittags immer eine Spielstunde eingerichtet worden. Leider konnte ich nie daran teilnehmen, da ich die jüngeren Geschwister hüten musste. Spielen durften nur die ganz Kleinen bei uns. Der 1. Mai war die große Ausnahme, und auch am Sonntag war uns Großen manchmal das Spielen erlaubt. Sonst aber mussten wir arbeiten – und oft sehr schwer.

Die Eltern hätten die Aufgaben auf einem so großen Hof nicht allein bewältigen können. Im Winter, wenn die Arbeit draußen ruhte, spann Mutter die Wolle selbst und strickte dann Strümpfe daraus. Oft saß sie bis in die Nächte hinein hinter ihrem Spinnrad. Vor allen Dingen die Jungen brauchten ständig neue Strümpfe, denn die Knie und vor allem die Fersen wiesen oft große Löcher auf. Daran waren die Holzpantinen schuld, die unser einziges Schuhwerk waren. Unser Nachbar Preuss fertigte sie an. Auf dem Boden über der Futterküche hatte er seine Werkstatt. Dort lag ein großer Haufen abgetragener Pantinen, und zur Not konnte er sich daraus Ersatzstücke aussuchen. In der Ecke konnte man auch ein Paar fast neue Kinderpantinen sehen. Sie hatten der kleinen, süßen Marthel gehört, die Herr Preuss über alles liebte. Da die Kleinen aber nur Pantoffeln aus Stoff trugen und sie gerne auch Holzschuhe wie die Großen gehabt hätte, hatte sie Onkel Preuss so lange angebettelt: „Mach mir Lorren!", bis er ihr den Wunsch erfüllte. Sie wuchs natürlich schnell aus den Holzschuhen heraus, und so waren die Schuhe nicht abgetragen, als sie wieder in der Werkstatt landeten. Ansonsten schlüpften wir so lange in die „Schlorren", bis sie „abgelatscht" waren.

Wenn die Sohlen für draußen zu dünn geworden waren, trug man die Schuhe im Hause auf. Richtige Hausschuhe hatten eben nur die Kleinen. Meistens benagelte Vater die Sohlen mit Leder. Dann hielten sie länger. Uns aber passte das gar nicht, denn im Winter „bappte" sich der Schnee fest, und dann knickte man leicht um. Uns ärgerte es aber noch mehr, dass wir damit nicht auf dem Eis „schurgeln" konnten. Das Glitschen bedeutete uns in der kalten Jahreszeit ein besonderes Vergnügen, wenn Bäche und Flüsse zugefroren waren. Hinter der Schule gab es einen Teich. In der Mitte war ein dicker Pfahl eingerammt und daran war eine lange Stange befestigt. An ihre Spitze hängten sich immer mehrere Schlittenfahrer oder Schlittschuhläufer oder auch Kinder mit glatten Pantinen. Von der Mitte aus schoben mehrere die sich drehende Stange. So flogen die Schlitten und Läufer nur so dahin. Wenn die Schule zu Ende war, wollten wir uns noch für ein paar Minuten auf dem Eis vergnügen. Meistens vergaßen wir darüber die Zeit, denn Uhren besaßen wir nicht. Wenn das

Eis zu springen begann, entstand dann für besonders Mutige das so genannte „Biegeeis". Mein Bruder Karl gehörte dazu und sprang von Eisscholle zu Eisscholle. Dabei stürzte er einmal schwer und zerschnitt sich die Innenflächen der Hände ganz fürchterlich. Wir liefen mit ihm zur Mutter, die seine Wunden versorgen musste. Natürlich schimpfte sie, weil Karl wieder einmal so waghalsig gewesen war. Aber im Innersten litt sie mit ihm. Er saß auf der Bank, und Mutter schnitt ihm mit einer Schere die Hautfetzen ab. Dabei wurde er vor lauter Schmerzen ohnmächtig und fiel von der Bank herunter. Wir alle, die um ihn herumstanden, litten sehr und hielten fest zu ihm.

In der Familie gab es ein gutes Miteinander. Gewiss, es wurde manchmal auch gestritten, mitunter wegen Kleinigkeiten. Doch immer haben wir uns schnell wieder ausgesöhnt und standen eng zusammen. Überaus wichtig war uns ein Wort aus dem Neuen Testament, das Vater uns gelehrt hatte: „Lasset die Sonne nicht über eurem Zorn untergehen." Treue, Liebe und Versöhnlichkeit waren Werte, die in unserer Familie geachtet wurden. Wir hielten es für selbstverständlich, dass wir alle Geschenke, die wir bekamen, miteinander teilten.

Eine Begebenheit kann ich nicht vergessen. Wie andere Mädchen wollte auch ich meinen Geburtstag feiern. Ich fragte um Erlaubnis. Mama muss bei ihrer vielen Arbeit nicht recht hingehört haben. Jedenfalls hat sie es mir erlaubt, und ich lud Hildegard Schulz und Frieda Schmitt ein. Als aber Mama am Tag vor dem Geburtstag keinen Kuchen backte, fragte ich danach. Da machte sie ganz erstaunte Augen und wurde sogar ärgerlich; denn es war in unserer großen Familie nicht üblich, Geburtstag zu feiern. Ich musste die Mädchen wieder ausladen, und am anderen Tag war keine Spur von Geburtstag zu sehen. Das könnte 1927 gewesen sein. Sonst hätte Olga für eine kleine Überraschung gesorgt. Ich war sehr traurig, hoffte aber, mittags etwas vorzufinden. Doch leider empfing mich Mutter mit dem harten Befehl: „Wasch ab!" Recht ärgerlich verließ sie die Küche und ging hinaus in den Stall. Ich weinte bitterlich und begann mit dem Abwasch. Ich war noch recht klein, und die großen eisernen Töpfe waren unheimlich schwer und am Boden voller Ruß. So standen die Spülschüsseln auf der langen Bank, und ich davor. Da kam Willi aus der Schule. Als ich ihn sah, hörte ich auf, vor Selbstmitleid zu weinen. „Martha, sei still und halte deine Schürze auf!", rief Willi und legte aus dem geöffneten Tornister vier Apfelsinen und eine Spitztüte mit Bonbons hinein. Das war damals ein großer Reichtum. Willi hatte 50 Pfennig gefunden und diese restlos für seine traurige Schwester ausgegeben. Am Abend stand dann noch eine emaillierte Tasse voll Bonbons für mich bereit. Papa war wohl inzwischen im Dorf gewesen und hatte sie gekauft. Darüber war ich glücklich, weil die Familie doch noch an meinen großen Tag gedacht hatte.

Eigentlich war Mutter nicht so hart und lieblos, sie hatte nur schrecklich viel Arbeit in Haus und Hof zu verrichten. Ich erinnere mich an eine Begebenheit, da sie mir in besonderer Weise ihre Liebe zeigte. Es war Heiligabend. Vater war mit meinen Geschwistern zur Christmette in die Kirche gegangen. Mutter wollte mich nicht allein lassen. Ich war krank, beteuerte aber, dass ich auch allein zu Hause bleiben könnte. Sie solle nur mit den andern zur Feier gehen. Sie wehrte aber ab, nahm mich stattdessen auf den Arm und trug mich in die gute Stube, wo ich schon mal einen Blick auf den Tannenbaum und die Geschenke werfen konnte. Als sie meine glücklichen Augen sah, wagte sie es, den andern in die Kirche zu folgen.

Unsere Eltern gönnten sich sehr selten etwas Schönes. Doch einmal wenigstens wollte Mama nach etwa elf Jahren ihre Mutter, die noch in Polen lebte, wiedersehen. Eine solche Reise war damals nicht ohne Probleme. Unsere Eltern fuhren los und übergaben das Kommando an Olga, die damals 14 Jahre alt war. Auch die Nachbarn standen uns bei, aber es lief nicht alles glatt. Karl wollte sich dem Oberkommando seiner Schwester nicht beugen. Er betonte, er sei jetzt Herr im Hause. Auch Adolf vermisste seine geliebte Mama und wollte nicht gehorchen. Es dauerte ihm zu lange, bis Olga ihm den gewünschten Tee gab. Er schnappte selbst nach der Kanne, die auf Herd stand, um daraus zu trinken. Dabei verbrühte er sich schrecklich. Das Geschrei und unsere Sorge waren groß. Er bekam auch Fieber. Einen Arzt holte man damals nicht, denn das war zu teuer. Karl waren die Pferde anvertraut worden, aber beim Füttern ergaben sich Probleme. Deshalb war er froh, dass ihm Nachbar Quast zur Seite stand. Mutter hielt es in Polen nicht so lange aus, wie sie geplant hatte. So erhielten wir eines Abends Bescheid, dass die Eltern von Christburg abgeholt werden sollten. Da die Stute nicht angespannt werden konnte – sie hatte gerade ein Fohlen – wurde der Hengst von Nachbar Baum als Zweitpferd geholt. Der spielte, wie schon so oft, wieder einmal verrückt. Ich sehe mich noch heute im Bett am Fenster sitzen und das grausige Geschehen draußen beobachten. Das wilde Tier wollte sich nicht einspannen lassen. Immer wieder wollte der Hengst die Stute besteigen. Unheimlich wirkten dazwischen die Laternen, die Angstschreie von Olga und Karl, die harten Befehle und das Einschlagen des Nachbarn auf das ungebändigte Tier. Es war furchtbar.

Meine Eltern versuchten uns mit allem sehr gut zu versorgen und achteten auf eine gesunde Ernährungsweise. Nachdem sie Wohnhaus, Stall, Schuppen und Scheune gebaut hatten, legten sie rings um den Hof Gärten an. Sie pflanzten auch Obstbäume. Leider waren bei uns die Winter sehr kalt, und so erfroren einige Bäume. Johannisbeeren, Stachelbeeren und Himbeeren lieferten uns herrliche Früchte. Blaubeeren und Preiselbeeren holten wir im Sommer aus dem Wald. Mit Beerensammeln haben wir uns auch etwas Taschengeld verdienen können. Pro Liter zahlte mein Vater einen Pfennig. Die beste Pflückerin des ganzen Dorfes war Olga. Sie war ja auch ein kräftiges junges Mädchen mit roten Wangen. Einige junge Männer rissen sich um sie und hätten sie gerne zur Frau gehabt. Geheiratet hat sie dann den Leonhard Wolf. Willi und ich waren darüber verzweifelt. Ob uns wohl sein Name so viel Angst eingejagt hat?

Meine Eltern hatten Zeit ihres Lebens immer ein offenes Haus. Kehrte ein Fremder bei uns ein, dann bemühten wir Kinder uns, recht artig zu sein. Das war auch der Fall, als Olga und ihr frisch angetrauter Wolf nach der Hochzeit für ein halbes Jahr eine erste Bleibe bei uns fanden. Für uns war das von Vorteil; denn in Gegenwart ihres Schwiegersohns war Mutter nicht mehr so streng zu uns.

Wir verlebten mit dem jungen Paar herrliche Winterabende.

Leonhard kannte allerhand Geschicklichkeitsspiele, z. B. Wer schafft es, seinen Fuß hinter sein Ohr zu legen? Ich bewies dabei großes Können. Einmal entfuhr mir vor lauter Anstrengung ein lauter Ton in dieser ungewöhnlichen Stellung. Blitzschnell bewegte ich den Fuß vom Ohr weg. Mir war die Situation sehr peinlich. Meine Schwester fand es ungehörig von mir und verließ weinend die Stube. Alle anderen, mein Schwager eingeschlossen, amüsierten sich köstlich. Ein anderes Spiel ging für mich bedeutend besser aus: Wer hat die Kraft, einen anderen übers Knie zu legen? Mutter spielte sogar mit und war der festen Meinung, dass sie dies mit mir schaffen würde. Ich war dreizehn Jahre alt und wog gerade mal 35 Kilo. Ich ergriff die Gelegenheit beim Schopf, strengte mich mächtig an und blieb Sieger. Seit diesem Abend hat Mutter nie mehr versucht, mir eine Tracht Prügel zu verabreichen. Ich war jetzt „die Große". Einige Jahre später wurde mir das deutlich klar: Ich weiß noch, wie ich von einem Bein aufs andere hüpfend vom Gitarreüben kam und mich auf meinen Geburtstag freute. Plötzlich blieb ich erschreckt stehen, als mir bewusst wurde, dass ich ja nun das Alter von sechzehn Jahren erreicht hatte. Ich hatte Angst, es könnte mir ähnlich ergehen wie Olga, die so viele Verehrer hatte und früh heiratete. Damals bedauerte ich sie oft. Bei ihren Schwiegereltern hatte sie es sehr schwer. Auch die Geburt ihrer Zwillinge war nicht einfach, und während der Schwangerschaft hatte sie oft erbrechen müssen. Ich sagte mir: So schnell wirst du mal nicht heiraten. So dumm wirst du nicht sein! Deshalb lief ich den Jungs weg, wenn es einer versuchte, mich zu begleiten. In meiner Jugendzeit leitete Vater den Jugendkreis, der sich damals dem Jugendbund für EC (Entschiedenes Christentum) anschloss. Das beeinflusste auch mich sehr stark.

Mein Vater war ein bewusster Christ und setzte sich sehr für eine christliche Erziehung ein. Dazu gehörte die tägliche Morgenandacht nach dem Frühstück. Es wurde immer kniend gebetet. Eine Zeit lang mussten wir Größeren am Sonntag ein Lied auswendig aufsagen. Auch nach jeder Andacht wurde gesungen. Eins seiner Lieblingslieder lautete:

O Gott, sei gelobt für die Liebe im Sohn,
der mit Blut uns erkauft und dann aufstieg zum Thron.
Halleluja, sei gepriesen. Halleluja. Amen.

Den Refrain lernten auch die Kleinsten sehr schnell. „Halleluja, sei gepriesen!", klang es dann aus frohem Kindermund. Wie sehr sehnte Vater den Sonntag herbei! Schon am Samstagabend sang er mit seinen neun Kindern fröhlich das Lied:

Gottlob, der Sonntag kommt herbei.
Die Woche wird nun wieder neu.
Heut hat mein Gott das Licht gemacht,
mein Heil, das Leben mir gebracht.
Halleluja!

Ja, damals endete die Woche am Samstag und begann mit dem Sonntag. Vater sang gern und kräftig, den Takt stark betonend. Er ließ sich bei der Andacht auch nicht stören, wenn ein Fremder dazu kam. Alle Hausgenossen, ob Personal, Franzosen, Russen oder Polen, waren zur Andacht geladen. Unsere Eltern lebten uns ein praktisches Christentum vor. Jeder Bettler, der an unsere Tür klopfte, erhielt eine Gabe. Früher war es meist ein Teller Mehl. Mancher Obdachlose durfte auf einem Lager in der Ofenecke übernachten. Unsere Betten waren ohnehin doppelt belegt. Vater „diente auch am Wort", wie man es damals nannte. Er predigte nicht nur in Mothalen, sondern auch in Riesenburg, Christburg, Saalfeld, Neuhof oder Peterkau. Wenn Mutter Kartoffeln zum Verkauf abwog und die Waage das gewünschte Gewicht anzeigte, warf sie schnell noch ein paar Kartoffeln dazu. Vater achtete darauf, dass wir nicht „heidnische" Sitten mitmachten und die Menschen betrogen. So bescherte uns das Christkind und nicht der Weihnachtsmann. Unsere Nachbarstochter hätte beinahe einen Schlag mit der Rute abbekommen, als sie als Weihnachtsmann verkleidet bei Papa in der Korbmacherwerkstatt erschien.

Vater führte auch oft mit uns seelsorgerliche Gespräche in seiner Korbmacherwerkstatt. Da war man mit ihm allein. Vater flocht am Abend, im Winter oft auch am Tage, Weidenkörbe verschiedenster Art. Meist dienten sie zum Kartoffelsammeln, dann aber auch als Futterkörbe zum Transport von Rüben oder als ganz große Körbe für die Spreu. Für die feineren Körbe – Wäschekörbe, Babykörbe, Einkaufskörbe oder Osterkörbchen – nahm er geschälte weiße Weiden. Das Schälen war jedes Mal eine Aktion für sich. Dazu wurden die Weiden in großen Futterkesseln gebrüht. Jeder, der nur konnte, musste schälen, solange die Ruten heiß waren. Im Herbst wurden die Weiden, die meist an den Bahndämmen wuchsen, geschnitten. Dabei half oft der Großvater, der dafür von uns Körbe bekam.

Von meiner Hochzeit möchte ich nun erzählen. Als ich meinen späteren Mann zum ersten Mal sah und seinen Namen hörte, dachte ich: Wie kann man nur Stein heißen! Damals war ich etwa 11 Jahre alt. Er kam auch bald zum Fotografieren in unser Haus und war noch öfter da, als er 1930 meine Cousine Natalie kennen lernte. Natalie war oft zum Helfen bei uns, vor allem wenn ein Baby geboren wurde. Später schnitt er auch den Buben die Haare. Ich hatte ja sechs Brüder. Ihm gegenüber war ich recht unbefangen und betrachtete ihn als meinen zukünftigen Cousin. Da er auch zum Jugendkreis gehörte und ihn später mit leitete, besuchte er oft meinen Vater. Bei diesem lernte er auch die ersten Posaunentöne. Dabei erlebte er einen Schrecken, den er bis ins hohe Alter nicht vergaß: Weil Vater sein Gebiss beim Blasen störte, nahm er es heraus, worüber Rudolf sehr erschrak, als er es das erste Mal beobachtete. Dass es so etwas gab, wusste er noch nicht.

Wenn Papa nach Christburg oder Riesenburg zum Predigen fuhr, liebte er es, wenn ihn einige der jungen Männer begleiteten; denn es war dunkel, und der Nachhauseweg betrug 12 bis 15 Kilometer. So war es auch am Himmelsfahrtstag 1935. In Riesenburg war Jahresfest. Rudolf hatte Vater wieder begleitet. Mutter bewirtete die beiden. Er schnappte sich dann sein Fahrrad, um nach Hause zu fahren. Da bog ich gerade um die Ecke vom Eierabliefern, und wir plauderten noch ein wenig. Meine Hand lag auf dem Sattel. Neckisch, wie er immer war, knipste er mir immer wieder am kleinen Finger herum. Ich wehrte ihm nicht. Bei ihm hatte es „gefunkt". Es würde zu weit führen, alles hier zu erzählen. Jedenfalls suchte er Gelegenheit, mich nach der Gitarrenstunde oder Jugendstunde nach Hause zu begleiten. Ich merkte, dass er sich Hoffnung machte. Aber das wollte ich nicht! Ich wollte niemanden zum Narren halten. Im Oktober fand dann die Hochzeit von Natalie, genannt Talchen, statt. Das zarte Verhältnis zwischen ihr und Rudolf war schon lange beendet. Bei den Hochzeiten in unserer Heimat hatte jedes Mädchen einen Brautherrn, dem es ein Myrtensträußchen ansteckte und von dem es einen Blumenstrauß bekam. In der Kirche bildeten dann alle Paare einen Halbkreis um das Brautpaar am Altar. Auch beim Fotografieren standen wir zusammen und saßen auch bei Tisch nebeneinander. Man freute sich, wenn man einen angenehmen Partner hatte. Zu Talchens Hochzeit war Rudolf als Posaunenbläser und guter Freund eingeladen. Da sagte ich zu Talchen: „Es ist mir gleich, wen du mir als Tischherrn gibst, aber bitte nicht Rudolf Stein." Ich wollte es vermeiden, dass sich Rudolf falsche Hoffnungen machte. Mir war es auch peinlich, ins Gerede einiger Dorfbewohner zu kommen. Leider hatte aber der mir zugedachte Brautherr als Soldat keinen Urlaub erhalten, und das für Rudolf vorgesehene Mädchen war erkrankt. So mussten wir beiden doch zusammen gehen. Es war aber trotzdem ein schönes Fest. Besonders gut war die Stimmung bei der Jugend. Karl, damals ein schmucker Jüngling von 21 Jahren, sowie Rudolf und ich kannten von Mothalen her viele schöne Gesellschaftsspiele. Die Alten sahen begeistert zu. Im Eifer des Spiels vergaßen Rudolf und ich die selbst gesetzten Schranken. Jedenfalls soll meine Tante Dinter gesagt haben: „Da will ich wetten, dass die beiden ein Paar werden." Mein Vater meinte zu Olga: „Der Stein bildet sich doch nicht ein, dass er die Martha kriegt!" Warum redete er wohl so? Vater hatte viele Gründe für seine Skepsis. Rudolf Stein war 29 Jahre, ich erst 17 Jahre alt. Für Rudolf war es höchste Zeit, sich eine Frau zu suchen, bei mir drängte die Zeit aber nicht. Vater war um die Zukunft seiner Tochter besorgt. Außerdem war Rudolf Stein sehr arm, und Vater war der Meinung, der Unterschied zwischen zwei jungen Leuten sollte in Bezug auf das Vermögen nicht allzu groß sein. Sonst könnte einer dem anderen

Vorwürfe machen. Mir war klar, dass eine Aussprache zwischen uns nötig war. Als Rudolf mich bei nächster Gelegenheit nach Hause begleiten wollte, sagte ich, dass mir dies nicht recht sei. Er hatte vorher wohl gehört, dass andere Bauernsöhne um mich warben. Er war deshalb der Meinung, dies sei der Grund für meine ablehnende Haltung. Ich verneinte dies und betonte: „Ich möchte nicht, dass die Leute über uns reden. Wir sind schließlich bewusste Christen." Er gab aber nicht auf und meinte: „Nun, was nicht ist, das kann noch werden. Meinst du das nicht auch?" Auf diese Frage antwortete ich ihm nicht. Er versuchte es dann nicht mehr, mich zu begleiten. Meine Reaktion hatte ihn hart getroffen, das spürte ich.

Rudolf hatte immer Flausen im Kopf und sorgte für Überraschungen. Vielleicht war er deswegen so beliebt. Einmal standen meine Pantoffeln nicht am richtigen Platz. Sie waren auf der Schwelle zur Nähstube angenagelt, und der kleine sechsjährige Alfred stürzte auf den Rücken, als er sie mir bringen wollte. Doch wie sah es erst in der Nähstube aus! Alle Nähutensilien waren auf der Nähmaschine ausgebreitet. Die Schubladen waren leer. Nur ein Kenner ahnt, was alles an Garnrollen, Nähseide, Spulen, Nadeln, Knöpfen, Maßbändern, Kreide, Fingerhüten, Ersatzteilen und Ölkännchen in solchen Schubladen stecken kann. Ich räumte und räumte, meine Freundin Else Buchholz aber lachte. Sie war mit schuldig an diesem Ulk, denn sie hatte es zugelassen. Als alles endlich wieder seinen Platz gefunden hatte, holte ich mir wieder meine Näharbeit herbei. Es war gegen Ende meiner Lehrzeit, und ich hatte für Willi ein Sporthemd und für Ruth ein Blüschen in Arbeit. Aber was war mit meinem Nähzeug geschehen? Rudolf hatte Kragen und Ärmel angenäht. Man frage aber nicht, wie! Ich musste alles wieder auftrennen. Else lag quer über dem Bett und lachte Tränen. Als ich schließlich mit Nähen beginnen wollte, rührte sich die Maschine nicht. Sie war an den verschiedensten Stellen festgebunden. Als ich endlich richtig arbeiten konnte, war es schon 11 Uhr. Kurz darauf rief mich Else, weil ich etwas helfen sollte. Dabei fiel mir der Fingerhut herunter, und siehe da, meine Fingerspitze war schwarz. Alle Fingerhüte waren innen mit Ruß verschmiert. Else musste lachen, ich aber schimpfte und lachte schließlich auch. Sogar am Spitzenkragen meines schwarzen Meisterstücks waren goldene Knöpfe angenäht worden. Das Kleid sah gar nicht so schlecht aus, aber es ärgerte mich doch, und ich wollte es Rudolf heimzahlen.

Das gelang mir einige Zeit später, als Familie Buchholz geschlachtet hatte. Rudolf sollte für Bekannte einige Fleischwaren mitnehmen. Heimlich packte Else zunächst Steine in den Korb, oben darauf legte sie Würste und eine Seite Speck. Rudolf marschierte los und wunderte sich, warum der Korb so schwer war. Einige Male musste er sogar den Korb absetzen und ein wenig verschnaufen. Else schwang sich aufs Fahrrad und überholte ihn. Sie war über ihren gelungenen Streich beglückt, als sie ihn dort schwitzend ankommen sah. Sie wollte es sich nicht entgehen lassen und unbedingt dabei sein, wenn der Korb ausgepackt wurde und Rudolf sehen musste, was er alles geschleppt hatte. Zur Erinnerung an diesen Streich brachte sie 1986, nach über 50 Jahren, zu Rudolfs 80. Geburtstag ein kleines, gehäkeltes Körbchen aus Kanada mit. Es war mit lauter kleinen Steinen gefüllt. Rudolf begrüßte sie mit den Worten: „Aber Steine trage ich heute nicht."

Inzwischen begann die Heuernte 1936. Mein Vater merkte wohl, dass Rudolf Stein es auf seine Martha abgesehen hatte. So fragte er mich eines Tages beim Heumachen: „Hat der Stein dir schon etwas gesagt?" Ich konnte dies verneinen. „Was wirst du ihm sagen, wenn er dich fragt?", darauf antwortete ich: „Nun, er ist nun schon fast 30. Für ihn wird es höchste Zeit, dass er heiratet. Ich habe noch lange Zeit, und übrigens braucht Mutter mich. Ich denke noch nicht ans Heiraten." Mein Vater war mit dieser Antwort zufrieden und meinte: „So ist es recht!" Ich aber dachte, es wäre gut, wenn Rudolf fragen würde, damit ich ihm klar meine Meinung sagen könnte. Leider bot sich ihm keine Gelegenheit dazu. Was aber tut ein Christ, wenn er in Nöte kommt? Er betet. Auch Rudolf ahnte, welche Gegenargumente ich ihm auftischen würde. So erzählte er mir später, dass er ratlos gewesen sei. Was hätte er gegen die Liebe zu mir unternehmen können? Er hatte mich sehr gern und außerdem hatte er es auch eilig. So brachte er sein Anliegen vor Gott und betete: „Lieber Herr, wenn es dein Wille ist, dass ich Martha fragen soll, so räume du mir dazu eine Gelegenheit ein." Er brauchte darauf nicht lange zu warten. Olga Baum, die Tochter des Nachbarn, wollte Ende Mai Hochzeit feiern. Else Buchholz, die bei den Vorbereitungen mithalf, sagte mir: „Ich sorge dafür, dass das Steinchen dein Tischherr wird." Ich wehrte mich, denn es gab schon einen anderen jungen Mann, den ich gerne als Tischherrn gehabt hätte. Dann hörte ich aber, dass mehrere Mädchen gerade meinen Wunschpartner gerne als Begleiter gehabt hätten. Ich sagte nichts, und so wurde Rudolf wirklich mein Tischherr. Bei der Hochzeit ging es diesmal nicht so fröhlich zu, und es wurden auch keine Spiele gemacht. Als der Nachtisch gereicht wurde, saßen nur noch Rudolf und ich mit den Älteren am Tisch. Schließlich schlug Rudolf vor, einen kleinen Spaziergang zu unternehmen. Es war eine schöne Mainacht, und ich willigte ein in der Hoffnung, es würde zu der längst fälligen Aussprache kommen. Wir waren aber kaum 300 Meter gegangen, als ich es mit der Angst zu tun bekam und wir wieder umkehrten. Doch es bot sich später eine zweite Gelegenheit, als wir uns zufällig bei Familie Buchholz trafen. Auf dem Nachhauseweg erzählte Rudolf mir von seinem Gebet. Er sagte auch, er wisse, dass er zu alt für mich junges Mädchen sei. Auch könnte ich unmöglich meine Mutter im Stich lassen, da meine jüngsten Geschwister erst drei Jahre und ein Jahr alt waren. Trotzdem stellte er die Frage, ob ich seine Frau werden wolle. Auf eine sofortige Antwort drängte er nicht. Ich solle erst einmal darüber beten. Zunächst führe er über Pfingsten in seine alte Heimat nach Polen. Wenn er zurückkäme, hätte er gerne eine Antwort. So, nun war das Problem angesprochen! Was hätte ich darauf sagen sollen? Er wollte mir noch ein Küsschen geben, aber das wehrte ich ab. Ich ging nach Hause und war über mich selbst ärgerlich. Ich betete auch nicht weiter über diese Situation, denn ich war entschlossen, mich noch nicht zu binden.

So ging Pfingsten vorüber. In der Woche danach begegnete ich ihm nicht, auch nicht am Sonntagmorgen. Am Abend, meine Eltern waren gerade ausgegangen, sah ich ihn dann von weitem kommen. Er war zu Fuß. Ich sehe ihn heute noch in seinem gelben Polohemd, wie er so bedrückt dreinschaute. Mir wurde bewusst, dass er auch einsam und allein war; denn er hatte keine Eltern, kein Zuhause und keine Heimat mehr. Und diesem Mann wollte ich so einfach einen Korb geben? Vielleicht sollte ich über unsere Beziehung doch beten. *Aber ich kenne doch schon Gottes Willen,* sagte ich mir im Stillen. So kam ich in innere Bedrängnis. In diesem Augenblick stand er auch schon vor mir. Bevor es aber zu einem Gespräch zwischen uns kam, tauchte Fritz Juschkus auf und fuhr erst weg, als Rudolf auch ging. Jetzt betete ich: „Mein Gott, was ist dein Wille? Ich habe keine Klarheit über meinen weiteren Weg. Bitte gib mir ein Zeichen. Willst du, dass ich trotz all meiner Bedenken Rudolfs Frau werde, so schenke ihm die Gelegenheit, mich im Laufe einer Woche noch einmal zu fragen." War mein Gebet recht? Ich war irritiert. Die Woche verging. Rudolf kam nicht zur Gitarrenstunde, nicht zur Jugendstunde und auch nicht zum Gottesdienst am Sonntag. Im Nachhinein ahnte ich, was ihn so bedrückte. Er hatte nun nach 9 Jahren endlich die deutsche Staatsbürgerschaft erhalten und war nach Polen in seine Heimat gefahren. Er hatte gehofft, dort noch etwas von seinem Vermögen zu bekommen. Die Brüder hatten ja in all den verflossenen Jahren sein Land bewirtschaftet. Sie waren aber in der Zeit, in der sie von den Polen unterdrückt wurden, noch ärmer geworden. So hatte er nichts von seinem Vermögen erhalten können. Nun fehlte ihm der Mut, mit mir über einen gemeinsamen Weg zu reden. Das alles war mir damals unbekannt, und ich hätte es auch nicht recht einzuschätzen vermocht.

Der letzte Tag der Woche war gekommen. Ich wurde unruhig. Jetzt wurde mir bewusst, dass ich Rudolf doch sehr gerne hatte. Ich sagte zu Mutter, ich wollte noch zu Else Buchholz gehen. Die Veilchen blühten in unserem Garten, und ich hatte ihr ein Sträußchen versprochen. Aber ging es mir eigentlich um die Veilchen? Hoffte ich nicht, doch Rudolf Stein dort zu treffen? Ich machte mich auf den Weg. Aber schon nach einem kurzen Stück fragte ich mich: *Sieht so dein Gottvertrauen aus? Willst du ihm jetzt in die Arme laufen?* Ich machte auf der Stelle kehrt und ging zu Schmitts. Es sollte wohl doch nicht zu einer Verbindung zwischen uns kommen! Nach etwa einer halben Stunde kamen Fritz Juschkus, Rudolf Stein und mein Bruder Willi dorthin zu Besuch. Mein Herz klopfte. Wie immer vertrieben wir uns die Zeit bei Schmitts mit einigen Gesellschaftsspielen. Ganz plötzlich rannte Willi nach Hause, weil er noch Schularbeiten zu erledigen hatte. Fritz Juschkus verließ ebenso das Haus. Er musste noch vor 10 Uhr in Alt Christburg sein. Nun brachen auch Rudolf und ich auf, denn unser Spiel war abgebrochen worden. An der Gartenecke kam es dann zu der entscheidenden Frage. Ich erzählte ihm unter viel Tränen meine Empfindungen. Das erste Küsschen war ein sehr zaghaftes auf meine nasse Wange. Zunächst war auch Rudolf bedrückt, denn er redete sich ein, er habe das Mädchen, das er liebte, unglücklich gemacht. Es dauerte aber nur ein paar Wochen, bis die große Liebe zwischen uns entbrannte. Als ich nach einer durchweinten Nacht am Morgen meinem Vater alles erzählte, meinte er nur: „Nun, so soll es wohl sein." Zu Rudolf sagte ich beim folgenden Treffen: „Meine Antwort gilt, wenn auch die Eltern ja sagen."

Als Rudolf dann bald danach um meine Hand anhielt, schlug Vater vor, wir sollten uns zunächst so verhalten, dass die Öffentlichkeit nichts von unserer Liebe erführe. Bis zur Hochzeit würde ja noch einige Zeit vergehen, denn die Bewilligung des Neubauernscheines dauerte eine Weile. Vater hielt nichts von langen Verlobungszeiten. Vielleicht hoffte er auch im Stillen, dass es doch nichts mit uns beiden würde. Die Anfechtungen blieben bei mir nicht aus. Vater wusste, dass mit unserer Hochzeit große finanzielle Forderungen auf ihn zukommen würden. Als Ende Juli ein tüchtiger Jungbauer aus unserem Dorf um meine Hand anhielt, sagte Vater zu mir: „Willst du dir das nicht doch noch einmal mit Rudolf überlegen? Du könntest dann hier bei uns im Dorf bleiben. Leonhard ist ein guter Landwirt. (Er hatte auch schon ein Auto.) Außerdem ist Rudolf Stein magenkrank. Ich weiß, was das bedeutet, ich habe mein Leben lang mit einem schwachen Magen zu tun gehabt." Auch meinte mein Vater: „Du solltest lieber deinesgleichen heiraten." Damit meinte er Leonhard, der einen Bauernhof besaß. Ich antwortete nur: „Rudolf ist meinesgleichen. Er geht zur Jugendstunde wie ich. Leonhard tut das nicht." Darauf sagte Vater kein Wort mehr zu mir. Ich glaube, er focht damals selbst einen schweren Kampf aus. Er schätzte Rudolf Stein als fröhlichen, gläubigen Christen. Auch hatte er uns selbst in den Jugendstunden gelehrt, dass wir uns bei der Wahl des Ehegatten nur für einen gläubigen Christen entscheiden sollten. Er hatte Rudolf auch als Paten für Ruth gewählt. Ja, Vater schätzte Rudolf. Aber was würden wir beiden anfangen, wenn wir nicht den Neubauernschein bekämen? Man erhielt ihn nur unter bestimmten Voraussetzungen. Man musste aus einer „rein arischen" Familie stammen. Rudolfs Familie kannten wir nicht. Man sollte möglichst in einer nationalsozialistischen Vereinigung sein. Wir beide aber waren nirgends Mitglied. Ohne diesen Schein hätte Rudolf nur als ungelernter Arbeiter sein Brot verdienen können. Er hatte zwar in Polen den Beruf des Müllers erlernt, die Lehre wurde aber in Deutschland nicht anerkannt. Auch ich hatte, genau wie alle anderen Mädchen in Mothalen, keinen Beruf. Es war damals nicht üblich, dass Frauen einen Beruf erlernten.

Auch ich wurde nicht von Anfechtungen verschont. Verglich ich Rudolf aber mit den anderen, so konnte ich erkennen, dass er trotz seiner Armut genauso gut wie die anderen gekleidet war. Die Bügelfalten in seinen Hosen saßen besser als bei seinen Kameraden. Er bügelte seine Hosen immer selbst, was er später auch beibehielt. Besonders aber beeindruckten mich seine Aufmerksamkeit, seine stete Hilfsbereitschaft und seine Geschicklichkeit. Das Wichtigste war mir aber seine entschiedene Haltung in seinem Glauben an Christus.

Als wir dann im November gemeinsam zur Behörde der Kreisbauernschaft gehen mussten, schlug Vater die Verlobung vor. In einer kleinen Konditorei in Mohrungen steckte mir Rudolf den Verlobungsring an den Finger und schenkte mir eine goldene Uhr. Es war meine erste Uhr. Das Kettchen mit einem Anhänger aus Bernstein, das er mir schon vorher geschenkt hatte, prangte bereits an meinem Hals. Wir kamen als Verlobte nach Hause. Vater öffnete eine Flasche Wein, und Willi sagte mit etwas ironischem Unterton: „Zum Wohl des Schwesternräubers!" Er war übrigens am meisten überrascht, denn ich hatte auch ihm nichts von unserer Beziehung erzählt. Im Dorf gab es sowohl Aufregung als auch Staunen. Else Baum meinte: „Nun wird doch die Welt verrückt. Die Marthel verlobt sich mit dem Stein." Und eine andere Bekannte sagte: „Nun wird bald im Aushängekasten stehen: Bauerntochter Martha Vetter und Knecht Rudolf Stein wollen heiraten." Der Standesbeamte machte meinem Vater Mut, als er das Aufgebot bestellte: „Was ein Mensch zurzeit tut, zählt nicht. Rudolf ist ein Bauernsohn und will Bauer werden, und somit ist er Landwirt."

Am 2. Juli 1937 fand dann unsere Hochzeit statt. Es war die schönste und größte Hochzeit in unserer Familie, und meine Geschwister schwärmen noch heute davon. Von Rudolfs Familie konnte leider niemand daran teilnehmen. Sie wohnten ja in Polen. Ich selbst aber dankte Gott für seine Führung. Selbst in meinen Träumen habe ich immer wieder Rudolf Stein geheiratet.

Wir wohnten zunächst bei den Eltern. In der guten Stube wurde unser Schlafzimmer aufgestellt. Wir bekamen Ehestandsdarlehen und konnten für 1000 Mark Möbel kaufen. Bald nach der Hochzeit fing mein Mann als freier Arbeiter in Teschendorf an. Als man dort merkte, dass Rudolf auch noch für andere Arbeiten großes Geschick bewies, ließ man ihn die Schrotmühlen in Ordnung bringen, die Mühlensteine schärfen und ähnliche Arbeiten verrichten. Auch sollten die Arbeiter nicht mehr auf Lehmfußböden schlafen. So verlegte Rudolf überall Holzdielen. Als freier Arbeiter konnte er aber auch entlassen werden, sobald die gewünschte Arbeit verrichtet war. Das geschah im Oktober 1937. Danach verdiente er sich Geld beim Säubern von Drainagegräben. Im März 1838 fing er dann im Sägewerk an. Sein Weg war nicht leicht. Ohne einen erlernten Beruf hatte er wenig Chancen, Arbeit zu bekommen. Für mich blieb alles wie vorher. Ich half im elterlichen Betrieb mit. Ich war sehr froh, dass ich nicht gleich schwanger wurde, denn finanziell hatten wir nicht gerade einen glücklichen Start. Im April stürzten Rudolf und ich mit dem Motorrad, und es kam zu einer Fehlgeburt. Darüber waren wir beide sehr traurig. Später unternahmen wir mit diesem Motorrad eine wunderschöne Fahrt nach Masuren. Es war unsere Hochzeitsreise.

Endlich, im August 1938, erhielten wir den Neubauernschein. Jetzt machten sich Vater und Rudolf auf die Suche nach einem Bauernhof, den sie endlich in Ankern im Kreis Mohrungen fanden. Bei den knappen Finanzen war das nicht so einfach! Die Aufregungen schlugen Rudolf auf den Magen. Nach einem Tag vergeblichen Suchens waren wir zu Bett gegangen. Rudolf hatte Magenschmerzen, und ich lag noch länger wach, weil meine Füße wieder so entsetzlich juckten. Mein Mann hatte nur kurze Zeit geschlafen, als er sich im Bett aufsetzte und sagte: „Halber Magen, halbe Füße, halbes Haus!" Ja, mit uns war kein Staat zu machen! Vater hatte im Jahr zuvor 60 Morgen Land dazugekauft. Er musste die Scheune erweitern und einige größere Maschinen kaufen. Deshalb musste er das Geld für unsern Hof, den wir Ende November 1938 bezogen, zum größten Teil leihen. Doch dank der Güte Gottes, der unseren Fleiß segnete, waren die meisten Schulden noch vor Kriegsende zurückgezahlt. Wir hatten das Glück, dass Rudolf wegen seiner Magenbeschwerden nur kurze Zeit Soldat sein musste. Fast alle meine Verehrer sind im Krieg gefallen. Über unserer Verlobungsanzeige stand aber das Wort aus Psalm 34, 9: „Schmecket und sehet, wie freundlich der Herr ist. Wohl dem, der auf ihn traut." Die Wahrheit dieser Zusage haben wir reichlich erfahren. Gott hat unsern Ehestand gesegnet. Er hat es sehr gut mit uns gemeint, und es lohnt sich, ihm zu vertrauen.

Eine schützende Hand

Diakonisse Gertrud Müller vom Mutterhaus Hebron in Marburg erzählt:
„Gott hält schützend seine Hand über unser Glaubenslicht auf dem Weg über den windigen Hof des Lebens." Ich weiß nicht, von wem dieses Zitat stammt. Aber es gefällt mir so gut und deckt sich mit den Erfahrungen, die ich gemacht habe. Ich will damit nicht sagen, dass das Leben als Diakonisse ein windiger Hof sei. Ich habe eher den Eindruck, dass es ein Stand von Geborgenheit ist, wie man sie selten findet.

Mein Eintritt in diese Welt war zunächst eine Enttäuschung. Nicht für mich, sondern für meine Eltern, weil ich ein Mädchen war. Doch sie haben es mir später nicht nachgetragen.

Mit dem Evangelium kam ich sehr früh in Verbindung. Gott hatte es einer alten Dame in der Nachbarschaft aufs Herz gelegt, am Sonntagmorgen in ihrer guten Stube die Kinder aus der Umgebung zu sammeln. Meiner Mutter gefiel diese Idee, und sie war bemüht, uns bei jeder Witterung rechtzeitig auf den Weg zu bringen. So sind wir dann losgestiefelt. Was mir in diesen Kinderstunden Gott ins Herz gesät hat, hat keine Macht der Welt wieder ausreißen können. Unter viel Asche glühte immer ein Funken von Liebe für den Gekreuzigten, bis dann eines Tages die Flamme emporschoss. Meine eigenen Pläne rückten dabei in den Hintergrund. Ich wollte nämlich von klein auf Bäuerin werden und zwölf Kinder haben. Den Plan mit der Bäuerin gab ich auf, als ich etwas älter wurde, doch den Wunsch nach zwölf Kindern behielt ich bei, bis ich dann in die Diakonie berufen wurde. Es war das erste Opfer, das ich bringen musste. Aber ich habe es gerne getan, denn der Herr Jesus bedeutete mir viel mehr.

Ich muss noch vorausschicken, dass ich zunächst gar nicht wusste, was eine „Diakonisse" ist. Dieses Wort existierte nicht im Lexikon meiner Jugend, obwohl acht Jahre vor mir zwei Cousinen diesen Weg beschritten hatten. Ich wusste nur, dass durch den Entschluss der beiden Mädchen, Gott zu dienen, damals große Aufregung unter der Verwandtschaft hervorgerufen wurde. Als Kind hatte ich nur so viel begriffen: Diese zwei prächtigen jungen Frauen sind irgendwo in eine Kommunität eingetreten, in der es kein Gehalt gibt und in der man nicht heiraten darf. Als ich ein paar Jahre später den gleichen Weg beschritt, flammte die Aufregung natürlich wieder auf. Noch einmal wurde ich eine Enttäuschung für meine Eltern. Aber sie haben später zu meinem Trost oft geäußert: „Du bist das einzige unserer Kinder, das uns keinen Kummer gemacht hat und um das wir uns nicht sorgen müssen."

Vielleicht war der Eintritt ins Mutterhaus zu plötzlich geschehen. Im September hatte ich den Glaubensschritt zu Jesus gewagt und schon im Dezember ging ich ins Mutterhaus. Zunächst kam mir die Atmosphäre im Mutterhaus etwas „windig" vor. Und als ich nach einem Jahr der Ausbildung in ein Krankenhaus ins Ruhrgebiet geschickt wurde, fand ich es wieder sehr „windig".

Eines Tages ist mir alles zu bunt geworden, und ich bin abgehauen, einfach abgehauen. Ich hatte nur meine Geldbörse eingesteckt und zog los in Richtung Schweiz. Zuerst fühlte ich mich aus meinem Käfig befreit. Ich freute mich an jedem Spatz in der Luft und an jedem Pferd auf der Weide. Aber nach zwei, drei Stunden fing Gott mit mir zu reden an. Ich vergesse das bis heute nicht, als er zu mir sagte: „Du bist aus meinem Dienst gelaufen. Du gehörst mir. Du musst zurück."

In letzter Klarheit sah ich, dass ich auf einem Weg ohne Jesus nie wieder froh werden könnte. Ich musste zurück – und ich ging zurück. Es war ein schwerer Gang, aber Jesus war wieder da und er sprach zu mir. Das war mir in diesem Augenblick genug. Ich sehe noch die liebe, alte Schwester, die mich in der Pforte des Krankenhauses in Empfang nahm. Sie brachte mir zu essen und sagte in ihrer bedächtigen Art: „Liebes Kind, was hast du dir denn gedacht, als du wegliefst?" Ich antwortete nur: „Gar nichts habe ich mir gedacht, Schwester." Sie antwortete: „Das war mir klar, dass du an nichts gedacht hast." Dann sah sie mich liebevoll an und flüsterte wie zu sich selbst: „Wie kann man aber auch ein Schweizerkind ins Ruhrgebiet schicken!"

Ich durfte dann auch bald ins Mutterhaus zurückkehren. Auf die Kranken wurde ich nicht mehr losgelassen. Man hatte bald erkannt, dass ich besser mit Zahlen umgehen konnte als mit Kranken. So kam ich für viele Jahre in die Verwaltung. Daneben durfte ich manchen Seelsorgedienst tun, vor allen Dingen an Kindern. Im Jahr 1950 gab es noch einmal eine Wendung. Ich kam als Kinderevangelistin zum Schweizer Bibellesebund. Das waren schöne, überaus fruchtbare Jahre. Zwölf Kinder hatte ich mir einmal gewünscht. Nun schenkte Gott mir viel mehr. Es waren keine leiblichen, aber geistliche Kinder. Es hat auch da nicht an windigen Tagen gefehlt; aber die meisten Windstöße bereitete ich mir selber.

Ich sehe noch den Werner vor mir. Es war zu einem Kinderlager des Bibellesebundes gekommen. Er stammte aus einer Pfarrersfamilie und galt als das schwarze Schaf. Zu Hause hatte er es auch schwer gehabt. Sein Bruder war aus lauter Tugend zusammengesetzt, und er aus lauter Aufsässigkeit. Ihm war klar, dass seine Eltern ihn nur ins Lager geschickt hatten, damit er sich bekehren sollte. Dagegen aber wehrte er sich verbissen, bis dann der letzte Abend kam. Ich sehe ihn heute noch, wie er schließlich vor der großen Kinderschar stand und ein fröhliches, originelles Zeugnis für Jesus ablegte. Auf der Heimreise im Zug kam er plötzlich in mein Abteil, stellte sich strahlend vor mich und sagte: „Schwester, kommst du mit mir in den Speisewagen? Ich bezahle dir alles!"

Nun will ich noch von meinem letzten Dienstabschnitt als Gefängnismissionarin erzählen. Das war wirklich der windigste Hof meines Lebens. Es hat mich Herzblut und viel Kraft gekostet, aber ich empfing in dieser Aufgabe auch die stärksten Tröstungen von meinem Herrn.

Von Else will ich berichten. Als ich in ihre Strafzelle eintrat, war es kalt. Sie hatte selbst die Heizung abgedreht. Wie ein Bündel lag sie eingewickelt in einer Wolldecke auf ihrer Pritsche. Am Boden standen ein Teller und eine Tasse. Es gab keinen Stuhl und Tisch. Ich setzte mich zu ihr auf die Pritsche. Sie fing an zu schluchzen. Was will man einem solchen Menschenkind in seinem Elend sagen? Als ich so dasaß, war mir selbst ganz elend zumute. Ab und zu habe ich die Hand auf ihre Schulter gelegt. Ich konnte weiter nichts tun als beten. Am nächsten Tag besuchte ich sie wieder und setzte mich zu ihr. Aber ich hatte etwas mitgebracht. Eigentlich war dies nicht erlaubt, denn damals waren die Bestimmungen im Gefängnis noch sehr streng. Draußen hatte ich ein schönes, buntes Ahornblatt gefunden und dabei gedacht: Wegen des Ahornblattes wird das Wachpersonal schon keine Schwierigkeiten machen. Ich nehme es einfach mit. Ich reichte ihr das Blatt. Sie hätten einmal sehen sollen, was dieses einfache Blatt auslöste! Plötzlich wurde Else gesprächig. Allerdings hörte ich nur Vorwürfe. Alle andern Menschen waren schuld, nur sie nicht. Doch es gelang mir, etwas Einsicht zu vermitteln. Beim dritten Besuch lag sie wieder schluchzend auf ihrem harten Lager. Ich habe zunächst nur still gebetet. Plötzlich hörte ich, wie sie aus der Wolldecke heraus rief: „Herr, ich glaube, hilf meinem Unglauben!" Danach führten wir ein gutes Gespräch miteinander. An dem Ahornblatt hatte sie meine Liebe gespürt, und so ist das Eis geschmolzen. Ich bin so froh, dass über dem Leben meiner Gefangenen wie auch über meinem Leben steht: „Der Herr, dein Gott, ist ein barmherziger Gott. Er wird dich nicht verlassen noch verderben."

Schwester Johanna erzählt an ihrem Jubiläum

„Ich schlage mein Leben auf wie ein Buch, das du mir geschenkt hast. Die Sätze sind einfach, ich lese Freude und Leid, Höhen und Tiefen, Vorwärtsgang und Stillstand, Gelingen und Versagen, doch es ist ertragbar, denn durch jede Seite schimmert dein Name."

Diese Sätze von dem Zeitgenossen Bydlinski begleiten mich schon viele Jahre. Ganz bewusst habe ich an meinem Jubiläumstag symbolhaft dieses Buch auf dem Altar platziert; denn im übertragenen Sinne ist dieses literarische Werk nicht irgendein Buch, sondern geschriebene Gottesgeschichte meines Lebens. Und wenn Gott Geschichte schreibt, ist dieses Werk heiliges Land.

In großer Dankbarkeit Gott und Menschen gegenüber öffne ich dieses Buch, weil auf jeder Seite sein Name leuchtet, ob ich ihn lesen kann oder nicht.

„Ich bin, der ich bin, und werde sein, der ich sein werde" (2. Mose 3, 14). Mit diesem Namen hat sich einst Gott dem Mose vorgestellt, als er ihn nach seinem Namen fragte. Ich bin immer für dich da, wollte Gott ihm versichern.

Nun könnte ich eigentlich wieder abtreten. Doch an dem Inhalt einzelner Seiten meines Lebensbuches will ich die Leser teilhaben lassen.

Da finde ich auf der ersten Seite Worte aus Palm 139, 16: „Deine Augen sahen mich, da ich noch ungestaltet war, und alle Tage sind in deinem Buch aufgeschrieben." Von Anfang an, da ich im Mutterleib zu wachsen anfing, hat Gott mein Leben überwacht. Ich bin der festen Überzeugung, dass nicht zufällig zwei Zellen miteinander verschmolzen sind, als mein Dasein begann, sondern dass dies ein gezielter Schöpfungsakt Gottes war. Mein genetischer Code und die Verteilung meiner Erbmasse waren nicht willkürlich, sondern geschahen nach dem vorgezeichneten Plan Gottes. Es war keine Fehlplanung Gottes, dass meine Entwicklungszeit im Mutterleib nicht neun Monate, sondern nur acht Monate betrug.

So lese ich auf der nächsten Seite meiner Biografie, dass für meine Eltern die unvergesslichen Morgenstunden dieses Februartages kamen, als ich gegen 2 Uhr 30 unter schwierigsten Bedingungen das Licht der Welt erblickte. Alle Aufmerksamkeiten galten meiner Mutter, deren Leben bedroht war. Niemand hatte Hoffnung für mich. Zwei Stunden nach meiner Geburt musste mein Vater in den Krieg ziehen, obwohl er einen vierwöchigen Aufschub beantragt hatte.

In diesen dunklen, notvollen Stunden begann mein Weg auf dieser Erde. Und doch entdeckten meine Eltern das Schimmern des Namens Gottes auf dieser Buchseite: „Der Name des Herrn ist ein festes Schloss" (Sprüche 18,10). Ich sollte nicht sterben, sondern leben und die Werke des Herrn verkündigen.

Diese Buchseite wurde von mir lange überblättert. Kurz vor meinem Eintritt in das Diakonissenmutterhaus sprach meine Mutter noch immer tief bewegten Herzens mit mir über diese Tatsache. Wir dankten Gott gemeinsam für unser Leben, und sie gab mich frei für den Dienst Gottes.

Ich blättere weiter und halte auf einer anderen Seite inne. Dort ist berichtet, dass ich in einem großen Geschwisterkreis aufwuchs. In der Sonntagsschule und im Kinderbund hörte ich mit Begeisterung die Geschichten von Jesus. Wir lasen in der Bibel um die Wette und lernten den Wochenspruch auswendig, um ihn am Sonntag vorzutragen. In den Jahren nach dem Kriege waren die Versammlungsräume bei den Missionsfesten, Jahresfesten und Evangelisationsveranstaltungen brechend voll. Mein Sitzplatz war dann meist auf dem Schoß meiner Eltern. Noch klingen mir die Lieder in den Ohren, die damals oft gesungen wurden: „Ich will streben nach dem Leben, wo ich selig bin", „Fels des Heils, geöffnet mir" und „Ich weiß einen Strom, dessen herrliche Flut fließt wunderbar still durchs Land". Das war das Liedgut meiner Kindheit, das ich auch auf der Straße beim Spielen sang. Mein Lebensrucksack, den viele Menschen mitgepackt haben, war gefüllt mit Worten von Gott.

Dieser Inhalt hat mein Leben nicht verbogen, sondern den Boden bereitet, damit Leben wachsen konnte.

Auf einer anderen Seite leuchtet das Bibelwort: „In keinem anderen Namen ist Heil, nur in dem Namen Jesu" (Apostelgeschichte 4,10). Ich danke Gott für den 24. März meines zwölften Lebensjahres. An diesem Tag erkannte ich unter der Verkündigung des Wortes Gottes, dass ein bloßes Wissen über Jesus Christus nicht ausreicht. Wir brauchen eine persönliche Lebensbeziehung zu ihm. So übergab ich mein Leben an Jesus Christus und bekannte ihm meine Schuld. Er schenkte mir Vergebung. Ich erfuhr die Wahrheit des Wortes: „Fürchte dich nicht, ich habe dich erlöst; ich habe dich bei deinem Namen gerufen; du bist mein" (Jesaja 43,1).

Ganz bewusst ging ich dem Tag der Entlassung aus dem biblischen Unterricht entgegen. Ich betete um ein wegweisendes Wort für mein Berufsleben und wurde mit folgender Bibelstelle gesegnet: „Weise mir, Herr, deinen Weg, dass ich wandle in deiner Wahrheit; erhalte mein Herz bei dem einen, dass ich deinen Namen fürchte" (Psalm 86,11). Ich erfuhr nicht dies und das, sondern wieder leuchtete einladend der Name Gottes auf, dem ich vertrauen durfte.

Lehrerin wollte ich werden, das war mein sehnlichster Berufswunsch. Für die Erfüllung dieses Wunsches habe ich intensiv gebetet. Aber dann wurde ich in meinem jungen Glaubensleben tief erschüttert, als die Tür zu diesem Berufswunsch ins Schloss fiel. Die finanziellen Mittel meiner Eltern reichten für ein Studium nicht aus. Aber wenn Gott eine Tür verschließt, dann öffnet er eine andere. So konzentrierte ich mich auf den kaufmännischen Beruf, den ich mit großer Freude ausübte, begleitet von den Wundern und der Durchhilfe meines Herrn.

Das Leben im Jugendbund und in der Gemeinschaft meines Heimatortes war eng mit dem Veranstaltungskalender auf dem Hebronberg verknüpft. In den sechziger und siebziger Jahren fanden hier die Frühjahrs- und Herbstkonferenzen, die Pfingstjugendtreffen, die Blättermissionskonferenzen und die Missionsfeste statt. So kam es, dass ich vor meinem Eintritt ins Mutterhaus etwa 60 bis 70 Mal an solchen Veranstaltungen teilgenommen habe.

Einmal konnte ich aus gesundheitlichen Gründen nicht dabei sein. Ich erinnere mich sehr gut, wie meine Mutter an meinem Bett stand und sagte: „Nun bin ich gespannt, ob diese Konferenz ohne dich überhaupt gehalten wird." Natürlich fand sie ohne mich statt. Aber Gott hielt mit mir Konferenz an meinem Krankenbett. Es wurde meine Berufungskonferenz, bei der ich das Wort aus der Abrahamsgeschichte las: „Gehe aus deinem Vaterland und von deiner Freundschaft und aus deines Vaters Hause in ein Land, das ich dir zeigen will" (1. Mose 12,1). In diesen stillen Krankheitstagen gab ich Gott mein Ja für den vollzeitlichen Dienst. Aber wohin sollte ich gehen? In der biblischen Tageslese waren in dieser Zeit die Davidsgeschichten vorgeschlagen. Dabei entdeckte ich, dass König David auch auf der Suche nach einem richtigen Weg war. Er fragt Gott, in welche Stadt er ziehen sollte. Gott antwortete ihm eindeutig: „Gen Hebron" (2. Samuel 2,1). Für mich war in diesem Augenblick meine Wegrichtung klar, und so ist es bis heute geblieben. Hell leuchtet sein Name auf: „Getreu ist er, der euch ruft; er wird's auch tun" (1. Thessalonicher 5,24).

Nach einer zweijährigen diakonischen Grundausbildung im Mutterhaus Hebron absolvierte ich die Krankenpflegeausbildung im Krankenhaus Frankfurt-Sachsenhausen. Zunächst arbeitete ich dort als Krankenschwester und wurde dann für drei Jahre im Jungschar- und Jugendreisedienst eingesetzt. Vielen Menschen durfte ich die Botschaft von Jesus weitersagen. Das geschah bei der diakonisch-missionarischen Tätigkeit im Krankenhaus und auch im Verkündigungsdienst bei Kindern, Jugendlichen und Frauen. Immer wieder stärkte mich Gott mit seiner Verheißung: „Mein Wort soll nicht leer zurückkommen" (Jesaja 55,11).

Und auch der Vers: „Habe deine Lust am Herrn, der wird dir geben, was dein Herz wünscht" (Psalm 37,4) war mir Wegweisung. Er leuchtete auf einer anderen Buchseite meines Lebens auf. Zu diesem Zeitpunkt hatte ich nicht mehr damit gerechnet, dass Gott auf meinen Berufswunsch zurückkommen würde, den ich ihm damals geopfert hatte. Aber er hat es getan. Nach einer Weiterbildung zur Unterrichtsschwester an der Krankenpflegehochschule in Marburg übernahm ich die Leitung der Krankenpflegeschule am Krankenhaus in Frankfurt-Sachsenhausen. Zwanzig Jahre habe ich zusammen mit einem Ausbildungsteam mit großer Freude etwa 600 junge Menschen unterrichtet. Bei allen Veränderungen der Rahmenbedingungen war es bis heute immer unser Ziel, Theorie und Praxis eines vom christlichen Glauben geprägten Menschenbildes und pädagogischen Leitbildes zu vermitteln.

Nach einer erneuten Weiterbildung an der Fachhochschule in Osnabrück wurde ich vor 13 Jahren in das Amt der Pflegedienstleitung am Krankenhaus Sachsenhausen berufen.

Inmitten einer Zeit tief greifender Veränderungen im Gesundheitswesen wissen wir uns jedoch nach wie vor dem missionarisch-diakonischen Auftrag in Verbindung mit einer fachkompetenten Patientenversorgung verpflichtet. Wir wollen auch weiterhin christliche Nächstenliebe in unserm Berufsalltag praktizieren und damit Orientierung geben, Profil zeigen und Spuren in die Zukunft weisen. In all unserem Tun möchten wir uns an den Wertmaßstäben der Bibel orientieren.

So hat Gott in der Spannweite meines Leben zwischen Höhen und Tiefen die Schriftzeichen seiner Gnade und Treue auf den Buchseiten meines Lebens eingraviert. Er hat mich die Erfahrung machen lassen, dass er sich in meiner Angst und Schuld nicht zurückgezogen hat. Mitten im Dunkel ließ er immer wieder Hoffnung keimen mit seiner unverrückbaren Zusage: „Ich bin für dich da!" Das ist und bleibt mein Bekenntnis auch für den Weiterweg. Gott will auch in Zukunft mit mir seine Geschichte weiterschreiben.

Ich war klein wie ein Zwerg

Eine Frau erzählt aus ihrem Dasein:
Über meinem Leben stand kein leuchtender Stern. Geboren wurde ich 1936. Den Krieg erlebte ich mit all seinen Schrecknissen. Am schlimmsten waren die Bombenangriffe, wenn dann eine ganze Stadt brannte. Mein Vater war als Soldat bei der Westfront eingezogen. So musste Mutter für ihn die Bäckerei weiterführen und zudem noch für uns drei Kinder sorgen. Sie leistete in dieser Zeit Gewaltiges. So gegen zwei Uhr in der Nacht stand sie schon am Backtrog, denn um sieben Uhr musste das Brot fertig gebacken sein und in den Regalen liegen. Wir Kinder wuchsen deshalb fast nebenher auf. Es wurden nicht viele Umstände um uns gemacht. Auch Großmutter half tüchtig mit, indem sie den Haushalt übernahm. Damit will ich nicht sagen, dass Mutter uns nicht geliebt hätte, aber es blieb ihr nur wenig Zeit, die sie uns widmen konnte. Aber auch den Einmarsch der russischen Armee habe ich in leidvoller Erinnerung. Mutter hat sich vor den sowjetischen Soldaten über einen längeren Zeitraum hinweg auf dem Dachboden verstecken müssen. Großmutter hat sie mit Lebensmitteln versorgt, ihr den Toiletteneimer geleert und frisches Wasser gebracht. Hinter einem Verschlag hatte sie sich ein Bett gebaut. Auf dieser Bühne stand so viel Gerümpel herum, dass die Wachsoldaten sich gar nicht erst die Mühe machten, alles zu durchsuchen. So hat sie unbeschadet die ersten Wochen der Besatzung überstanden.

Zu meiner Aufgabe gehörte es, mich um meine beiden jüngeren Schwestern zu kümmern. Ich holte, als ich älter war, Luise und Martha (alle Namen in diesem Kapitel wurden geändert) vom Kindergarten ab. Nachmittags spielten wir viel in unserem Garten. Die Schwierigkeiten in meinem Leben begannen erst, als ich merkte, dass meine Klassenkameraden alle größer waren als ich. Ich wuchs einfach nicht mehr! Schließlich überragten mich sogar meine jüngeren Geschwister. Was ist mit mir los?, fragte ich mich. 111 Zentimeter blieb meine Größe. Meine Mutter ging mit mir zum Arzt, der einen Mangel an Hormonen diagnostizierte. Die Hirnanhangdrüse arbeitete nicht, wie sie es hätte tun müssen. Herr Dr. Sendel machte meiner Mutter auch wenig Hoffnung, dass ich noch wachsen würde. Medikamente würden diesen Mangel auch nicht beheben.

So litt ich unter meiner Kleinwüchsigkeit und konnte nur staunen, wenn ich große Menschen sah. Ich hätte auch nie gedacht, dass Kinder so grausam sein können. Denn oft, wenn ich mittags von der Schule nach Hause ging, riefen mir die Klassenkameraden nach: „Du Zwerg! Du Winzling! Du kleiner, fetter Mops." Mussten wir im Turnen in Reih und Glied antreten, war ich immer die Letzte. Mir blieb nichts anderes übrig, als mit dieser Tatsache fertig zu werden. Von meinen Schulkameradinnen zog ich mich immer mehr zurück, denn sie erkannten mich nicht an. Für manche von ihnen war ich sogar eine Missgeburt. Womit ich mir ein gewisses Selbstwertgefühl aufbaute, war die Freude am Lernen. Bücher habe ich nur so verschlungen. Ich gehörte zu den Menschen, die sich regelmäßig aus der Stadtbücherei Lektüre besorgten. Vor allen Dingen hatten es mir geschichtliche Werke angetan, und in Bezug auf das Römische Reich war ich unschlagbar. Manchmal brachte ich sogar den Lehrer in Verlegenheit, wenn ich bei ihm einen Fehler bemerkte. Ich habe mir alles angelesen, was ich über Caesar, Antonius oder Hannibal fand. Noch heute kann ich Geschichtszahlen wie am Schnürchen herunterrasseln.

Außerdem nahm ich Zuflucht zur Musik. Ich war ja sehr viel allein. Da legte ich mir herrliche Schallplatten auf, vor allen Dingen von Johann Sebastian Bach und Georg Friedrich Händel. Die wunderschönen Lieder erschlossen mir auch den Glauben an Gott. In meinem Gesangbuch lernte ich auch Matthias Claudius, Paul Gerhardt und viele andere bedeutende Liederdichter kennen. „Befiehl du deine Wege" wurde mein Lieblingslied, und ich lernte alle 12 Strophen auswendig. Die Anfänge der Strophen gehen auf das Bibelwort zurück: „Befiehl dem Herrn deine Wege und hoffe auf ihn; er wird's wohl machen."

Als die Berufswahl anstand, war für mich klar, dass ich Bibliothekarin würde. Mein Spezialgebiet war die Geschichte. Aber als ich dann meine Examina in der Tasche hatte und mich bei verschiedenen Bibliotheken bewarb, packte mich die Angst. Auch wenn ich sehr gute Zeugnisse vorzuweisen hatte, zitterte ich jedes Mal vor einem Vorstellungsgespräch. Ich war doch eine Zwergin. Wer würde mich schon anstellen? Es war die Universitätsbibliothek in unserer Stadt, die mir eine Zusage gab. Für mich wurde extra eine Art Barhocker angeschafft, damit ich über den Tisch hinaussehen konnte. Und doch blieb es nicht aus, dass mich die Studenten erstaunt anschauten oder sich hinter meinem Rücken anstießen und sagten: „Hast du diesen Gnom gesehen?" Beides hat mir weh getan, ihr Mitleid und ihr Spott. Aber damit musste ich leben. Und doch war ich froh, dass ich auf eigenen Füßen stehen konnte. Zunächst wohnte ich noch zu Hause bei meiner Familie; aber schon vom ersten Gehalt legte ich eine Summe zurück, um mir später eine eigene Wohnung mieten zu können. Ich musste mit vielen Einschränkungen zurechtkommen. Wollte ich einen Lift benutzen, dann musste ich warten, bis jemand kam, der für mich den Knopf drückte. Auch in öffentlichen Telefonhäuschen konnte ich nicht telefonieren. Der Hörer hing viel zu hoch in der Gabel. Im Kaufhaus reichte ich nicht an die Kleiderstangen heran, und es war mir auch peinlich, dass ich immer nach Kindergrößen Ausschau halten musste. Meine Möbel ließ ich nach eigenen Angaben maßgerecht anfertigen. Meine Wohnung sah aus, als gehörte sie den Sieben Zwergen aus dem Märchen. Ich will die vielen Schwierigkeiten im Alltagsleben nicht weiter aufzählen; jeder kann sich selbst vorstellen, wie oft ich durch die Kleinwüchsigkeit an meine Grenzen geriet.

Es war kurz vor Weihnachten, am 7. Dezember – ich weiß das Datum noch genau. Eine Kollegin in der Universitätsbibliothek drückte mir eine Zeitschrift in die Hand, in der ein Arzt berichtete, wie er Kleinwüchsige behandele. Ich las diese Seiten immer wieder und entschloss mich recht spontan, diesen Mediziner aufzusuchen. Ich nahm mir Urlaub und fuhr nach Berlin. Schon bei der ersten Untersuchung machte mir der Professor Mut, dass er mir wohl helfen könnte. Er behandelte seine Patienten mit Dopingmitteln, wie Sportler sie gelegentlich unerlaubterweise zu sich nehmen, um Energie und Körperkräfte zu steigern. Solche Medikamente wurden jetzt bei mir gezielt eingesetzt. Tatsächlich zeigten sie Wirkung. Ich war 25 Jahre alt, als ich plötzlich zu wachsen anfing. Meine Körpergröße steigerte sich zusehends, sodass ich nur staunen konnte. Jedes halbe Jahr hatte ich wieder einige Zentimeter zugelegt. Ein neues Lebensgefühl bemächtigte sich meiner. Ich musste nicht länger eine Zwergin bleiben!

Als ich die Größe von 162 Zentimeter erreicht hatte, riet mir der Mediziner, die Einnahme der Mittel langsam zu drosseln und sie dann ganz abzusetzen, da sie auch Nebenwirkungen haben können. Mir reichte diese Größe. Ich war jetzt ein „ganz normaler" Mensch geworden und wurde eine zufriedene junge Frau.

Und als ob das des Glücks nicht genug wäre, erfüllte mir Gott noch einen Herzenswunsch. Über eine Partnerschaftsvermittlung fand ich einen Ingenieur, der mich heiratete. Wir sind ein glückliches Paar, wenn auch unsere Ehe kinderlos geblieben ist. In einer lebendigen Kirchengemeinde haben wir ein geistliches Zuhause gefunden und freuen uns über viele Freunde. Ein Wunder ist geschehen! Darüber kann ich Gott nur loben und ihm danken.

Der Kummer mit Torsten

Halberstadt, den 20.3.2002

Liebe Frau Bormuth!
Ich denke, Sie werden verstehen, weshalb ich nicht die übliche Anrede „Sehr geehrte ..." benutze. Achtung vor einem Menschen drückt das Wort „Liebe" doch viel besser aus.
Ein bisschen Furcht zu schreiben, was mich dennoch so beschäftigt, hatte ich schon, aber eine Tagesfahrt mit dem Rad in meiner schönen Umgebung ließ die Bedenken verschwinden.
Heute nun sind wieder dunkle Wolken und Regen die Wettermacher, und ich war so bei der Sache dabei, dass ich nur Pause machte, wenn mein Magen knurrte. Weniger schreiben war nicht möglich. Ich vertraue Ihnen, weil ich davon überzeugt bin, dass Sie mich verstehen. Wenn ich Sie bitte, die Namen nicht zu ändern, falls es andere Menschen auch interessieren sollte, so geschieht dies, weil wir so sind, dass wir nichts verdrängen und uns von unseren Gefühlen mehr leiten lassen als von den gesellschaftlichen Regeln.
Nun ist der Punkt gekommen, wo die rechte Hand und der Daumen und die Zeige- und Mittelfinger ausruhen wollen.

Ich grüße Sie lieb
Irmgard Barz

Mit diesem Brief wurde mir ein ausführlicher Bericht übergeben. Er ist überschrieben:

Torsten und unsere Familie
Chronologie der letzten fünf Jahre.
Torsten war mein drittes Kind und in seinem Schicksalsjahr 1991 dreißig Jahre alt. Er wollte plötzlich nicht mehr leben. Alle Hoffnung hatte er aufgegeben. Ich holte ihn zu mir, als mir sein Elend in der ganzen Schärfe bewusst wurde. Aber die 72 Tage, in denen ich meinen Sohn bei mir aufnahm, reichten nicht aus, um ihn

aus der Verzweiflung herauszureißen. Mit großer Wucht schlug das Unheil über ihm zusammen.

Dabei hatte es eine Zeit lang recht hoffnungsvoll ausgesehen: Als die Wende kam und Ost und West wieder vereint waren, sah Torsten voller Zuversicht in die Zukunft. Er wollte reisen, sich die Welt ansehen, über den Atlantik fliegen, die Alpen besteigen, fremde Städte mit ihren Museen und Theatern besuchen. Aber all die Erwartungen lösten sich in Luft auf, als seine Frau mit dem Kind nach Braunschweig zog, während er wegen seines Arbeitsplatzes in Potsdam bleiben musste. Es kam, wie es kommen musste: Das Ehepaar lebte sich immer mehr auseinander. Die gemeinsamen Wochenenden konnten den Konflikt, den die Trennung verursachte, nicht aufhalten. Wenn Torsten am Freitag seine Frau mit seinem kleinen Sohn begrüßte, spürte er ihre Kühle. Es gab kein „Schmetterlingskribbeln" mehr in seinem Bauch. Nur Belangloses wurde erzählt, und über lange Passagen in dieser Zeit herrschte lähmendes Schweigen. Schließlich hatten sich beide nichts mehr zu sagen, und ihre Liebe erkaltete. Torsten war entsetzt, als Inga ihm eines Tages mitteilte, sie werde nicht mehr zu ihm nach Potsdam zurückkommen. Sie habe Carsten gefunden. Er verstehe sie, biete ihr Zärtlichkeit und dazu noch Wohlstand. Zum ersten Mal könne sie ihre materiellen Bedürfnisse befriedigen und müsse nicht mit jedem Pfennig rechnen. Zudem sei sie schwanger und erwarte in sechs Monaten ein Kind von ihrem neuen Partner. Hätte er sich in dieser Situation einer Scheidung verweigern sollen? Und doch hatten sie sich geliebt und sieben glückliche Jahre miteinander verbracht! Das gemeinsame Kind war ihnen ein wunderbares Geschenk, das ihnen alles bedeutete. Es war abzusehen, dass er in Bezug auf das Sorgerecht den Kürzeren ziehen würde. Er fühlte sich elend und schwach und konnte keine Briefe mehr an Inga schreiben. Eine schwere Depression legte sich auf sein Gemüt. Er fühlte sich wie in einem Tunnel, aus dem es keinen Ausweg mehr gab. Alles war dunkel um ihn und auch in ihm. Niemals hätte er einwilligen sollen, dass Inga in den Westen ging!

Von da an war die Spur in seinem Leben falsch gelegt und führte in seine Vereinsamung und schließlich zur Trennung.

Torsten wurde krank und konnte über zwei Monate nicht mehr seinen Beruf ausüben. Eines Tages kündigte ihm sein Chef. Er hätte gegen die Kündigung ankämpfen und vors Arbeitsgericht gehen müssen. Aber dazu konnte er sich schon nicht mehr aufraffen. Er ließ den Dingen ihren Lauf. Mit seinen Nerven war er am Ende. Zunächst suchte er auf mein Anraten hin einen Psychiater auf, der ihn mit Medikamenten ruhig stellte. Er konnte auch wieder schlafen, und ganz langsam setzte Heilung für seine zerschlagene Seele ein. Ich wurde zuversichtlich, dass er nun über den Berg wäre und bald wieder wie früher sein würde, ein fröhlicher, feinsinniger, fleißiger junger Mann voller Ideen und Kreativität. Das Arbeitsamt vermittelte ihm eine neue Stelle in einem Betrieb. Alles wäre gut und hoffnungsvoll gewesen, hätte der Chef seine Firma nicht durch Fehlplanung und Betrugsmanöver in den Ruin geführt. So verlor Torsten erneut seinen Arbeitsplatz. Auch in seinem Bemühen, eine neue Partnerschaft einzugehen, scheiterte er. Ein Schlag nach dem andern traf ihn mit voller Wucht. Er war nun mittellos, arbeitslos, ohne einen verlässlichen Menschen an seiner Seite. Das stürzte ihn wieder in eine tiefe Depression. Da er so hilflos war, nahm ich mich seiner an. Nur widerwillig ließ er es zu, von mir Kost und Wohnung zu erhalten. Da er selbst wenig Initiative entwickelte, begleitete ich ihn auch zum Arbeitsamt und zum Arzt, der ihn schließlich zum Psychiater überwies. Durch reichliche Tabletteneinnahme wurde er wieder einmal zunächst ruhig gestellt. Sein Zustand aber besserte sich kaum. Nach mehrwöchigem Klinikaufenthalt wurde er wieder entlassen.

Am 19.5.1991 feierte ich meinen 60. Geburtstag. Alle Kinder und Enkelkinder waren zu dem Fest gekommen, nur nicht Torsten und sein Sohn Alexander. Wir waren alle sehr beunruhigt darüber. Wir kannten seinen tiefen Schmerz und Kummer und waren sehr in Sorge um ihn. So machten wir uns auf den Weg, um ihn zu suchen. Weinend saß er am Halberstädter See. Wir baten ihn, mit uns zu kommen. Aber dazu ließ er sich nicht bewegen. Ratlosigkeit überfiel uns. Meine Tochter und ich waren entschlossen, gegen seinen Willen zu handeln. Es blieb uns nichts anderes übrig, als die Rettungssanitäter zu holen. Schrecklich war für mich der Anblick, als die Krankenpfleger mit festem Zugriff meinen Sohn in den Krankenwagen schleppten. Er wurde auf die geschlossene Station der Klinik eingeliefert. Ich werde das Bild nicht mehr los, meinen kräftigen, stattlichen Sohn so hilflos und elend zu sehen. Ich wich nicht von seiner Seite. Da gerade Pfingsten war, fehlte es an Personal. Ein Arzt war nicht so schnell zur Stelle. Die Schwester brachte mir einen Stuhl, und ich setzte mich an sein Bett. Erst als der Morgen kam, wachte Torsten auf, suchte nach seiner Kleidung, sah mich an und fragte: „Mutter, warum bist du auch in der Klapsmühle?" In dieser Nacht war ich emotional über mich hinausgewachsen.

Die folgenden neun Monate waren vom Ringen um Torsten bestimmt. Es war mir zumute, als müsste ich meinem Kind zum zweiten Mal zum Leben verhelfen. Mit dem Trotz, der Wut und der Verbissenheit wuchsen mir auch körperliche Kräfte zu. Ich gab nicht auf. Anja, meine Tochter, stellte sich mit unter meine Last und holte ihren Bruder nach der Entlassung aus dem Krankenhaus nach Berlin. Dort lebte sie glücklich verheiratet mit ihrem Mann und zwei Kindern. So half sie ihm, als es ihm gesundheitlich wieder besser ging, Bewerbungsschreiben aufzusetzen, damit er wieder eine Arbeitsstelle finden könnte. Er hatte seinen Berufsabschluss als Fahrzeugschlosser und Kraftfahrer für alle Wagenklassen mit der Note „sehr gut" geschafft. Das Bedürfnis nach finanzieller Absicherung war ihm schon als junger Mensch sehr wichtig. In einem typischen Hinterhofbau der Berliner Innenstadt bezog er eine Einraumwohnung. Mir war diese Behausung unheimlich, weil kein einziger Sonnenstrahl durch die Scheiben fallen konnte. Aber wir versuchten, es ihm so schön wohnlich einzurichten wie möglich. Sogar meine Enkelkinder beteiligten sich daran.

Torsten war uns zwar für alle Hilfe dankbar, aber er wirkte doch teilnahmslos. Oft sah ich ihn dasitzen und auf ein Foto starren. Es war ein Schnappschuss. Er als Vater hatte seinen Sohn auf dem Schoß. Sie hatten einander die Köpfe zugewandt und schliefen beide.

Es folgte eine Zeit, in der Torsten um das Besuchs- und Sorgerecht für seinen kleinen Sohn regelrecht kämpfen musste. Ich half ihm und riet, eine Anwältin einzuschalten, da alle Briefe von seiner Exfrau unbeantwortet blieben. Er musste sogar mit seiner Anwältin nach Peine zum Jugendgericht fahren, um seine Forderungen durchzusetzen. Das brachte ihm einen gewissen Erfolg. Er erhielt die Besuchsgenehmigung für Alexander, und einmal im Monat durfte der Junge bei mir in Halberstadt ein Wochenende verbringen, weil die Entfernung von Peine zu seinem Vater in Berlin dem Kind nicht zugemutet werden durfte. Ich besprach diesen „Sieg" mit meinem Sohn in seiner „Zillewohnung". In Berlin erhielt ich einen Anruf von meiner Schwiegertochter aus Halberstadt, unserer Omi ginge es schlecht. Sie habe einen Schlaganfall erlitten und liege nun im Krankenhaus. Während der langen Zugfahrt auf dem Weg nach Hause erlebte ich ein Wechselbad der Gefühle. Mir war bange, ob Torsten es allein schaffen würde, zurechtzukommen. Ich musste mich aber jetzt für meine Mutter einsetzen, hatte aber keine Ahnung, was da auf mich zukam. Ich war einfach naiv und sprach mir Mut zu: „Irmgard, du packst die Aufgabe! Auch den Schlaganfall mit deiner Mutter wirst du verkraften." Es folgte eine Zeit, in der ich in höchster Anspannung lebte. Ich pendelte zwischen dem Krankenhaus und der Wohnung von Torsten hin und her. Wenn die Belastung schon körperlich sehr anstrengend für mich war, so litt ich noch mehr darunter, die Verzagtheit und die Depression meines Sohnes mit ansehen zu müssen. Zugleich erkannte ich, dass sich der Gesundheitszustand meiner Mutter rapide verschlechterte. Ich hätte es nie geahnt, dass ein Mensch immer noch schwächer werden konnte. Allein das Füttern dauerte eine Dreiviertelstunde. Bei jedem Schluck, den ich ihr gab, verschluckte sie sich, und oft überfiel mich die Angst, sie könnte dabei ersticken. Nichts war wie früher! Überall gab es erhebliche Beeinträchtigungen. Das Sprechen wurde zur Qual, der Darm versagte seinen Dienst. Mutter wurde bestens gepflegt, aber würde man verhindern können, dass sie sich wund lag? Ich half mit, wenn wir sie alle zwei Stunden auf die andere Seite legten. Würde die Lähmung zurückgehen? Würde sie ihr Bett noch einmal verlassen können? Das waren bange Fragen. Ich schämte mich auch, dass mir die Betreuung meiner lieben Mutter zu einer solch großen Last wurde. Hatte sie für uns nicht alles getan, sich selbst für ihre Kinder- und Kindeskinder bis zum Letzten eingesetzt, und ich fing nun an zu klagen? Meine Liebe hatte wohl keinen so langen Atem. Ich war auch oft selbst sehr erschöpft.

In den Jahren 1994 und 1995 verwandte ich viel Zeit für Torsten, schrieb Briefe, versorgte Alexander, wenn er von Peine zu Besuch kam, und telefonierte oft stundenlang mit meinem Sohn, um ihn aus seinem seelischen Tief zu befreien. Torsten konnte die Einsamkeit nur schwer verkraften. Er suchte nach einer neuen Partnerin und konnte sie nicht finden. Er sah keine Zukunft für sein Leben. In dem Betrieb, in dem er Arbeit gefunden hatte, musste er in Stoßzeiten über Gebühr viel arbeiten. Er wirkte müde und erschöpft. Außerdem litt er an Schlafstörungen. Seine Ersparnisse waren durch die Zeit der Arbeitslosigkeit aufgebraucht. Nächtelang saßen wir am Küchentisch beieinander und versuchten gemeinsam einen Lebenssinn zu entdecken. Es blieb aber bei dem Versuch. Eine Behandlung durch einen Psychologen lehnte er rigoros ab. Er stützte sich darauf, dass er ja mich und seine Geschwister hätte. In der kommenden Zeit lebte ich in ständiger Alarmbereitschaft. Die Betreuung meiner Mutter wurde mir zu einer großen Last. Ich bat meine Schwester um Hilfe. Sie lehnte aber mit der Begründung ab, ich hätte ja Mutti im Pflegeheim lassen können.

Am 19. und 20. August 1995 fand in Halberstadt das Altstadtfest statt. Meine beiden Söhne Torsten und Holger besuchten mich. In dieser Diskonacht begegnete Torsten einer Frau, die ihn in ihren Bann schlug. Elke war älter als er, geschieden, arbeitslos und lebte von ihren Kindern getrennt. Sie strebte eine ernsthafte Beziehung zu meinem Sohn an und wollte mit ihm zusammenziehen. Torsten stellte sie mir vor. Das war der furchtbarste Nachmittag; denn ich witterte als wache Mutter sofort, dass diese Frau nicht nur von Zuneigung und Liebe bestimmt wurde, sondern noch andere, eigensüchtige Motive verfolgte. Sie wollte aus Halberstadt fort, wo sie jeder kannte. Berlin war ihr gerade recht. Dort wollte sie ein neues Leben in der Anonymität einer Großstadt führen können. „Ich werde mich", so erklärte sie mir, „von nun an um Torsten kümmern und ihn die Sache mit seinem

Sohn Alexander vergessen machen." Mir blieb jedes Wort in der Kehle stecken, als ich dies hörte. War nicht Alexander das große Glück für meinen Sohn, was ihm noch verblieben war? Und nun sollte ihm auch das noch genommen werden? Was war das bloß für ein Mensch?

Am 7.2.1996 feierte Torsten seinen Geburtstag. Ich konnte wegen Muttchen nicht zu ihm nach Berlin fahren. Erst am 18.2. holte mich mein Sohn am Bahnhof ab. Er war sehr liebenswürdig zu mir, heulte aber schrecklich. „Stell dir vor, das Weib hat mich verlassen." Ich dachte, *das hört sich ja ganz gut an*, ließ mir aber nichts anmerken. Dann bat mich Torsten, ich möchte ihm helfen, seine Wohnung in Ordnung zu bringen. Am 7.2. hatte seine Lebensgefährtin eine wüste Geburtstagsparty organisiert und Typen dazu eingeladen, die mein Sohn gar nicht kannte. Torsten konnte gar nicht anders, als diese lästigen Säufer aus der Wohnung zu schmeißen, dazu seine „Geliebte" gleich mit ihnen.

Mich packte die Angst, als ich das Durcheinander sah. Ein Hausbewohner hatte beobachtet, wie Elke dann am 11.2. mit zwei Kumpanen Möbel und andere Haushaltsgegenstände abtransportiert hatte. Es waren vermutlich ihre Söhne.

Am 19.2. musste ich wieder nach Halberstadt zurück. Nach dem zweiten Schlaganfall hatte Mutter auch die Sprache verloren. Für mich war dies ein besonders schmerzliches Geschehen. Ich hätte sie noch so vieles fragen wollen. Nun war alles zu spät. Mutter konnte auch nicht mehr schreiben. Das Allernötigste malte sie mit großen Buchstaben auf einen Zeichenblock.

In dieser Zeit wäre es dringend notwendig gewesen, Torsten nicht aus den Augen zu verlieren. Aber ich war in Halberstadt „angebunden". Es fand sich niemand, der meine Mutter hätte pflegen können.

Ende Februar war es dann so weit gekommen, dass Torsten einen Brief nur noch bei Kerzenlicht schreiben konnte, um Strom zu sparen. Diesen Brief kennzeichnete er auf dem Umschlag mit AB-Brief. Es sollte später sein Abschiedsbrief sein. Er ist uns lange verborgen geblieben. Erst am 13. Juli fiel er uns in die Hände.

Inzwischen spitzte sich die Situation um Torsten zu. Vom 20.

Februar an wurden meine Familie und ich von Angst geschüttelt und gerüttelt. Wir wirbelten nur so durcheinander. Meine Kinder verstanden mich. Es musste ein Netz geknüpft werden, damit wir Torsten auffangen konnten. Diese Aktion nannten wir: „Die Freude auf den morgigen Tag". Torsten war sonst der Organisator in der Familie gewesen. Wir ließen ihn spüren, dass wir seinen Rat und Einsatz brauchten. Wir planten einen Urlaub und luden Torsten, da er kein Geld besaß, für eine Woche zu seinem Bruder nach Sachsen-Anhalt ein. Den ersten Mai wollte ich einmal anders als zu DDR-Zeiten erleben. Torsten lud uns zu einem Familientreffen ein, damit wir meinen 65. Geburtstag planen könnten. In der folgenden Zeit schrieb Torsten seitenlange Briefe und zeichnete seinen missglückten Lebenslauf auf. Im April ließ sich mein Ältester mit einem Kollegen aus beruflichen Gründen zwei Wochen lang in Berlin einsetzen. Er war Heizungsbauer und Spezialist für Hochofenanlagen. Er quartierte sich bei Torsten in der Wohnung ein, damit dieser nicht mehr so einsam wäre.

Die Idee, zu meinem Geburtstag am 18.5. zum Naturfreundehaus Üdersee zu fahren, wurde von meinen Kindern ausgeheckt. Die Reise wurde geplant, gebucht und geheim gehalten. Selbst die jüngsten Enkelinnen verplapperten sich nicht. Alexander war sogar stolz, dass sein 10. Geburtstag am 14.5. so „würdig", wie er sagte, gefeiert werden sollte. Bei all der gelungenen Überraschung und Freude, meine Familie zusammen für zwei Nächte und einen Tag um mich zu haben, geriet ich regelrecht in Hochstimmung. Aber ich spürte auch das Leid in meiner Brust. Denn ich musste diesen Tag ohne meinen Mann und ohne Friedel, meinen jüngsten Sohn, der mit 19 Jahren tödlich verunglückt war, begehen. Ich war damals früh Witwe geworden, und es war nicht leicht, mit fünf kleinen Kindern den Broterwerb zu sichern. Ich nahm meinen Beruf als Lehrerin wieder auf und schaffte es, noch neben meiner vollen Stelle meine Kinder großzuziehen. Ich hatte schon damals gedacht: *Irmgard, das Schicksal spielt dir übel mit.* Aber es kam ja noch schlimmer! Friedel verunglückte tödlich mit seinem Motorrad. Sein Tod brach mir fast das Herz, und ich trauerte lange um meinen hoffnungsvollen Sohn. Jetzt aber stand ich vor einer noch größeren Herausforderung. Den Verlust von Vater und Bruder empfanden auch alle Kinder an meinem Geburtstag; aber niemand sprach darüber. Es war einfach ein so schöner, sonniger Tag, und die Freude überwog. Und doch bedrückte uns eine Tatsache sehr: Torsten war nur körperlich anwesend. Sogar sein kleiner Sohn empfand, dass mit seinem Vater etwas nicht stimmte. Ich hatte Alexander von Berlin aus zu mir nach Halberstadt genommen. Er sagte zu mir: „Oma, ob Papa wohl Zahnschmerzen hat?" Auf dem Bahnsteig winkte Alexander seinem Papa vom Abteilfenster heftig zu. Noch heute schließe ich die Augen ganz fest, wenn ich an dieser Stelle vorüberfahre, denn das Abschiedsbild will mir nicht mehr aus dem Sinn.

Nachdem ich mir von meiner wesentlich jüngeren Schwester anhören musste, dass sie mich nicht noch einmal bei der Pflege meiner Mutter entlasten würde, während ich Geburtstag feierte, sah ich sie mir genauer an. Ich war entsetzt. Ihre Hände zitterten, das Gesicht war bläulich angelaufen, die Augen waren unruhig und unstet, die Worte kamen lallend. „Du trinkst?", schaute ich sie an. Ich konnte es nicht fassen. Sie bejahte meine Frage und machte mir deutlich klar, dass mich ihr Leben nichts anginge. Trinken als Trost? Der Boden unter meinen Füßen wankte. Und auch Torsten stand mir vor Augen. Hilfe! Wochenlang hörten wir nichts von ihm. In dieser Zeit irrte ich oft stundenlang im Freien umher. Ich funkte SOS-Nachrichten an die Kinder in Berlin, in Aschersleben und in Harsleben bei Halberstadt.

Wer hat Post von Torsten? Wen hat er angerufen? Bei der Speditionsfirma, für die Torsten die schweren Laster fuhr, wurde mir recht unwirsch erklärt, Privatauskünfte und Anfragen seien nicht erwünscht.

Holger meldete sich am Telefon: „Ich habe Torsten das Versprechen abgenommen, mich an Pfingsten 1996 zu besuchen. Aber Mutti, er ist nicht gekommen. Telefonisch kann ich ihn auch nicht erreichen, denn sein Apparat ist auf den Anrufbeantworter umgestellt."

Noch zur gleichen Stunde, am 26.5., fasste ich den Entschluss: *Irmgard, du musst nach Berlin. Du wirst es dem Jungen aufs Band sprechen, immer und immer wieder.* Aber erst in der Nacht war Torsten dann so weit, dass er mit mir redete und fragte: „Mutter, was willst du denn hier?" Ich konnte nur noch mühsam die Worte über meine Lippen bringen: „Ich komme mit dem frühen Zug. Es wäre schön, wenn du mich abholen könntest."

Am 27.5. ist Torsten nicht auf dem Bahnhof. Ich habe Mühe, in die richtige S-Bahn einzusteigen. An seiner Wohnungstür finde ich einen Zettel: „Bitte nicht klingeln! Die Tür ist offen." In Sekundenschnelle geht mir durch den Kopf: Gas! Ich trete ein und stehe meinem Sohn gegenüber. Er ist noch im Schlafanzug. Aber in diesem Zimmer, in der Küche, die zugleich als Dusche dient, hat Torsten Blumen auf den Tisch gestellt und für zwei Personen Frühstücksgeschirr gedeckt. Er ist schrecklich verlegen und unglücklich zugleich. Das nehme ich sofort wahr, versuche aber, es mir nicht anmerken zu lassen. „Mutter, mein Kühlschrank ist leer; aber wie ich dich kenne, hast du mir etwas mitgebracht." Mein Sohn kennt mich gut, denn ich bin nie mit leeren Taschen zu ihm gekommen.

Dieser zweite Pfingsttag war unser letzter Tag. Auf einem Zettel hatte er seine Wünsche an mich geschrieben. Dort stand zu lesen: „Bitte an dich!" Dann folgte eine Liste von Dingen, die er als Tagesprogramm geplant hatte:

Frühjahrsputz
Rechnungen und Mahnungen ordnen
Laufen durch Berlin Mitte
Besuch auf dem Trödelmarkt in der Kulturbrauerei

In diesen acht Stunden, die ich bei ihm zubrachte, machte es mich frieren, dass Torsten mit fester Stimme eine grundehrliche Lebensanalyse vortrug. Er sprach zuerst über seine schönen Jahre, dann über seine „Versagensjahre", wie er sie nannte. Ich wich keiner Frage aus und war am Abend so erschöpft, dass ich sofort einschlief. Um drei Uhr in der Früh klingelte der Wecker. Torsten schlief noch fest auf der Couch. Die Kerze muss die ganze Nacht gebrannt haben. Er entschuldigte die Störung, weil ich ja erst um sechs Uhr mit dem Zug abfahren konnte. Dann sagte er: „Bitte, Mutter, frühstücke du! Dreh dann den Haupthahn für Wasser und Gas ab! Prüfe, ob die Fenster geschlossen sind! Zieh die Tür hinter dir zu und schließ sie ab! Wirf bitte den Schlüssel in den Briefkasten." Dann kamen ihm die Tränen. Er nahm mich fest in die Arme und sagte: „Danke, danke für alles!" Ganz schnell verließ er die Wohnung, ohne zu winken und ohne den sonst üblichen Satz: „Man hört sich, man sieht sich."

Zweifel stiegen in mir auf. Sollte ich wirklich jetzt abreisen? Sollte ich nicht lieber in Berlin bleiben? Musste ich aber nicht zu meiner schwer kranken Mutter nach Halberstadt fahren? Ich wollte dann noch gleich mit meiner Tochter telefonieren. Aber dazu musste ich erst den Anschluss herstellen. Torsten hatte den Stecker aus der Wand gezogen. War es Absicht? War es ein Versehen?

Antje erfasste die Lage. Von diesem Augenblick an schafften wir es, ihn mehrmals täglich anzurufen. Bis zum 7. Juni rief Antje in den Morgenstunden, Holger zur Mittagszeit, Martin am Abend und ich so gegen 22 Uhr bei ihm an. Wir dachten, mit unseren täglichen Telefonaten unseren kranken Torsten im Netz unserer Liebe auffangen zu können.

Am 10. Juni merkte ich, dass keine Verbindung mehr da war, und hetzte Antje zur Aalesunder Straße. Ich dachte, sie besäße einen Zweitschlüssel, aber den hatte Frau Elke zurückbehalten. Am 11. Juni öffnete dann die Kripo die verschlossene Tür. Das Badfenster war geöffnet, aber die Badezimmertür war verrammelt. Torsten hatte sich das Leben genommen. Dieser AB-Brief wurde nicht gefunden. Antje, meine tapfere Tochter, holte mit dem Auto Holger und Martins Frau ab. Alle drei standen dann vor mir in Halberstadt. Sie brauchten mir nichts mehr zu sagen. Ich vertraute meine Mutter unserer Hausärztin an, und wir fuhren nach Berlin. Den Abschiedsbrief fand ich dann, weil mir Torsten bei meinem Besuch am 27.5. die Klappe in der Wand hinter der Couch gezeigt hatte. Dort hatte er seine Wertsachen und meine Briefe aufbewahrt. Dort fanden wir auch noch einen Brief an mich vom Mai 1991, den Torsten aber nicht abgeschickt hatte. Er trug die Überschrift: „Mein Leben und meine Fehler." Torsten muss diesen Brief immer wieder gelesen haben, denn es war fast wörtlich die Schilderung guter und schlechter Jahre, wie er sie mir gegenüber am 27.5. gegeben hatte. Klar und deutlich brachte er zum Ausdruck: „Es ist allein meine Schuld, nicht die Schuld der anderen, wenn ich das Leben nicht meistere."

Und dies sind nun die von mir, der Mutter von Torsten, ins Reine geschriebenen Worte, weil ich es nicht fertig bringe, den Text einem Kopierer unter die Platte zu legen:

27.2.1996 An alle die, die mich gern hatten!

Ich sehe oft in Berlin und so Menschen, die mit dem Leben abgeschlossen haben. Sie haben nur nicht den Mut, es zu tun, es zu beenden. Und dann gibt es die, die sich einfach vor die U-Bahn oder einfach vom Hochhaus werfen. Ich weiß nicht, wie lange sie die Kraft hatten, bis sie es hinter sich gebracht haben. Das weiß ich auch nicht, noch nicht. Aber ich werde es tun. Keiner lebt ewig. Seit meinem letzten Zusammenbruch vor etwa fünf Jahren habe ich nichts dazugelernt. Das zeigt mir, dass ich nicht lebensfähig bin. Vor Elke ihrer Wohnung habe ich lange gewartet. Ich wollte meine Beziehung noch einmal in Ordnung bringen. Da ist in der Nähe Bonies Ranch. Na jedenfalls die große Berliner Nervenklinik. Ich habe da ein paar Typen spazieren gehen sehen, die noch relativ normal sein müssen. Aber selbst so wie die will ich nicht enden. Die wissen bloß nicht mehr, dass sie noch da sind. Ich bin noch da, und ohne Alkoholkonsum bleibt man eben nüchtern. Heute habe ich noch mal vor Elkes Firma gewartet. Sie hat mir gesagt, dass sie einen anderen hat und mit mir Schluss ist. Eigentlich habe ich es ja erwartet, aber ich werde es wohl nie in den Griff bekommen, jemals zu spüren, wie ein Mensch richtig liebt. Ich glaube, ich kann schreiben, dass ich mir so wenig Gedanken darüber gemacht habe. Woher nun so etwas kommt, das kann nur der Mensch sein, vielleicht sein Charakter oder seine Veranlagung. Eventuell ist es doch möglich, dass es diesen für mich richtigen Menschen noch gibt. Aber a) muss es eine Frau sein, und b) müssten wir zusammenpassen. Ich glaube kaum, dass ich noch die ideale Partnerin finde. Ich hatte manche Beziehungen. Bis zur Wende hatte ich doch eine sehr schöne Zeit mit Inga und Alexander. Alle anfallenden Arbeiten haben wir gemeinsam gemacht. Ich denke mal, es geht ihr nun gut, und auch dem Alexander geht es gut.
Ich bin oft kein guter Mensch gewesen, habe viel nur an mich selber

gedacht, was mir Spaß macht und so ... Ich wollte immer Erster sein, aber ich habe es bis heute nicht geschafft. Im richtigen Augenblick die Liebe zu geben, die eine Frau von mir erwartet, das habe ich oft verpasst. Meine Geradlinigkeit und mein fester Wille waren nicht immer das Richtige. Eigentlich eiere ich jetzt nur so durchs Leben ohne festes Ziel, und wenn ich dann doch mal etwas erreicht habe, reiße ich es wieder ein. Einer meiner Makel ist auch, dass ich wenig Ausdauer besitze, es fehlt mir der nötige Lebensmut, manches geht mir nicht schnell genug. Ich hätte nie gedacht, dass ich noch mal so rückfällig werde wie vor fünf Jahren. Mir läuft die Zeit davon. Ich weiß, dass ich jetzt jeden Tag ein bisschen, und wenn es nur ganz wenig ist, abbauen werde. Aber ich will nicht am Kiosk bei den Trinkern enden. Aber es wird so kommen, wenn ich mein Leben nicht vorher beende.
Ich bin bestimmt auch sehr egoistisch, sonst würde ich euch nicht noch einmal so enttäuschen. Aber dieser Egoismus gehört auch zu mir, und den kann ich nicht einfach ablegen. Nun sagt nicht, ich will nicht. Es sind fünf Jahre her, und ich habe es noch mal versucht. Aber was in einem drinsteckt, so richtig im Fleisch, das kriegt man nicht heraus, das kann man nicht herausoperieren. Mit solchen dauernden Schwächen wird man nicht fertig, auch nicht glücklich, ich will aber ein guter Mensch sein. Aber ich vermag es nicht, und die Hoffnung habe ich aufgegeben, dass es bei mir noch einmal „klick" macht. Obendrein läuft auch die Zeit davon. Was kann man von dieser Gesellschaft schon erwarten? Ich gehe nicht deshalb, weil ich mein Versagen auf andere schieben möchte. Die wilden Jahre sind vorbei. Mittlerweile sehne ich mich auch nach einer schönen, warmen, halbwegs komfortablen Bleibe, einem gemütlichen Zimmer. Ich habe so meine Wünsche, aber das Schlaraffenland für Torsten gibt es nicht. Richtig zufrieden sind nur wenige, aber die andern kommen besser damit zurecht. Bier schmeckt, und sicher benebelt es auch. Dabei seid ihr alle so gut, eigentlich zu gut zu mir. Ich bin selten gut. Diesen Moment würde ich dann so gerne festhalten. Ich bin auch nicht betrunken. Mir ist alles ganz genau bewusst, und Bewusstsein kommt nun mal vom Kopf und nicht vom Bauch. Ich bin jetzt müde und tue es noch nicht. Es ist ja noch ein wenig Zeit. Ich hoffe nur, dass ich heute nicht, Quatsch, dass ihr mir verzeiht und ich nicht zu viel Schulden hinter-

lasse. Ich bin ein schwacher Mensch, sonst würde ich es heute schon tun. Macht euch ja keine Vorwürfe. Nur ich allein trage die Schuld. Torsten.

Dies ist der Bericht von Torstens Mutter mit dem Abschiedsbrief ihres Sohnes. Ich habe ihn in ganzer Länge gebracht.

Mit großer Betroffenheit habe ich das Leben von Torsten in mich aufgenommen. Viele Fragen bleiben offen. Wer kann schon in das Herz des anderen Menschen sehen! Wie viele Vorwürfe mögen sich Mutter und Geschwister gemacht haben! Mir ist in solchen Situationen wichtig, dass ich mir sage: Wir sind nicht Herren über das Leben von Menschen. Manchmal ist die Todessehnsucht so stark, wer könnte sich ihr entgegenstellen? Mich tröstet nur, dass Gott das letzte Wort über jeden Verzweifelten sprechen wird, und es wird immer ein barmherziges Wort sein.

Ich brauche Zeit, um das zu verarbeiten, was ich in dem langen Brief gelesen habe. Ich spüre das Weh dieser Mutter an meiner Seele. Am nächsten Tag rufe ich sie an. Ich danke ihr für ihr Vertrauen und ihre Offenheit. Aus dem Regal hole ich mein neues Buch „Hoffnung wird immer großgeschrieben". Folgende Widmung aus Psalm 90 schreibe ich hinein: „Herr Gott, du bist unsere Zuflucht für und für."

Eine Woche später meldet sich Torstens Mutter noch einmal:

„*Liebe Frau Bormuth,*
über Ihr Buch habe ich mich sehr gefreut. Seit meiner Jugendzeit führe ich regelmäßig Tagebuch. Heute habe ich, nachdem ich Ihr Buch fertig gelesen habe, drei Sonnen hineingemalt, so wohl war's mir ums Herz. Sie haben mich verstanden und mir Trost zugesprochen. Ob ich auch noch einmal so beten lerne wie Mose in diesem Psalm, mit dem Sie mich grüßten?

Ganz liebe Grüße
Ihre Irmgard Barz"

Ich bin ja nur ein Adoptivkind

Vor mir liegt ein von Brief Renate Bendorf (alle Namen in diesem Kapitel wurden geändert), dessen Inhalt mich bewegt. Sie schreibt:

Mit dem ersten und zweiten Teil meines Lebens komme ich ganz gut klar, aber mit dem dritten plage ich mich ab. Er macht mir viel zu schaffen. Ich habe nun so viel erreicht, eine Menge Informationen erhalten, aber das Wichtigste ist mir nicht gelungen. Es betrifft meine Mutter, meine leibliche Mutter. Gut, ich weiß nun, wie sie heißt, wie sie aussieht, wo sie wohnt. Ich kenne ihre Stimme und habe ihr in die Augen sehen dürfen. Das ist viel, und dafür bin ich auch dankbar. Aber mich belastet es unheimlich stark, dass sie am Ende unserer Begegnung gesagt hat: „Renate, ich habe dich vergessen. Hör auf, in meinem Leben herumzuschnüffeln! Uns verbindet nichts!"
Das tut weh, sehr weh. Irgendwie mag ich diese Worte gar nicht glauben, denn ich verstehe sie nicht. Ich ahne, dass meine Mutter Angst hat, ihr Geheimnis könnte aufgespürt werden. Aber muss sie deshalb so hart zu mir sein, so unerbittlich, so abweisend? Oder ist sie gar nicht so hart? Versucht sie vielleicht, mich abzuschrecken, um sich selber zu schützen? Das ist ihr ja gelungen, und zwar kräftig. Und dann bewegt mich noch der Gedanke an meine Halbschwester. Wie steht es um sie? Warum kann ich nicht mit ihr in Kontakt treten, wie es doch unter Geschwistern normal sein müsste? Zunächst schien es, als bahnte sich mir eine Brücke zu ihr. Sie war mir so sympathisch. Soll es denn gar keine Möglichkeit für ein gutes Miteinander geben? Wir sind im Bauch der gleichen Mutter herangewachsen. Sie hat uns beide geboren. Und nun, wo wir beide erwachsen geworden sind, lässt sie es nicht zu, dass wir miteinander eine Beziehung aufbauen. Muss ich mich ihrem Handeln beugen? Wäre es letztlich nicht auch für unsere Mutter besser, wenn wir zueinander fänden? Sie müsste sich doch eigentlich darüber freuen, wenn sie sieht, dass ihre Kinder sie verstehen und lieben. Jetzt wuselt wieder so vieles in meinem Kopf herum, quält mich und belastet mich. Vielleicht sollte ich mich mal wieder auf einer Nordseeinsel verkriechen und meine Gedanken und

Gefühle neu sortieren. In Borkum war ich meistens zwei Mal im Jahr, wenn ich den Eindruck hatte, mir geht die Luft aus. Ich versorge nämlich seit viereinhalb Jahren meine schwerst pflegebedürftige Adoptivmutter. Da gerate ich mit meinen Kräften an meine Grenzen.
Im März dieses Jahres war ich das letzte Mal auf der Insel. Ich war vor meinem Geburtstag geflüchtet. Bei dem Gedanken an meine leibliche Mutter und an die Probleme, die mit meiner Geburt verbunden waren, ertrage ich es kaum, wenn die ganze Verwandtschaft ins Haus kommt und mir zuruft: „Herzliche Glückwünsche zum Geburtstag!" Dieser Geburtstag im April 1953 war wohl für meine Mutter ein schlimmes Ereignis. 12 Tage zu früh erblickte ich das Licht der Welt, war 50 cm groß und wog kaum fünf Pfund. Die Beziehung, die meine Mutter in der Zeit vom 20. Mai bis 18. September 52 zu meinem Vater unterhalten hatte, war nicht ohne Folgen geblieben. Wie aus den Informationen des Jugendamtes hervorgeht, müsste ich um den 2. Juli herum gezeugt worden sein.
Andere Mütter sind an solch einem Tag überglücklich, wenn sie ihr lang erwartetes Baby im Arm halten. Aber über mich kleines Menschlein hat sich an diesem Tag niemand so recht freuen können, keine Mutter, kein Vater. Ja, die Großeltern haben wohl niemals etwas über meine Existenz erfahren. Ich kann nur hoffen, dass wenigstens die Ärzte oder die Hebamme froh waren, dass die Entbindung ohne Komplikationen verlaufen war.
Wie sollte ich mir da zurufen lassen: „Happy Birthday!" Nein, dies wollte ich mir nicht antun. Deshalb flüchtete ich vor diesem Tag, der mich daran erinnert, dass ich nur ein ungeliebter, unerbetener Gast auf dieser schönen Erde bin. Ab in den Norden auf einen stillen Fleck, der rings von Wasser umgeben ist, wo mich keiner hört und keiner sieht.
Bedauerlicherweise muss ich aber auf meiner Reise zur Insel durch Rheine fahren. Dort auf dem Bahnhof ertönt dann diese schreckliche Durchsage, die meinen Ohren wehtut: „Sie haben Anschluss nach Osnabrück über Ibbenbüren." Vielleicht ahnt der Leser schon, was ich damit sagen will. Ibbenbüren ist der Ort, an dem meine leibliche Mutter jetzt wohnt. Immer wenn ich diesen Ortsnamen vernehme, kommen negative Gedanken und Gefühle in mir auf.

Wasser, Wind und Weite lassen die sonst so großen Probleme und Gedanken klein erscheinen, ja, sie werden unbedeutend angesichts der Naturgewalten. Aber auf der Rückfahrt muss ich wieder durch Rheine fahren und muss dann wieder über die Lautsprecheransage vernehmen: „Ibbenbüren". Dann ist mein Innerstes so ausgelaugt, dass keine Tränen mehr über meine Wangen kullern. Ja, so ist das Leben! Ich könnte mit dem Buchtitel von Ihnen sagen „Lachen und Weinen bei Wind und Wetter". Sie liegen dicht beieinander. Aber noch gewinne ich immer wieder die Hoffnung, dass ich mein Dasein meistern werde.
Liebe Frau Bormuth, es hat mir einfach gut getan, mir die leidvolle Erinnerung ein Stück weit von der Seele zu schreiben. Haben Sie Dank, dass ich Ihnen meine wehen Gefühle und traurigen Gedanken anvertrauen darf.

Einige Wochen später saßen wir uns dann gegenüber, und die Dame erzählte mir ihre Geschichte. Ja, sie übergab mir noch einen dicken Aktenordner, damit ich mir Klarheit verschaffen könnte. Und hier ist ihr Leben:

Meine Mutter heißt Alida und wurde im heutigen Moldawien, das früher Bessarabien hieß, geboren. Ihr Heimatort lag direkt am Schwarzen Meer. Eigentlich hätte sie ein fröhliches Dasein führen können, wenn es nicht den Oktober 1940 gegeben hätte. Bessarabien stand unter rumänischer Hoheit, wurde aber in diesem Jahr den Russen übergeben. Die Deutschen in diesem Land mussten ihre Heimat verlassen. „Zurück ins Reich!", hieß die Devise. So machte sich die deutsche Bevölkerung bereit, eine lange Reise, die sie nie wieder in ihre Heimat bringen würde, anzutreten. Vor der Aussiedlung gab es auf dem Friedhof noch eine große Abschiedsfeier. Ein Gottesdienst vereinte die ganze Gemeinde. Nach der Predigt ging jede Familie an ihre Grabstätte, die mit den schönsten Blumen geschmückt war, um sich von ihren Toten zu verabschieden. Es herrschte eine wehmütige, traurige Stimmung. Als letzten Gruß ließ sich die ganze Familie noch einmal fotografieren. Und dann kam der Aufbruch. Es galt diesem so schönen, reichen, fruchtbaren Land ade zu sagen. Viele Tränen flossen an diesem denkwürdigen Tag. Das Wenige, das erlaubt war, wurde eingepackt und auf einen Leiterwagen geladen. Die Kinder und Alten wurden obenauf gesetzt. Zurück blieben Hab und Gut, Acker und Vieh und die Erinnerung an die Heimat und eine glückliche Kindheit. Was würde die Zukunft bringen?

Auch die Tiere schienen etwas von diesem Abschiedsschmerz zu verspüren, denn es ist schon ein einschneidendes Ereignis, wenn sich der Mensch von all dem Liebgewordenen trennen muss. Ins Geläut der Glocken mischten sich das Gewieher der Pferde, das Brüllen der Kühe, das Miauen der Katzen und das unaufhörliche Geschnatter der Enten und Gänse. Die Hunde aber, die treuen Wächter der Höfe, waren von den Bauern losgebunden worden und liefen noch viele Kilometer neben den nicht enden wollenden Trecks her, bis sie irgendwo am Straßenrand erschöpft liegen blieben.

In Galatz war ein Sammellager eingerichtet worden. Dort hockten die Umsiedler auf ihrem Gepäck und warteten stundenlang, bis das Schiff kam und die Menschen donauaufwärts nach Deutschland brachte. Zuvor aber galt es noch, durch eine Kontrolle geschleust zu werden. Wertsachen wie Schmuck und Geld durften nicht mitgenommen werden. Meist hatten die Hausfrauen vorausschauend goldene Ringe, Ketten und Uhren in Lebensmitteln versteckt, in Kuchen eingebacken oder in Mänteln eingenäht. Es herrschte schreckliche Aufregung, bis man an den russischen Wachposten vorbei war. Jeder atmete befreit auf, wenn diese lästige Prozedur überstanden war. Wurden aber verbotene Gegenstände entdeckt, dann war die Behandlung durch die Männer der Polizei brutal. Die Russen schlitzten einfach die Säcke, in die das Bettzeug und die Kleidung gesteckt waren, auf. Wie Schneeflocken tanzten dann die Gänsefedern durch die Luft, und die herrlichen Daunendecken waren unbrauchbar gemacht worden. Manche Träne floss an solch einem Tag, wenn man sich z. B. von einer goldenen Uhr trennen musste oder von einer Brosche, die ein Erbstück war.

Die den Aussiedlern zugeteilten Kabinen auf dem Donaudampfer waren eng und stickig. Überall wimmelte es von Menschen. Die Älteren weinten über den Verlust der Heimat,

aber für die Kinder war die Schiffsfahrt ein richtiges Abenteuer.
In Semlin war die Reise erst einmal zu Ende. Alle mussten den stolzen Dampfer verlassen. In riesigen Zelten wurden die Leute untergebracht. Dann ertönte flotte Marschmusik zur Begrüßung, und einige politische Reden wurden gehalten. Anschließend wurden die Bessarabiendeutschen mit Köstlichkeiten verpflegt. Die Kinder freuten sich, dass sie in einem riesigen Zelt auf Feldbetten schlafen durften. Nach einigen Tagen ging dann die Fahrt mit Eisenbahnzügen weiter.
Ein neuer Abschnitt begann: das Lagerleben. In riesigen Fabrikhallen lebten Weiblein und Männlein auf dichtestem Raum eng zusammengepfercht. Acht Stockbetten bildeten immer ein Quadrat, und dazwischen trennte ein schmaler Gang die Schlafstätten. Der Koffer mit den wenigen Habseligkeiten wurde unter die Betten geschoben. Mehr als eineinhalb Jahre mussten die Umsiedler im Lager zubringen, und in den ersten Wochen durfte keiner es verlassen. Nun begann die Eingliederung ins Deutsche Reich. „Reinrassig" musste die Bevölkerung sein und kein russisches oder jüdisches Blut in den Adern haben.
Danach folgte im Herbst 1941 die Neuansiedlung im Warthegau oder in West- oder Ostpreußen. Leider war diese Zeit nur sehr kurz. Drei Jahre später rückte die russische Front immer näher. Man konnte schon den Kanonendonner hören. Um den 20. Januar 1945 herum erfolgte wieder ein Aufbruch. Die Bauern beluden in großer Eile ihre Wagen vor allen Dingen mit Hafer für die Pferde und einigen wenigen Habseligkeiten, und dann begab sich jeder auf die Flucht.
In langen Trecks ging es auf glatten, verschneiten Straßen westwärts. Nur nicht vom russischen Militär eingeholt werden!, war das Motto. In den ersten Tagen fuhren die Bauern Tag und Nacht. Es war eine gefährliche Fahrt, denn über den Pferdewagen flogen die Bomber mit ihrer todbringenden Last, und vom Osten her konnte man schon den Donner der Stalinorgeln und das Geknatter der Maschinengewehre vernehmen.
So gelang es auch Alida mit ihrer Familie, den Sowjets zu entfliehen. Es galt nun, eine neue Existenz aufzubauen. Das war unheimlich schwierig. Aber es war erstaunlich, wie eng die Men-

schen zusammenrückten und die Flüchtlinge aufnahmen. Es folgten Jahre äußerster Armut. Aber nach der Währungsreform ging es in Deutschland aufwärts. Das Leben normalisierte sich. Alida war inzwischen 17 Jahre alt und suchte dringend eine Stelle. Zunächst arbeitete sie bei einem Bauern in der Landwirtschaft, aber dann war es ein Glücksfall, dass die junge Frau in einem Hotel Arbeit fand. 120 Mark war ihr Lohn. Fräulein Mutschler war tüchtig, flott, sauber und immer freundlich zu den Gästen. So wanderte manch ein Geldstück als Trinkgeld in die Tasche ihrer weißen Servierschürze. Da sie zudem eine gute Figur hatte und schön war, suchten die männlichen Angestellten im Hotel ihre Nähe. So verliebte sich der Koch in das charmante Zimmerfräulein und machte ihr den Hof. Für Alida hing der Himmel voller Geigen. Zum ersten Mal war sie verliebt und spürte das Schmetterlingskribbeln im Bauch. Leider hatte ihr Herbert Müller verheimlicht, dass er schon verheiratet war und dass zu Hause eine Frau und zwei Kinder auf ihn warteten. Wenn er dann spät in der Nacht zu seiner Familie kam, hatte er immer die Ausrede parat: „Ich musste mal wieder Überstunden machen." Im Grunde war er ein recht oberflächlicher Mensch. Diese Affäre, die nur wenige Monate dauerte, blieb leider nicht ohne Folgen. Schon bald merkte Alida, dass sie schwanger war. Für sie war es klar, dass Herbert der Vater ihres Kindes war, denn er war der erste Mann in ihrem Leben gewesen. Er aber bestritt die Vaterschaft und schob andere Männer vor. Ja, er besaß die Dreistigkeit, üble Dinge über Alida in Umlauf zu bringen. Jeder kann sich vorstellen, wie verlassen und ausgenutzt sich die junge Frau nun vorkam. Keiner ihrer Angehörigen durfte erfahren, dass sie ungewollt schwanger geworden war. Für ihre Familie wäre dies eine zu große Schande gewesen. Alida geriet in eine brenzlige Situation. In dieser Lage hätte sie einen Menschen gebraucht, der zu ihr stand, aber dieser eine Mensch, der ihr vorgegaukelt hatte, sie zu lieben, zog ihre Ehre durch den Dreck und ließ die werdende Mutter hilflos und einsam mit ihren Problemen zurück. Es dauerte einige Monate, bis Herr Müller sein Verhalten änderte. Es war seine Frau, die ihn zur Raison brachte. Sie hatte nämlich von der Affäre ihres Mannes erfahren und gehört, dass er eine junge Hotelangestellte geschwängert hätte. So machte sie ihm deutlich, dass er sich seiner Verantwortung nicht entziehen könnte. Ja, sie schlug sogar vor, das Baby in die eigene Familie aufzunehmen und großzuziehen. Aber dagegen sträubte sich alles bei Alida. Sie hatte nämlich über Herbert Müller Erkundigungen eingezogen und herausgefunden, dass ihr Geliebter ein recht unzuverlässiger Kerl war. Um den Unterhaltszahlungen für das Kind zu entgehen, hatte er geplant, in Thüringen unterzutauchen. Nur unregelmäßig gingen die Zahlungen für sein Kind ein. Schließlich musste das Jugendamt durch eine Lohnpfändung das Geld eintreiben und er musste für sein Kind monatlich 35 Mark Alimente zahlen. Als das Baby später adoptiert worden war, verzichteten die Adoptiveltern auf Unterhaltszahlungen. Sie wollten sich von solch einem Mann nicht abhängig machen. Alida ertrug alle diese Widrigkeiten mit Mut und Beherztheit und ließ sich auch nicht dazu hinreißen, Schlechtigkeiten über ihn in Umlauf zu bringen. Das verbot ihr der Anstand.

Für mich, ihr Kind, gab es keine Alternative: Ich wurde meiner Mutter sofort weggenommen, und keiner durfte erfahren, dass es mich überhaupt gab. Ich weiß nicht, wie meine Mutter diese Trennung von mir verkraftet hat. Da quält sich eine Schwangere viele Stunden mit heftigen Wehen ab, erleidet Schmerzen und Ängste und nimmt dann das Neugeborene doch nicht in ihre Arme. Noch nicht einmal meinen ersten Schrei hat sie hören können, denn jungen Müttern, die ihr Kind zur Adoption freigeben wollten, wurden die Ohren zugehalten. Die Hebamme brachte den neuen Erdenbürger sofort aus dem Kreißsaal heraus. So hat meine Mutter mich weder gesehen noch gehört.

Ich wurde dann nach 12 Tagen Klinikaufenthalt in ein Kinderheim nach Bonn gebracht. Aber als ich sieben Monate alt war, änderte sich, wie ich aus den Akten erfahren habe, mein Leben. Ich wurde in die Hände liebevoller Pflegeeltern gegeben, die mich auch adoptierten.

In der Annonce der Zentrale für Adoption wurde ich folgendermaßen angeboten: „Ein gesundes Mädchen mit sicher guten Anlagen von Seiten der Mutter her steht für eine Adoption zur Verfügung." Es bewarben sich gleich drei Familien um mich.

Aber die ersten beiden Ehepaare konnten sich nicht gleich entscheiden und so verstrich viel Zeit. Das Jugendamt gab mich deshalb in die Hände meiner jetzigen Eltern.

Als ich später in meinen Papieren blätterte, erregte eine Kostenrechnung meinen Unmut. Für diesen Adoptionsvertrag wurden meinen neuen Eltern 49,92 DM in Rechnung gestellt. In stillen Stunden sagte ich mir: Renate, du bist also nur 49,92 DM wert. Dieser Betrag hat mich zutiefst bedrückt. Natürlich weiß ich, dass es ohne Bürokratie nicht geht. Dass mich aber gerade diese 49,92 DM so wertlos erscheinen lassen, zeigt nur, wie sensibel und verletzbar ich geworden bin.

Mit dem Datum vom 4.10.1954 erhielt ich auch einen neuen Geburtsschein und Taufschein. Es war später ein harter Schlag für mich zu erfahren, dass ich eigentlich von einer anderen Mutter geboren wurde. Mit Sicherheit wäre diese Enttäuschung vermeidbar gewesen, wenn mir meine Adoptiveltern von Anfang an die Wahrheit gesagt hätten.

Die Sache als solche hätte ich sicher gut verkraftet, aber dass ich über viele Jahre mit einer Täuschung habe leben müssen, hat mich in meinem Innersten erschüttert. Meine Adoptivmutter hat mich doch zur Ehrlichkeit und Aufrichtigkeit erzogen! Lügen durfte ich nicht. Für dieses Vergehen wurde ich immer recht hart bestraft. Was mich aber dennoch erfreut hat, war die Hoffnung der Adoptionszentrale, Gott möge den Eltern Weisheit und Kraft für die Erziehung ihres Adoptivkindes schenken. So stand mein Einzug in die neue Familie unter dem Segen Gottes.

Wenn auch kein glücklicher Umstand mir zum Leben verholfen hat, so darf ich doch sagen, dass Gottes große Freundlichkeit mir eine neue Familie geschenkt hat. Dafür bin ich von Herzen dankbar. Ich kann heute auf eine schöne Kindheit zurückblicken, Düsseldorf wurde zu meiner Heimat, eine wunderschöne Stadt. Zusammen mit meinen Adoptiveltern lebten auch noch die Großeltern bei uns, denn der Wohnraum war nach dem Zweiten Weltkrieg äußerst knapp. Von den schönen Städten Deutschlands waren nur noch Ruinen übrig geblieben. Und außerdem suchten Millionen von Flüchtlingen aus dem Osten ein Dach über dem Kopf.

Meine Adoptivmutter ist eine Christin, und von dem wenigen Geld, das ihr zur Verfügung stand, spendete sie jedes Jahr für die Sammlung *Brot für die Welt*. Sie konnte nur dann fröhlich und vergnügt unter dem Tannenbaum sitzen, wenn sie wusste: Ich habe mein Scherflein dazu beigetragen, dass die Not unter den Ärmsten ein wenig gelindert worden ist. Fröhlich und harmonisch ging es in meiner Familie zu, und meine Eltern schenkten mir ihre ganze Liebe. Mit materiellen Dingen wurde ich nicht verwöhnt, das war nicht möglich. Der Verdienst meines Vaters reichte gerade so zum Leben. Aber ich wurde geliebt, und das ist das Beste, das ein Kind im Rückblick sagen kann. Meine Eltern strahlten innere Zufriedenheit aus und waren in ihrem Wesen bescheiden.

Mein Opa stammte aus Schlesien. Schon dort hatte er den Beruf des Straßenbahnschaffners ausgeübt. Später lenkte er die schönen, alten, zugigen Straßenbahnzüge in Düsseldorf, die aus historischen Gründen zu Stadtrundfahrten eingesetzt wurden. Oma bekam natürlich eine Dauerfreikarte, und ich als „ihr" Kind durfte auch umsonst mitfahren. Darüber freute ich mich immer mächtig und strahlte über das ganze Gesicht, wenn mir auf einer solchen Fahrt die Menschen zuwinkten. Manchmal waren unter ihnen auch Freunde oder Bekannte, und das hat mir besonderen Spaß gemacht.

Meine Oma hatte früher in Breslau als Köchin bei einer adligen Herrschaft gearbeitet. Auch in meiner Familie bestimmte sie, was auf den Tisch kam. Ihre Soßen waren einfach Spitze. Ganz besonders die Zwiebeltunke. Die wurde jedes Jahr an Heiligabend und an Silvester zu Sauerkraut, Salzkartoffeln und Schlesischen Weißwürsten gereicht, die an solchen Festtagen natürlich in Butter gebraten waren. Dieses Gericht habe ich von ihr übernommen und bringe es an hohen Festtagen selbst auf den Tisch. Aber die Zwiebeltunke schmeckte bei Oma viel besser. Was mache ich nur falsch?

Meine Mutter hat ihren Beruf als Buchhalterin aufgegeben, als ich unter ihr Dach kam. Während des Krieges war sie sogar als Lehrerin in einer Dorfschule eingesetzt. Mein Vater arbeitete als Angestellter einer Versicherung in der Düsseldorfer Altstadt. Oft habe ich während der närrischen Zeit den Karnevalszug vom ersten Stock seines Dienstgebäudes beobachten können. Da war ich nicht dem Gedränge der Narren ausgesetzt.

Wir wohnten in einer Parterrewohnung im Süden Düsseldorfs. Hinter dem Haus war für uns Kinder ein wunderschöner Spielplatz angelegt worden. Dort gab es sogar ein halbrundes Planschbecken, in dem wir uns im Sommer tummeln konnten. Vor unserem Haus befand sich ein kleiner Vorgarten. Er war Opas Hobby, denn er züchtete und pflegte mit großer Hingabe seine Hochstammrosen. Zwei dieser Rosenstöcke haben ihn sogar überlebt. Bis vor wenigen Jahren erfreuten sie mich, wenn ich an dem Haus vorüberging. Jedes Mal wanderten meine Gedanken in die Kindheit zurück. Sie verlief recht schön und harmonisch.

Als ich etwa fünf Jahre alt war, zogen wir um, nur zwei Straßen weiter. Wir hatten dort eine größere Wohnung in der zweiten Etage gefunden. Nun konnte Oma ihr eigenes Zimmer einrichten. Opa war inzwischen verstorben. Er hatte an Kehlkopfkrebs gelitten. Wir lebten also zu viert in einer Dreizimmerwohnung. Hansi, Opas gelber Kanarienvogel, verschönte uns mit seinem wunderschönen Gezwitscher das Dasein. Ich selbst habe eigentlich nie ein eigenes Zimmer besessen. Das wurde mir aber erst bewusst, als meine eigenen Kinder ab und zu etwas an ihren Zimmern auszusetzen hatten.

Aber unbeschwert blieb meine Kindheit nicht. Die anderen Großeltern waren auch alt geworden und lebten seit kurzem in einem Pflegeheim. Ihre anderen Kinder sahen sich nicht in der Lage, sie bei sich aufzunehmen und sie zu betreuen, obwohl alle wohlhabend waren und große Häuser besaßen. Oma tat diese ablehnende Haltung lange Zeit recht weh. Sie hatte doch immer sehr gut für Opas drei Kinder aus erster Ehe gesorgt!

Jeden Morgen brachte mich meine Mutter in den Kindergarten. Der Weg war durch den Umzug ein bisschen weiter, und deshalb durfte ich oft auf dem Gepäckträger von Opas altem, schwarzem Fahrrad mitfahren. Damit es beim Sitzen nicht so drückte, hatte ich mir ein kleines, dickes Kissen untergelegt. Im Kindergarten der Lukaskirche habe ich mich sehr wohl gefühlt. Eins aber passte mir gar nicht, das war unser Pflichtgetränk, der

Kinderkaffee. Das hat mir mein kleines Leben schwer gemacht und mich täglich dicke Tränen gekostet. Der widrige Geruch dieses graubraunen Getränks in den weichen, abgeknabberten Plastiktassen steckt mir bis heute noch in der Nase.

In der Schule gefiel es mir gut. Wir hatten eine sehr fortschrittlich denkende Klassenlehrerin, die uns nach der Ganzheitsmethode unterrichtete. Wir fingen nicht wie die meisten Kinder damit an, zuerst das i zu lernen, und dann seine 25 Mitbuchstaben, sondern wir lernten gleich ganze Wörter und kleine Sätze. Das hat viel mehr Spaß gemacht. Unsere Lehrerin hatte für uns auch einen roten DIN A 5-Schnellhefter angelegt. Dieser wurde dann mit neuen, selbst erfundenen Sätzen und kleinen Geschichten von uns und ihr angefüllt. Das Schöne daran war, dass wir Kinder mit unseren eigenen Namen immer wieder in diesen Geschichten vorkamen. Damals entstand bei mir der Wunsch, Lehrerin zu werden.

Die Schule war für mich sehr interessant. Ich hatte gute Kameraden und auch hervorragende Noten. Die Freunde kamen jeden Nachmittag zu uns nach Hause, um in der Wohnung oder im Schrebergarten mit mir zu spielen. Es war meiner Mutter wichtig, dass ich nicht das typische ichbezogene, verwöhnte Einzelkind wurde. Teilen, abgeben, verzichten, bescheiden sein und verlieren können haben mir meine Eltern früh beigebracht und auch vorgelebt. Wenn Mutti einmal ein Bonbon oder Kaugummi zu wenig für uns in ein Taschentuch eingewickelt und am Bindfaden vom Balkon heruntergelassen hatte, dann war es für mich selbstverständlich, dass ich auf die Süßigkeit verzichtete.

Besonders schön war es immer in der Adventszeit. Dann kamen alle meine Freundinnen zu uns nach Hause, und in der Küche wurden leckere Plätzchen gebacken, leuchtende Fensterbilder aus Transparentpapier und den schwarzen Umschlägen der Schulhefte gebastelt und Strohsterne für den Weihnachtsbaum gebunden. Nach getaner Arbeit sangen und flöteten wir gemeinsam Weihnachtslieder.

Meine Grundschulzeit habe ich problemlos durchlaufen. Von den etwa 30 Kindern unserer Klasse gingen nach dem vierten Schuljahr fünf zur Realschule, drei zum Gymnasium und die anderen blieben in der Volksschule. Meine beiden besten Schulfreundinnen wechselten zum Gymnasium nach Benrath, ich ging nach Golzheim. Dazu muss man sagen: Benrath war der fast südlichste, Golzheim der fast nördlichste Stadtteil von Düsseldorf. Alles Bitten und Betteln hatte keinen Sinn: wir wurden getrennt. Aber nur vormittags. Am Nachmittag waren wir dann schon wieder zusammen und führten die Hunde älterer Damen aus. Wir hatten nämlich mit Reißzwecken Zettel an die Bäume in der Umgegend geheftet und uns als „Hundeausführdienst für ältere Menschen" angeboten. Einige Aufträge bekamen wir auch tatsächlich.

Ich hätte so gern einen eigenen Hund gehabt, aber das ging nicht. In einer Etagenwohnung im zweiten Stock lebten in drei Zimmern fünf Personen und ein Kanarienvogel. Dazu noch ein Hund, das war unmöglich! Das hätte ich auch verstehen sollen. Aber ich verstand es nicht. Wir Kinder heckten einen Plan aus: Eine meiner Freundinnen, Elvira, hatte eine kleine, schwarze Zwergpudelhündin. Sie war trächtig. Noch vor meinem Geburtstag sollten ihre Welpen geboren werden. Elvira sollte mir einfach einen kleinen Hund aus dem Wurf zum Geburtstag schenken. Geburtstagsgeschenke muss man nämlich annehmen, dachte ich. Diesem Tag fieberte ich entgegen. Einen Hund! Endlich einen Hund!

Der 18. April, mein Geburtstag, kam. Einige Kinder waren bereits da. Da schellte es erneut, und Elvira stapfte die Stufen herauf. Auf dem Arm trug sie ein kleines, kräuselfelliges Knäuel. Ich jubelte und hüpfte ausgelassen herum. Alle anderen, die in unseren Plan eingeweiht waren, freuten sich mit mir. Nur meine Mutter nicht. Wie sollte sie reagieren? Schließlich hatte sie selbst als Kind einen Schäferhund gehabt und ihn sehr geliebt. Es ist ihr sicher schwer gefallen, aber schließlich hat sie doch darauf bestanden, dass Elvira das kleine Knäuel wieder mit nach Hause nahm. Das war hart! Alle für meinen Geburtstag so liebevoll vorbereiteten Spiele konnten die Situation nicht mehr retten. Das war auch meiner Mutter klar. In einem unbewachten Moment rief sie meinen Vater im Büro an und berichtete ihm von allem. Als er am Abend nach Hause kam, hatte er ein großes, aber offensichtlich leichtes Paket bei sich, das er behutsam auf den Tisch stellte. Es sei noch ein Geburtstagsgeschenk für mich. Skeptisch öffnete ich es und staunte nicht schlecht. Es war ein Hamsterkäfig mit Hamster. So richtig konnte ich mich doch nicht darüber freuen. Es war kein wirklicher Ersatz für den abgelehnten Hund. Die Enttäuschung hatte ich noch immer nicht verkraftet und weinte. Dennoch war es eine gute Idee meiner Mutter gewesen. Jetzt hatte ich jedenfalls etwas, um das ich mich verantwortlich kümmern konnte. Offen gesagt war der Wunsch nach einem Hund ohnehin nur ein Ersatzwunsch gewesen. Eigentlich hätte ich viel lieber einen Bruder oder eine Schwester gehabt. Aber die Sache mit dem Hamster lief gut, und er blieb auch nicht das einzige Tier dieser Art. Es folgten noch zwei weitere, denn die Lebenserwartung eines Goldhamsters beträgt leider nur etwa zwei Jahre.

Der Wunsch nach Geschwistern blieb jedoch. Meine Eltern konnten das auch gut verstehen, und eines Tages entschlossen wir uns, das Kinderheim in Hassels zu besuchen. Wir hatten von unserem Pfarrer gehört, dass dort viele Kinder darauf warteten, Anschluss an eine Familie zu finden. Es waren alles sehr kleine Kinder bis zu einem Alter von fünf Jahren. Aus unterschiedlichsten Gründen konnten sie nicht bei ihren Eltern leben. Manche Eltern waren schon verstorben, oder die Kinder wurden nicht zur Adoption freigegeben, obwohl sich ihre Eltern nicht um sie kümmerten. Die Heimleiterin sprach lange mit uns und machte uns dann auf ein kleines Mädchen aufmerksam, das es ganz besonders nötig hätte, Kontakt zu einer Familie zu bekommen. Gabi sei völlig allein, die Mutter ließe nie etwas von sich hören, der Vater sei unbekannt.

Es war klar, das war das Kind, um das wir uns kümmern wollten. Gabi war etwa anderthalb Jahre alt und in ihrer Entwicklung weit zurückgeblieben. Sonntag für Sonntag holten wir sie morgens in Hassels ab und brachten sie am Abend wieder zurück. Als sie etwas größer war, machten wir die Tour bei gutem Wetter auch mit dem Fahrrad durch den Hasseler Forst. Das war eine sehr schöne Strecke, vorbei am Unterbacher See, der ganz in unserer Nähe liegt. Diese Fahrt genossen wir immer sehr. Einmal hatten wir einen Platten, und meine Mutter musste den Reifen flicken. Aber das trübte unsere Freude nicht. Gabi, die zunächst gestreikt und sich mitten auf den Waldweg gesetzt hatte, kam schließlich doch zu uns zurück, und wir konnten weiterfahren.

Gabi war ein schwieriges Kind, das sehr viel Zuwendung und Liebe brauchte. Aber mit der Zeit überwand sie ihre störrische Haltung. Oft blieb sie später auch übers Wochenende bei uns. Wir waren ihre Familie. Sie hatte jetzt eine große Schwester und ich eine kleine. Im Alter von fünf Jahren wurde Gabi von ihrer Mutter zur Adoption freigegeben und kurz darauf in eine Familie vermittelt. Wir haben sie gut darauf vorbereitet. Sie freute sich auf ihr neues Zuhause, nur eines schien sie noch zu beunruhigen: „Haben denn meine neuen Eltern auch eine Renate?"

Es ging jetzt alles sehr schnell, und selbst das von uns für Gabi zusammengestellte Fotoalbum der ersten Lebensjahre konnte ihr nicht mehr mitgegeben werden. Wir haben nie wieder etwas von Gabi gehört. Schade! Hoffentlich hat sie ein gutes Zuhause gefunden, das auch ihre schwierigen Seiten liebevoll annehmen konnte. Wir vermissten Gabi sehr, und besonders mir fiel ihr Weggehen schwer, denn nun war ich wieder allein.

Aber schon bald stand ich einem neuen Problem gegenüber, das mein Leben bewegte. Mit zwölf Jahren geschah etwas, das mich zunächst völlig aus der Bahn warf und auch später mein Dasein sehr stark beeinflusste. Meine Mutter offenbarte mir, dass sie nicht meine leibliche Mutter und auch Vater nicht mein leiblicher Vater sei. Es war für mich wie ein Schlag ins Gesicht. Ich rannte aus der Küche, schloss mich im Badezimmer ein, sank mit weichen Knien auf den Fußboden und weinte hemmungslos. Mir war richtig übel. Ich konnte keinen klaren Gedanken fassen. Alles war verdreht. Alles brach in mir zusammen. Ich war bitter enttäuscht. Bis zu diesem Tag hatte ich nichts ahnend in einem Irrtum gelebt.

Meine Mutter klopfte immer wieder an die Badezimmertür und bat mich, sie zu öffnen. Nein, ich wollte nicht. Ich konnte nicht. Wie lange ich dort schluchzend auf dem Boden gekauert habe, weiß ich nicht mehr. Irgendwann war ich dann doch bereit, die Tür zu öffnen. Meine Mutter, die auch völlig aufgelöst war, versicherte mir immer wieder, dass sie mich genauso lieb habe wie ein eigenes Kind und mir doch bestimmt nicht wehtun wollte. Ich glaube, das war das letzte Mal, dass ich ihre Umarmung ohne Abwehr zugelassen habe. Ich weiß, dass ihr das in späteren Jahren immer wieder zu schaffen gemacht hat. Aber an diesem Tag war mein Vertrauen zu meinen Eltern zerbrochen.

Meine Mutter hat dann meinen Vater im Büro angerufen und ihm alles erzählt. Am Abend kam er aus dem Dienst nach Hause und brachte mir ein kleines Steiff-Eichhörnchen mit. Dies war ein hilfloser Versuch, mich zu trösten. In dieses Eichhörnchen habe ich viele Tränen geweint, auch noch in späteren Jahren. Doch so manche Nuss konnten wir bis heute nicht gemeinsam knacken.

Kurze Zeit nach diesem Ereignis gab es noch einmal ein Gespräch zwischen meiner Mutter und mir. Aber es blieb das letzte. Später haben wir das Thema nie wieder aufgegriffen. Wir hatten wohl beide Angst davor. Zu dem Gespräch hatte meine Mutter einen Aktenordner mitgebracht, in dem sie sorgfältig alle meine Unterlagen abgeheftet hatte. Ganz hinten, auf der letzten Seite, war auch ein Foto meiner leiblichen Mutter. Den Ordner wollte sie mit mir gemeinsam durchgehen, damit ich über alles informiert sein sollte. Aber ich sträubte mich dagegen. Ich hatte Angst, irgendetwas könnte mir noch mal so wehtun und mein Herz zerreißen. Nur das Foto auf der letzten Seite wollte ich sehen. Als sie es mir zeigte, musste ich die Zähne aufeinander beißen, um nicht loszuheulen. Es waren auf einmal so viele Fragen in meinem Kopf, aber ich stellte sie nicht. Das Schwarz-Weiß-Foto hat sich ganz fest in meinen Kopf, in mein Herz und in mein Gefühl eingeprägt. Lange Jahre habe ich es später nicht mehr gesehen, aber es war mir immer gegenwärtig. Es lebte in meinem Leben mit, es gehörte jetzt zu mir.

An diesem Tag erfuhr ich noch, dass meine Eltern keine eigenen Kinder bekommen konnten und aus diesem Grunde mich adoptiert hatten. Ich hatte damals einen neuen Familiennamen bekommen und nur meinen Vornamen beibehalten, und im Einwohnermeldeamt war ein Sperrvermerk angebracht worden, der verhindern sollte, dass Erkundigungen über meinen Verbleib eingeholt werden konnten. Heute, 1997, ist mir allerdings klar, dass sich ohnehin nie jemand nach mir erkundigt hätte.

Meine Mutter versprach mir, dass meine Geschichte ein Geheimnis zwischen uns bleiben sollte. So musste ich mein neues Wissen in meinem Herzen behalten. Vielleicht wäre es besser gewesen, wenn ich ihr das nicht versprochen hätte. Es beschwerte meine zarte Seele, mit solchen Problemen allein leben zu müssen. Es war mir von vornherein die Chance genommen, meine schweren Kindheitserfahrungen aufzuarbeiten. Ich durfte ja mit keinem Menschen darüber reden, dass ich ein Adoptivkind bin. Ansonsten hatte ich keinen Grund, mich über meine Eltern zu beklagen. Es ist mir in meiner Familie immer sehr gut ergangen. Ich habe außer Geschwistern nichts vermisst und wurde stets liebevoll umsorgt.

Und doch war das Vertrauen zwischen mir und meinen Eltern angeknackst. Es war wie bei einer Tasse, die nicht völlig zerbrochen ist, aber einen Riss erhalten hat. Aus ihr lässt sich noch trinken, sie hält auch dicht, nur ist sie nicht mehr so belastbar. Sie ist empfindlich geworden an der Stelle, wo der Riss ist.

Vielleicht kann ich dies noch mit folgendem Bild verdeutlichen: Die bunten Farben, die ich eine Zeit lang gesehen habe – ich hielt sie für ein Stück des Regenbogens – waren eine Seifenblase. Es waren die gleichen Farben, aber: Plitsch ...! und der Traum war zerstoben.

Dennoch kam mit der Zeit alles wieder ins Lot. Es mag sein, dass ich seitdem etwas stiller geworden bin. Auch stellte sich das Gefühl ein, weniger wert zu sein als andere Menschen. Solche Gefühle der Minderwertigkeit quälen mich noch heute. Nie mehr bin ich auch den Wunsch losgeworden, meine leibliche Mutter kennen zu lernen.

Es war ein langwieriges, schwieriges Unterfangen, meine Mutter zu suchen, aber am Ende hielt ich dann doch ihre Adresse in Händen. Mit einer Freundin fuhr ich dann mal in ihrem Ort an ihrer Wohnung vorbei. Aber ich wagte nicht, an der Tür zu klingeln. Später rief ich sie an. Über einen langen Zeitraum hinweg herrschte zunächst Funkstille. Aber dann willigte sie doch nach langem Hin und Her ein, sich mit mir zu treffen. Auf einem

Rastplatz an der Autobahn sollte die Begegnung stattfinden. Ich fieberte diesem Tag entgegen und überlegte, was ich meiner Mutter sagen wollte. Als Geschenk wollte ich ihr das Eichhörnchen mitnehmen, das mir so viel bedeutete und in das ich viele Tränen geweint hatte. Aber unsere Begegnung endete in einem Fiasko. Meiner Mutter war die Angst vor diesem Treffen ins Gesicht geschrieben. Sie befürchtete, dass ihr lang gehütetes Geheimnis an den Tag kommen könnte. Sie hatte niemandem bisher erzählt, dass sie ein uneheliches Kind hatte. Die Schande schien ihr zu groß. Diese Begegnung verlief äußerst kühl. „Renate, lass mich in Ruhe! Ich bin nun alt geworden und habe nicht mehr die Kraft, mich mit all den Problemen von früher auseinander zu setzen. Du musst wissen, ich bin wieder verheiratet, und ich will in unserem Ort keinen Aufruhr stiften. Nie habe ich meinem Mann erzählt, dass ich noch eine Tochter habe. Wenn er dies jetzt erführe, würde es wahrscheinlich eine Katastrophe geben. Bitte, lebe du dein Leben, und ich will meines leben. Hör auf, in meinen Angelegenheiten weiter herumzuschnüffeln. Ade!" Sie gab mir noch die Hand und stieg dann in ihr Auto ein. Ich stand wie angewurzelt da und war starr vor Entsetzen. Das war also meine Mutter, sagte ich mir, als ich ihren Wagen davonbrausen sah. Die Tränen rollten über meine Wange. Immer wieder brachen aus mir die Worte: Mutter! Mutter! Mutter! heraus. Ich schluchzte bitterlich und stand allein auf dem Rastplatz. Das Vorbeirauschen der Autos nahm ich nicht wahr. Ratlos stand ich da. Mir blieb nur, Zuflucht zu meinem Eichhörnchen zu nehmen, das ich eigentlich meiner Mutter hatte schenken wollen. Bis ich wieder zu Hause ankam, war sein Fell von Tränen um den Verlust meiner Mutter ganz durchweicht.

Ich überlegte: Ich habe eine Mutter, sie aber lehnt mich ab, sogar bis heute.

Ich habe Geschwister, konnte aber in meiner Kindheit nur mit meinem Hamster oder meinem Kanarienvogel spielen.

Auch wenn ich gute Adoptiveltern habe, so ist es doch ein kummervolles Dasein.

Bis heute mag ich keine Blumensträuße. Es sind abgeschnittene Blumen, und als genauso abgeschnitten empfand ich mein

Leben. Viel lieber sind mir die Gänseblümchen auf der Wiese, die in einem Wurzelboden ihren Halt haben.

Mich tröstet das Wort der Bibel: „Mein Vater und meine Mutter verlassen mich; aber der Herr nimmt mich auf." Ja, Gott ist mein Vater, mein himmlischer Vater. Er verleiht mir Frieden und eine tiefe Geborgenheit. Er schenkt mir sogar für ewig ein Zuhause in seiner neuen, schönen Welt.

Auf meinen Schreibtisch stellte ich mir eine Spruchkarte mit folgendem Vers:

Sei getrost!
In Gottes Händen liegt alles, was dir Sorge macht.
Er führt's hinaus, er wird's vollenden
viel herrlicher, als du's gedacht.

Draußen vor der Tür

So lautet der Titel eines Buches von Wolfgang Borchert. Dieser hochbegabte Schriftsteller wurde mit 18 Jahren eingezogen und in den Zweiten Weltkrieg geschickt. Bombenhagel und Kanonenschläge, Frost und Hitze, Hunger und Kerkerhaft rieben seine Gesundheit auf. Als 24-Jähriger kehrte er aus der Gefangenschaft nach Deutschland zurück. Er war an Leib und Seele krank, todkrank. Das Übrige tat dann noch die Hungersnot der Nachkriegszeit, sodass er schon zwei Jahre später, am 20. November 1947, verstarb. Ihm blieben nur zwei Jahre zum Schreiben, und er stürzte sich in seine Arbeit wie einer, der im Wettlauf mit dem Tode schreibt. Seine Zeit lief ihm davon, das ahnte er. Ihm war es ein Anliegen, für die Überlebenden die Wahrheit ans Licht zu bringen, was es mit Krieg und Sterben, mit Hunger und Heimatlosigkeit auf sich hat. Er litt unsäglich darunter, dass in diesen fast sechs Jahren der grausamen militärischen Auseinandersetzung Millionen von Menschen auf der Strecke geblieben waren. Für sie blühten keine Blumen mehr am Wegesrand, für sie wurde kein Brot mehr gebacken, für sie ging am Morgen keine Sonne auf und am Abend kein Mond. Ihnen blieb nur ein Hügel in der fremden Erde, und manchmal war ihnen sogar dieser noch versagt. Zu Hause trauerten ihre Frauen, ihre Kinder, ihre Eltern und Freunde.

Borchert stellt die Frage: Wer trägt die Verantwortung dafür, dass die einen hingemordet wurden, die andern draußen vor der Tür blieben und kein Zuhause mehr hatten? Die Bitterkeit des Todes hat ihn zu einem Aufschrei getrieben, der in seinem Werk unüberhörbar ist. So schildert er das Erleben von Unteroffizier Beckmann, der nach dem Ende des Zweiten Weltkrieges nach Hause entlassen wird. Die Erlebnisse auf den Schlachtfeldern und in den Schützengräben haben ihn ausgelaugt und mürbe gemacht. Nun ist er in seiner Heimatstadt angekommen. Aber keiner wartet auf ihn und keiner nimmt ihn auf. In seinem Ehebett liegt ein Fremder.

Sein früherer Oberst, bei dem er ein Dach über dem Kopf sucht und seinen hungrigen Magen füllen will, zieht seine Angst und sein Begehren ins Lächerliche. Beckmann will seine Verantwortung, die ihn seelisch kaputt gemacht hat, seinem obersten Chef zurückgeben. Dieser aber versteht ihn gar nicht, ja er macht sich über ihn noch lustig und wimmelt ihn ab. Er begreift sein Anliegen überhaupt nicht. Er schüttelt den Kopf darüber, dass ein Unteroffizier darunter leidet, weil bei einem Kampfeinsatz von zwanzig Soldaten nur neun zur Truppe zurückgekehrt sind. Die anderen sind von feindlichen Kugeln getroffen worden, sind in den Schnee gefallen, der sich von ihren tödlichen Wunden blutrot färbte. Er steht wieder draußen vor der Tür.

Er sucht nach einer Arbeit auf der Bühne, aber der Theaterdirektor macht sich nur lustig über ihn, wie denn ein Mensch in einem zerschlissenen Soldatenmantel, mit einer Gasmaskenbrille – eine andere hat er nicht – und einem kahl geschorenen Kopf vor das Publikum hintreten will.

So stößt der Kriegsheimkehrer überall auf Unverständnis. Nirgendwo findet er Einlass. Er steht immer draußen vor der Tür. Beckmann ist verzweifelt. Wie soll er da weiterleben? Er ruft aus: „Ich stehe draußen, wieder draußen. Gestern Abend stand ich draußen. Heute stehe ich draußen. Immer stehe ich draußen. Und die Türen sind zu. Und dabei bin ich ein Mensch mit Beinen, die schwer und müde sind. Mit einem Bauch, der vor Hunger bellt. Mit einem Blut, das friert hier draußen in der Nacht ... Und nachts kann ich nicht mal mehr pennen. Wo soll ich denn hin, Mensch? ... Schnaps hat man nicht an jedem Tag. Und wenn der alle ist, dann ist das Leben wie Blei: zäh, grau und wertlos. Dabei hat man ein Herz, das schreit. ... Ein armes Luder von Herz. ... Und die Wahrheit will keiner hören. Mit ihr ist es so wie mit einer stadtbekannten Hure. Jeder kennt sie, aber es ist peinlich, wenn man ihr auf der Straße begegnet. Damit muss man es heimlich halten. Am Tage ist sie grau, roh und hässlich, die Hure und die Wahrheit. Und mancher verdaut sie ein ganzes Leben nicht. ..."

Aber dieser Schrei Beckmanns erreicht eine noch größere Tiefe. Die unruhige, gequälte Menschenseele schreit letztlich nach Gott. So fährt Beckmann fort: „Das Herz hat sich heiser geschrien und keiner hat es gehört. Hier unten keiner, und da oben keiner. Hier unten kein Menschenohr, da oben kein Gottesohr. Gott schläft, und wir leben weiter. Wohin sollen wir denn auf dieser Welt? Verraten sind wir, furchtbar verraten. Gibt denn keiner eine Antwort? ... Wann bist du eigentlich lieb, lieber Gott? Warst du lieb, als du meinen Jungen, der gerade ein Jahr alt war, von einer brüllenden Bombe zerreißen ließest? Warst du lieb, als du ihn ermorden ließest, lieber Gott, ja? Nein, richtig. Du hast es nur zugelassen. Du hast nicht hingehört, als er schrie und als die Bomben brüllten, lieber Gott. Oder warst du lieb, als von meinem Spähtrupp elf Mann fehlten? Elf Mann zu wenig, lieber Gott, und du warst gar nicht da, lieber Gott. Die elf Mann haben sicher ganz laut geschrien in dem einsamen Wald, aber du warst nicht da, einfach nicht da, lieber Gott. Warst du in Stalingrad lieb, lieber Gott, warst du da lieb, wie? ... Wann hast du dich jemals um mich gekümmert, Gott. Du bist alt, Gott, du bist unmodern, du kommst mit unsern langen Listen von Toten und Ängsten nicht mehr mit. Wir kennen dich nicht mehr so recht, du bist ein Märchenbuchliebergott. Heute brauchen wir einen neuen. Weißt du, einen für unsere Angst und Not. Einen ganz neuen. O, wir haben dich gesucht, Gott, in jeder Ruine, in jedem Granattrichter, in jeder Nacht. Wir haben dich gerufen, Gott. Wir haben nach dir gebrüllt, geweint, geflucht. Wo warst du da, lieber Gott? ... Gott, hörst du unser Geschrei nicht durch die verklirrten Fenster? Du bist tot, Gott. Sei lebendig, sei mit uns lebendig, nachts, wenn es kalt ist, einsam, und wenn der Magen knurrt in der Stille – dann sei mit uns lebendig. ...

Ja, das ist es, Gott. Du kannst es nicht ändern. Wir fürchten dich nicht mehr. Wir lieben dich nicht mehr. Und du bist unmodern. Die Theologen haben dich alt werden lassen. Deine Hosen sind zerfranst, deine Sohlen durchlöchert und deine Stimme ist leise geworden – zu leise für den Donner unserer Zeit. Wir können dich nicht mehr hören."

So weit ein Bericht und einige Auszüge aus Borcherts Werk „Draußen vor der Tür".

Sind uns solche Töne eigentlich ganz fremd? Wer mit wachen Augen durch diese Zeit geht, hört den Aufschrei vieler Menschen: Verraten sind wir, furchtbar verraten. Menschen leben auch heute „draußen vor der Tür". Ich kann auf viele Fragen, die mir entgegengebracht werden, auch keine Antwort geben.

Aber uns ist ein Wort gegeben, eine Zusage, die uns im Hebräerbrief Kapitel 13, Vers 12 entgegenkommt. Hier wird von Jesus gesagt, dass er auch „draußen vor der Tür" stand und gelitten hat wie kein anderer auf dieser Erde. Der Grund dafür war, dass der Schöpfer im Himmel die Qual nicht ausgehalten hat, mit ansehen zu müssen, wie wir Menschen in der Gottesferne leben. Gott ist ein trauernder Gott. Deshalb hat er nach einem Ausweg aus unserm Dilemma gesucht. Er riss sich seinen einzigen Sohn vom Herzen und sandte ihn zu uns auf die Erde.

So wurde Jesus Mensch. Schon seine Geburt geschah draußen vor der Tür. Die Reichen haben ihn nicht in ihre Häuser gelassen. Die Wirte hatten ihre Zimmer schon vergeben. „Kein Platz! Kein Platz!", riefen sie. So musste das Christuskind in einem Stall geboren werden. Es hatte keine warme Wiege und kein Kinderbett. In eine Krippe auf Heu und Stroh musste Maria das Kindlein legen. Kaum hatte der Gottessohn das Licht der Welt erblickt, da musste er sich schon mit seinen Eltern auf die Flucht begeben. Immer blieb er draußen vor der Tür. Als er dann, wie uns der Evangelist Lukas berichtet, seine Lehrtätigkeit in Galiläa begann, wurden seine Zuhörer aus Nazareth zornig über seine Rede und stießen ihn zur Stadt hinaus. Wieder stand er draußen vor der Tür. Dabei hat er ihnen doch die wunderbare Botschaft gebracht, dass den Armen das Evangelium gepredigt, der Verzweifelte aufgerichtet, der Gefangene befreit, dem Blinden das Augenlicht geschenkt und dem innerlich Zerschlagenen die Freiheit zugesprochen wird. Jesus, der Sohn Gottes, verbrachte selbst diese Heilstaten. Er aber wurde ausgestoßen und stand dann draußen vor der Tür. Sogar die Steinigung drohten sie ihm an.

Aber am schrecklichsten zeigte sich sein Ausgestoßensein am Kreuz. Da hing er vor den Toren der Stadt Jerusalem draußen auf dem Hügel Golgatha und erlitt für uns Menschen den grauenvollen Tod. Das Fluchholz hat er erduldet, sein Blut hat er vergossen, die Schmach der Verachtung und den Spott hat er ertragen, den Tod wie ein Verbrecher hat er draußen vor dem Tor erlitten, damit kein Mensch mehr einsam, verlassen und verzweifelt draußen vor der Tür zu stehen braucht. Weil er für uns alle draußen war und elend starb, dürfen wir drinnen sein, drinnen bei Gott. Der Prophet Jesaja findet die rechten Worte, wenn er schreibt: „Fürwahr, er trug unsere Krankheit und lud auf sich unsere Schmerzen. Wir aber hielten ihn für den, der von Gott geschlagen und gemartert wäre. Aber er ist um unserer Missetat willen verwundet und um unserer Sünde willen zerschlagen. Die Strafe liegt auf ihm, auf dass wir Frieden hätten, und durch seine Wunden sind wir geheilt" (Jesaja 53,4+5).

Für uns ertrug Jesus die schreckliche Kreuzespein, damit keiner von uns zu verzweifeln braucht. Rettung und Befreiung, diese Tatsachen, gelten uns, denn Jesus ist nicht im Tode geblieben, sondern ist auferstanden und lebt. Er hat dem Tode die Macht genommen. Das Sterben, diese größte Einsamkeit, in die ein Mensch kommt, hat an Ostern seinen Schrecken verloren. Jesus ist aufgefahren gen Himmel. Nun lebt er nicht mehr draußen vor der Tür, sondern ist in der Herrlichkeit bei Gott. Dieses Geschenk der Freiheit und des ewigen Lebens ist auch uns zugesagt. Jesus hat seinen Jüngern selbst versprochen: „Ich gehe hin zum Vater, um euch die Stätte zu bereiten." So steht auch für uns der Himmel offen. Wir müssen nicht mehr draußen vor der Tür in Sündennot und Verzweiflung bleiben, sondern dürfen ausgesöhnt mit dem Vater im Himmel leben, ewig leben.

Weihnachten in Sibirien

Schwester Hanna Peldszus erzählt:
Es war in den Weihnachtstagen des Jahres 1945. Wir befanden uns auf der Flucht, ohne unser Ziel zu kennen. Deutschland lag in Schutt und Asche. Die Lebensmittel und das Brennmaterial wurden immer knapper. Viele Menschen mussten hungern und frieren. Zu der Zeit waren meine Schwester und ich in russische Gefangenschaft geraten. Man verfrachtete uns gen Osten. Die Rote Armee hatte unsere Heimat in Ostpreußen überschwemmt und uns dann nach Sibirien verschleppt.

Es wurde wieder Weihnachten. In klirrender Kälte lebten wir etwa 4000 Kilometer von Deutschland entfernt. Der Schnee lag meterhoch. Oft konnte man morgens gar nicht aus der Tür treten. Dann mussten wir erst die Schneemassen in unsere Baracke schaufeln, bis wir uns einen Weg nach draußen bahnen konnten. Ein schreckliches Schneegestöber jagte über das flache Land. Unsere Nahrung war sehr kärglich. Die Hauptmahlzeit bestand aus trockenem Brot, und unser größter Weihnachtswunsch war, uns wenigstens an diesem Tag einmal daran satt essen zu können. Wir lebten mit etwa 2000 Menschen in einem riesigen Barackenlager, das von einem hohen Bretterzaun mit Stacheldraht umgeben war. An allen vier Ecken befanden sich Wachtürme mit grellen Scheinwerfern und bewaffneten Soldaten. Tag und Nacht war dies jetzt unser Zuhause. Wir besaßen weder eine Uhr, noch einen Kalender, noch eine Zeitung, noch ein Radio. Und trotzdem wussten wir, dass es Weihnachten war. Unsere Gesichter waren stumpf und unsagbar traurig. Was sollte uns Weihnachten schon bringen? Hier in dieser Eiswüste erinnerte nichts an dieses Fest. Es gab kein Lametta, keine Tannenästchen, keine Geschenke, kein Weihnachtsgebäck und keine Weihnachtspost.

Niemand kam auf die Idee, irgendetwas für den Heiligabend zu planen. Doch meine Schwester und ich wollten die Christnacht feiern. Wir waren sogar sehr reich, wir besaßen nämlich ein Neues Testament. Wie war das möglich, wo wir doch immer wieder gefilzt wurden? Es wurde uns doch jeder Besitz abgenommen!

Aber in unserer Baracke lebte eine große, schlanke Frau. Sie kam mit ihrer Brotration nie zurecht. Da sie ein Neues Testament besaß, bot sie es gegen ein ganzes Brot feil. Wer hatte aber schon einen ganzen Laib zur Verfügung? Lydia und ich hätten das Testament gerne erworben. Aber wie sollten wir es anstellen? Eines Tages schenkte uns Gott eine Idee. Wir schnitten ein kleines Stück von unserer Brotration ab und legten es beiseite. Am nächsten Tag aßen wir dieses Stück und ein doppelt so großes Stück legten wir wieder auf die hohe Kante. So hatten wir auf diese Weise eines Tages ein ganzes Brot zusammengespart. Nun konnte der Tausch vollzogen werden. Ich sehe jetzt noch den Brotlaib vor mir liegen. Wir kämpften mit uns, denn es fiel uns nicht leicht, auf so viel Brot zu verzichten. Aber schließlich wussten wir: „Der Mensch lebt nicht vom Brot allein." So steht es in der Bibel. Es heißt auch nicht umsonst: „Hungere, damit du weißt, wie heilig Brot ist. Und dürste, damit du weißt, wie kostbar Wasser ist." Also tauschten wir das Brot gegen das Testament. So konnten wir auch in unserer Gefangenschaft eine Weihnachtsfeier gestalten.

Der Heiligabend war gekommen. Draußen war es mit etwa 40 Grad minus bitterkalt. Die Leute in der Baracke wurden nach dem harten Arbeitseinsatz ruhig. Ihre Gedanken gingen sicher zu ihrer Heimat und zu ihren Angehörigen zurück.

Lydia und ich wollten mit dem Fest beginnen und standen wie auf heißen Kohlen. Wir waren schrecklich aufgeregt. Ich hatte noch ein kleines Geheimnis. Am Holzplatz hatte ich ein winziges Tannenästchen gefunden, das ich nun aus dem Versteck holte. Auch besaß ich noch von zu Hause einen Kerzenstummel. Meine kostbaren Habseligkeiten breitete ich auf einer Holzpritsche aus. So erinnerte der äußere Rahmen an Weihnachten. Dann sangen Lydia und ich zweistimmig Weihnachtslieder. Die Leute in der Baracke waren so still, dass man eine Stecknadel hätte fallen hören können. Einigen liefen die Tränen über die Wangen.

Meine Schwester las die Weihnachtsgeschichte aus dem Neuen Testament vor. Laut und deutlich sagte sie: „Fürchtet euch nicht!

Siehe, ich verkündige euch große Freude, die allem Volk widerfahren wird; denn euch ist heute der Heiland geboren, welcher ist Christus der Herr!" Es herrschte eine Atmosphäre, die man nicht in Worte fassen kann. Tiefer Friede zog in unsere Herzen ein, und wir fühlten uns beim Jesuskind geborgen. Gott war uns ganz nahe. Wir saßen auf unseren Holzpritschen, auf denen nur ein dünner Strohsack lag, und sangen miteinander ein Weihnachtslied nach dem andern, bis der Kerzenstummel heruntergebrannt war. Wir gingen noch aufeinander zu und wünschten uns Frohe Weihnachten. In vielen Augen glänzten Tränen, als wir gemeinsam sangen: „O du fröhliche, o du selige, gnadenbringende Weihnachtszeit!"

Die Weihnachtsbotschaft hatte unser aller Herzen erreicht, darüber vergaßen Lydia und ich unseren Hunger nach Brot. Wir hielten ja das Evangelium in unseren Händen. Welch wunderbarer Tausch!

Dass ich noch lebe, ist ein Wunder

Hans Ohnesorge erzählt:
Eine überaus frohe Kindheit war mir geschenkt. Meine Mutter hatte trotz ihrer schweren Erkrankung und ihrem langen Klinikaufenthalt das Glück, dass ihr in dieser Leidenszeit eine Diakonisse begegnete, die ihr den Weg zu Jesus zeigte. Als sie wieder genesen durfte, war es ihr das größte Anliegen, ihre Kinder im Glauben zu erziehen. So sprach sie jeden Morgen nach dem Wecken ein Gebet mit mir und stellte mich zur Nachtruhe unter den Abendsegen. Diese Atmosphäre der Geborgenheit und Fröhlichkeit des Glaubens hat mich stark gemacht. Ich durfte regelmäßig zum Kindergottesdienst gehen und wurde auch zum Konfirmandenunterricht angemeldet. Unser Pfarrer legte großen Wert darauf, dass wir mit der Bibel vertraut wurden, viele Verse und auch Psalmen auswendig lernten und uns Choräle einprägten. Ein Lied hat mich durch mein ganzes Leben begleitet:

Herr, dein Wort, die edle Gabe,
diesen Schatz erhalte mir;
denn ich zieh es aller Habe
und dem größten Reichtum für.
Wenn dein Wort nicht mehr soll gelten,
worauf soll der Glaube ruhn?
Mir ist's nicht um tausend Welten,
aber um dein Wort zu tun.

Als ich 11 Jahre alt war, erlebte ich eine klare Hinwendung zu Jesus Christus. Es war unser Hausverwalter, ein bewusster Christ, der mich zu einer Evangelisation einlud. Der Verkündiger sprach mich persönlich an und machte mir deutlich, dass ich in Gottes Augen sehr wertgeachtet bin. Jesus, der Gottessohn, gab sein Leben für mich, damit mich vor dem himmlischen Vater keine Schuld verklagen kann. Durch seinen Tod am Kreuz versöhnte er mich mit Gott. Nach dem Bekenntnis meiner Sünde kniete der

Pfarrer mit mir nieder und betete mit mir. So fing mein Leben im Glauben an.

Am Tag der Konfirmation bekräftigte ich mein Ja zu Jesus noch einmal, und bis heute ist mir die Gewissheit geblieben: Ich habe einen Herrn, der mich liebt und der dafür sorgt, dass ich in den Himmel komme.

Mein Leben verlief sehr spannend und war reich an Abenteuern und Dramatik; denn es folgten Zeiten, wie ich sie mir nie und nimmer gewünscht hätte. Dass ich heute noch am Leben bin, kommt mir einem Wunder gleich. Ich muss an Joseph im Alten Testament denken. In seinem Dasein hat er Höhen und Tiefen erlebt. Seine eigenen Brüder haben ihn an fremde Händler verkauft. Als Sklave kam er an den Hof eines der führenden Männer in der ägyptischen Regierung. Aber da er ein kluger, junger Mann war, stieg er die Karriereleiter nach oben und wurde sogar Verwalter dieses Regierungsbeamten. In dieser hohen Position wiederum lauerte eine große Gefahr auf ihn. Die Frau seines Herrn wollte ihn in ihr Bett holen. Er aber widerstand dieser Versuchung und sagte: „Sollte ich ein solch großes Übel tun und wider Gott sündigen?" Die Hausherrin war über diese Zurückweisung empört, fühlte sich in ihrer Ehre gekränkt und ließ Joseph durch Verleumdungen und falsche Anschuldigungen ins Gefängnis werfen. Er hätte jetzt in seiner trostlosen Lage verzweifeln können. Aber da war ja noch Gott, dem er vertraute! Lange saß er hinter Schloss und Riegel, bis er dank seiner besonderen Kenntnisse wieder freikam. Später hat er noch für seinen alten Vater und seine ganze Sippschaft sorgen können, die in eine Hungersnot geraten waren. Ja, es erfolgte sogar noch eine Aussöhnung mit seinen Brüdern, und im Gespräch mit ihnen fasste er seine bewegende Lebensgeschichte in die Worte zusammen: „Ihr gedachtet es böse mit mir zu machen; aber Gott gedachte es gut zu machen" (1. Mose 50,20).

Das ist auch meine Erfahrung. Die Menschen haben mir viel Böses angetan, aber Gott hat sich meiner erbarmt und hat alles zum Besten gewendet.

Es war in den letzten Kriegstagen, als ich noch der geheimen Jugendorganisation zugeteilt wurde, die unter dem Namen *Wer-*

wolf lief. Wir 15- bis 16-Jährigen sollten die Hoffnung Deutschlands sein. Mit uns wollte Hitler noch den Krieg gewinnen und die feindlichen Truppen aus dem Land vertreiben. Dieses wahnsinnige Unternehmen hat mich wertvolle Jahre meiner Jugend gekostet. Im Wehrertüchtigungslager erhielten wir eine vormilitärische Ausbildung. Die sowjetischen Besatzer sahen uns deshalb später als eine Kampftruppe an. Alles, was der Förderung des Krieges diente, war in ihren Augen ein Verbrechen, auch wenn die Betroffenen noch halbe Kinder waren. So geriet ich nach Kriegsende in das Visier ihrer Verfolgung. Damals machte ich gerade meine Lehre als Maurer.

Es war 1 Uhr 15 in der Nacht, als einige deutsche Hilfspolizisten und Russen heftig an unsere Tür klopften. „Aufmachen! Polizei!", schrien sie. „Hausdurchsuchung!" Ich trat aus der Haustür und blickte in die Läufe von Maschinenpistolen. Ich wusste sofort, dass mir Schlimmes bevorstand. Auf der Stelle wurde ich abgeführt. „Herr", betete ich, „du bist bei mir und du verlässt mich nicht." Diese Gewissheit hat mich in all den folgenden Jahren durchgetragen, als ich Schreckliches erleiden musste. Ich brauchte nicht zu verzweifeln oder danach zu trachten, mir das Leben zu nehmen. Der Friede meines Herrn verließ mich nie.

Aber es folgte eine anfechtungsreiche Zeit. Ich wurde in das Sonderlager nach Ketschendorf gebracht. Hier hielt man 5000 Gefangene fest, darunter 1200 Jugendliche. Der Jüngste war gerade 12 Jahre alt. Weil ein Gefangener in der Liste fehlte, hatte man einfach einen Jungen auf der Straße angehalten und in die Kolonne der Geächteten verschleppt. Für mich war es ein Geschenk, dass ich im Lager einen anderen Christen traf, denn in dieser Zeit quälte mich große Einsamkeit. Nach draußen war kein Kontakt erlaubt. Ich durfte noch nicht einmal einen Brief erhalten. Dieser Bruder in Christus hat mir viele biblische Geschichten erzählt. Ich war hungrig nach einem jeden Wort von Gott. Wieder war es das Leben von Joseph, das mir Hoffnung gab. Vorbildlich war mir dabei, dass Joseph sich nicht von Rachegedanken hinreißen ließ, als er unschuldig hinter Gefängnismauern saß, und das bewahrte auch mich vor bitteren Gedanken.

Zunächst blieb ich also in Ketschendorf, einem Ort, der etwa 50 Kilometer von Berlin entfernt lag und nach Fürstenwalde eingemeindet war. Ungefähr 40 000 Einwohner zählte dies Stadt. Vom November 1945 bis zum Palmsonntag 1946 war ich hier eingekerkert. Dann wurde ich nach Jamlitz verlegt, das weiter östlich zwischen Frankfurt/Oder und dem Spreewald liegt. Dort habe ich bis Mitte 1947 aushalten müssen. Anschließend brachte man mich nach Buchenwald, auch wieder in ein Sonderlager, wo ich bis zum 19.1.1950 ausharren musste. Das Essen und die Behandlung in den Lagern waren katastrophal. Als unser Transport in Jamlitz ankam, wurden wir mit folgenden Worten begrüßt: „Hier seid ihr in einem KZ. Kameraden, ihr seid jetzt interniert. Hier gibt es kein Zuckerschlecken. Wer hier lebendig herauskommen will, muss sich an Ordnungen halten. Gehorsam, Sauberkeit und vor allen Dingen Ehrlichkeit sind die Voraussetzungen dafür. Haltet Disziplin!"

Zunächst mussten wir eine Woche in Quarantäne bleiben. Bevor die Gefangenen überhaupt in die Baracken einziehen konnten, mussten viele in einem Waldstück unter strenger Bewachung bis zum Morgengrauen kampieren. Damit die Wachen den Überblick behalten konnten, wurden Holzfeuer angezündet. Alle ankommenden Gefangenen wurden sofort durchsucht. Wir nannten dies Filzung. Alle persönlichen Dinge wurden uns abgenommen. Sogar den Löffel haben sie uns weggenommen, und wir mussten uns mit einem geschnitzten Holzlöffel begnügen. Am meisten habe ich meine Bibel vermisst.

Nach der Filzung wurden alle Gefangenen untersucht und notfalls, wenn sie krank waren, isoliert. Erst nachdem die Einzelnen geduscht und desinfiziert waren, durften sie ihre Unterkünfte aufsuchen.

Die Verpflegung war miserabel. Manchmal haben sich Männer mit Bildung und Kultur um einen Knochen geschlagen, an dem sie noch etwas herumnagen konnten. Sie hatten ihn aus dem Abfall hervorgeholt. Eigentlich sollten die Inhaftierten in diesen Lagern wie Kriegsgefangene behandelt werden. Aber an die Genfer Konvention hielt sich die Leitung nicht. Ständig wurden uns die zugedachten Lebensmittelrationen gekürzt. Täglich sollten wir

600 g Brot erhalten. Nur selten war dies der Fall, und die Rationen von 15 g Fleisch, einem Löffel Zucker, 50 g Fisch, 8 g Öl und 7 g Fett wurden von vornherein um die Hälfte gekürzt. Unverändert blieb die Gemüsezuteilung. Leider wurden große Mengen von Kraut, Möhren, Kartoffeln und Bohnen nicht ordnungsgemäß gelagert, sodass vieles davon verfaulte. Von dem Wenigen, was den Gefangenen zustand, wurde noch vieles unterschlagen. Das Brot wurde in dem Raum neben der Küche über den Ältesten der Kompanie an die Fünfergruppen, die so genannten Brotgemeinschaften, ausgeteilt. Doch die meisten der Ältesten steckten sich selbst davon etwas in die Tasche. Um die dünnen Suppen etwas inhaltsreicher zu machen, tat man etwas Grünzeug wie Brennnesseln hinein.

Manchmal klappte die Versorgung gar nicht. Einmal erhielten wir drei Tage lang kein Brot. Den Grund dafür erfuhren wir nicht. Das Brot wurde uns aus den Bäckereien in Frankfurt/Oder geliefert, und das Gemüse kam aus dem Kreis Lübben. Gerade bei der Essenszuteilung herrschte große Willkür. Wir litten ständig Hunger. Es war zum Leben zu wenig und zum Sterben zu viel. Bei mir verursachte der Vitaminmangel einen Hautausschlag, der entsetzlich juckte und mich Tag und Nacht nicht zur Ruhe kommen ließ. Als Kranker wurde ich von den anderen isoliert und in einen Keller verlegt. Dort war mir zumute, als sei ich lebendig begraben. Weil die Russen Angst vor Ansteckung hatten, durfte ich noch nicht einmal, wie sonst täglich, eine Stunde lang im Gänsemarsch auf der „Idiotenwiese", wie wir sie nannten, umhergehen. In dieser Zeit haderte ich mit Gott. Aber der Herr stand mir bei und holte mich aus meiner Niedergeschlagenheit wieder heraus. Ich erfuhr die Wahrheit des Wortes aus Jesaja 65,24: „Und es soll geschehen, ehe sie rufen, will ich antworten, wenn sie noch reden, will ich hören." Die Frau des Lagerkommandanten war Ärztin. Doch sie konnte mir trotz meiner schweren Erkrankung keine Medikamente geben. Das war verboten. Die Russen redeten sich nämlich heraus, Hitler habe die Kriegsgefangenen auch schlecht behandelt, und viele seien an Krankheiten gestorben. Sie hätten überleben können, wenn man ihnen Medizin gegeben hätte. So sollten auch die deutschen Inhaftierten keine Medikamente erhalten. Aber diese Ärztin erkannte mit einem Blick die Ursache für meinen Ausschlag: den Vitaminmangel. Sie besorgte mir Gemüse in Dosen. Nach vier Wochen heilten meine Wunden ab. Dieser russischen Ärztin verdanke ich mein Leben, sie war eine wunderbare Frau. Sie hat sicher einigen Hunderten von Gefangenen das Leben gerettet.

Die hygienischen Bedingungen im Lager kann man gar nicht beschreiben, so unzumutbar waren sie für uns. Wir wurden von Flöhen, Läusen und Wanzen geplagt. Manchmal mussten wir sogar einen Ansturm von Ratten abwehren. Sie krochen aus den Matratzen und huschten über unsere ausgemergelten Leiber hinweg. Von Zeit zu Zeit sorgte die sowjetische Lagerleitung dafür, dass die Baracken ausgegast wurden. Eimerweise trugen wir dann die toten Wanzen hinaus.

Gelitten haben wir auch unter der unzureichenden Kleidung. Manche von uns gingen nur noch in Lumpen. Wenn ein Gefangener starb, wurde seine Kleidung aufgeteilt. Wer Glück hatte, bekam vielleicht ein Hemd, eine Hose oder Fußlappen. Seife haben wir in der ersten Zeit überhaupt nicht bekommen. Die Zähne putzten wir uns mit Kiefernnadeln oder Stoffresten. Unsere Haare wurden uns seit November 1945 kahl geschoren. Als Toiletten dienten uns überdachte Abortgruben. Immer zwanzig Gefangene zugleich wurden unter strengster Bewachung dorthin geführt, da sich die Latrinen im freien Sektor befanden. Der „Donnerbalken" konnte für entkräftete Gefangene zur Gefahr werden, wenn sie sich nicht darauf halten konnten und dann in die Jauchegrube fielen. Oft haben wir auch unter Durchfall gelitten. Das Gedränge vor den Toiletten kann sich jeder selbst gut vorstellen. Es herrschte dort das reinste Chaos.

In den Baracken haben wir auch sehr gefroren. Bei strengem Frost lagen wir manchmal ohne Decke auf unseren Holzpritschen oder auf dem kalten Zementfußboden. Hätten wir doch wenigstens etwas Stroh gehabt, aber auch dies blieb uns versagt. Wir rollten uns zusammen wie eine Kugel und deckten uns mit einem Hemd oder einer Jacke zu. Wer noch einen Mantel besaß, konnte von Glück sagen. Hunger, Kälte, Ungeziefer waren unsere ständigen Begleiter.

Die Appelle habe ich gehasst wie die Pest. Manchmal mussten wir stundenlang bei Kälte oder Hitze strammstehen und durften auch nicht miteinander reden. Wenn sich einer rührte, wurde er mit Gewehrkolben zusammengeschlagen. Dann hieß es: „Weil ihr gemeutert habt und dem Vertreter der ruhmreichen Armee nicht genug Achtung erwiesen habt, müsst ihr vier Stunden stehen bleiben." Immer neue Methoden dachten sich die Bewacher aus, um uns zu quälen. Einmal hatte ein Kamerad ein paar Kartoffeln in seiner Tasche versteckt und wurde dabei von einem Russen erwischt. Er musste zum Verhör und erhielt für seine Straftat 25 Jahre Haft. Ein anderer Gefangener war zum Ausladen von Schuhen aus einem LKW abkommandiert worden. Er wechselte seine alten Schuhe gegen neue aus. Auch dafür erhielt er 25 Jahre Haft.

Am schlimmsten war für uns die Tageszeit, in der wir ohne Arbeit waren. Wir dachten dann nur noch an zu Hause, ans Essen und an eine warme Stube. Mir war zumute, als würde ich noch verrückt werden. Ich hatte nichts zu lesen und zu schreiben. Es gab kein Radio und keinen Kalender. Da kam mir eine gute Idee. Ich beschichtete ein kleines Brett, so groß wie eine Tafel, mit Seife. Mit einem kleinen Stück Aluminiumdraht schrieb ich in Steno das Lied darauf:

Harre meine Seele, harre des Herrn.
Alles ihm befehle, hilft er doch so gern.
Wenn alles bricht, Gott verlässt dich nicht.
Größer als der Helfer ist die Not ja nicht.
In allen Stürmen, in aller Not
wird er dich beschirmen, der treue Gott.

Irgendjemand muss mich beim russischen Bewacher verpfiffen haben. Ich wurde zum Barackentor gerufen. Ein deutscher Aufseher hatte mir die Tafel schon abgenommen und zum russischen Sergeanten gebracht. Er trug den Spitznamen Napoleon, weil er uns immer stundenlang beim Appell stehen ließ. Ich hörte sein gepresstes Lachen. Neben ihm stand sein Dolmetscher, der zu meinem Glück auch Steno lesen konnte. Er las das ganze Lied vor. Ich hatte mächtig Angst, aber zu meinem Erstaunen sagte der Sergeant: „Dieses Lied ist voller Gottvertrauen. Es enthält keine Klagen über das Lagerleben, sondern redet von deinem Gott. Willst du Priester werden? Aber du sollst wissen, in Russland gibt es keinen Gott." Er entschuldigte sich förmlich dafür, dass er mir die Tafel abnehmen musste. Ich aber freute mich, dass ich dem Russen ein Zeugnis von Gott sagen durfte. Es erfolgte keine Strafe. Wie froh war ich!

Wenn ich heute auf die schreckliche Lagerzeit zurückblicke, dann darf ich bekennen: Gott hat seine Hände über mich gebreitet, und in der Hochschule des Leidens habe ich wunderbare Bewahrungen erleben dürfen.

Eine besondere Schikane der Russen war die, uns Gefangene vor allem an Festtagen zu drangsalieren. Das geschah auch am Heiligabend 1946. In einer großen Baracke mussten wir uns splitternackt ausziehen und an einer Ärztekommission vorbeigehen. Ein Arzt kniff dann den Gefangenen ins Gesäß, um festzustellen, ob sie noch arbeitsfähig waren, oder ob die Muskeln sich schon so weit zurückgebildet hatten, dass die Leute keine schwere Arbeit mehr verrichten konnten. Nach dem Griff in die Gesäßmuskeln wurde die Gesundheitsgruppe festgelegt. Es gab die Stufen eins bis drei. Eins bedeutete sehr gut arbeitsfähig. Wer einen Hängepo aufwies, litt an Dystrophie. Krankheiten wurden aber nicht berücksichtigt. Wer ein guter „Futterverwerter" war, wurde ausgesondert und zum Transport nach Sibirien zum Holzfällen, zu Gleisarbeiten oder zur Arbeit unter Tage im Bergwerk abkommandiert.

Ich stand auch in der langen Reihe und war dabei, mich auszuziehen. Da sich mein Schnürsenkel verheddert hatte, konnte ich mich meines Schuhs nicht so schnell entledigen. Das war mein Glück. Während ich mich mit meinem Schuhriemen beschäftigte, überlegte ich, was es denn mit dieser Untersuchung auf sich haben könnte. Schon lange machte nämlich das Gerücht in unserem Lager die Runde, dass wohl bald ein Transport nach Sibirien abgehen würde. Ich begriff, dass auch ich unter den Arbeitsfähigen sein könnte. Das hätte bedeutet, dass ich in die Eiswüste nach Sibirien verschlagen würde, denn ich hatte noch etwas Fleisch auf den Rippen. Niemals würde ich dann wohl nach Deutschland zurückkommen und meine Eltern sehen. Angst überfiel mich. Ich schaute mich erst nach rechts und dann nach links um und kratzte schnell die Kurve. Weg, nur weg von diesem Tribunal, das mich zu einer Haft in den Todeslagern verurteilen könnte. Ich rannte zurück in meine Unterkunft. Da die Listen nicht immer sorgfältig geführt wurden, entdeckte keiner mein Verschwinden. Gott hatte die russische Kommission buchstäblich mit Blindheit geschlagen.

Meine böse Vorahnung bestätigte sich. Kurz darauf erhielten alle Arbeitsfähigen bessere Lebensmittelrationen. Sogar etwas Marmelade gehörte dazu, damit sie für den langen Transport gestärkt würden. Auch Wattejacken, Hosen und Pelzmützen wurden an sie verteilt. Eine „Stalinkelle", wie der Holzlöffel bei uns genannt wurde, gehörte mit zur Ausrüstung. Einige Tage später brachte man unsere Kameraden zu den Viehwaggons. „Pelzmützentransport" wurde diese Verladung in die Eiswüste genannt. Wochenlang waren sie unterwegs, und als sie in Sibirien ankamen, zeigte das Thermometer minus 54 Grad.
So berichtet Herbert Baumann, der von diesem schweren Schicksal betroffen war, Folgendes:

Am 31.1.1947 wurden wir in einen Güterzug, der aus Sachsenhausen kam, verladen. Ich hatte das Glück, einen Platz auf einer Pritsche zu ergattern. Wir waren im Waggon 50 Mann. In der Mitte standen ein Ofen und etwas Brennmaterial. Zwei Gefäße in Form von großen Eimern waren vorhanden. In der einen Tür war eine Rinne nach außen, die Pinkelrinne. Nachdem alle Mann im Waggon waren, mussten die Ersten schon auf die Toilette. Dafür war eines der beiden Gefäße gedacht. Es war dunkel. Wir hatten das Glück, dass wir den richtigen Eimer als Toilette benutzten. Der zweite Eimer war für den Essensempfang vorgesehen. Es wäre nicht auszudenken gewesen, welche Folgen es hätte haben können, wenn wir die Eimer in der Dunkelheit vertauscht hätten.
In den frühen Morgenstunden setzte sich der Zug in Bewegung. Sofort gingen die ersten Parolen los: „Arbeitseinsatz auf der Krim, oder in der Ukraine, oder nach Moskau in die Fabriken." Klar war uns, dass

wir nach Osten fuhren. Nach kurzer Zeit ging es über einen breiten Fluss. Das konnte nur die Oder sein. Durch kleine, vergitterte Fenster konnten wir feststellen, dass wir dem Sonnenaufgang entgegenfuhren ... Nachdem wir in Brest-Litowsk und Moskau Halt gemacht hatten, ging die Fahrt weiter in Richtung Osten. Als wir durch lange Tunnel des Uralgebirges fuhren, ahnten wir, dass es nach Sibirien ging. Einmal am Tage gab es einen kurzen Halt. Die Waggontür wurde einen Spaltbreit geöffnet, zwei Mann wurden zum Essensempfang und zum Ausleeren des Toilettenkübels nach draußen gelassen. Es musste alles sehr schnell gehen. Unsere Verpflegung bestand täglich aus Folgendem: ein Salzhering, 0,2 l Wasser, ein Stück Trockenbrot von 400g, ein Löffel Zucker und ein Löffel dicke Suppe. Das wenige Wasser reichte bei weitem nicht aus. Viele tauschten ihr Brot gegen einen Schluck Wasser. Der Toilettenkübel wurde, wenn es die Posten erlaubten, mit Schnee gefüllt und mit in den Waggon gebracht. Wer konnte, stürzte sich auf den Schnee. Die Urinrinne war morgens mit Eis bedeckt. Einige lutschten dieses Eis ab. Der Reif an den Waggonbolzen und Eisenteilen war eine zusätzliche Stelle, um etwas Flüssigkeit zu bekommen ...
Nach etwa sechs Wochen waren wir am Ziel angekommen. Die Türen wurden weit geöffnet, und alle mussten raus. Sofort stürzten wir in den Schnee und aßen, so viel wir konnten. Die Posten ließen uns gewähren. Wir fragten die Bewacher: „Wo sind wir?" Antwort: „Sibir." Frage: „Wo Lager?" Antwort: „Dort Lager." Wir sahen in der Schneelandschaft einige schwarze Flecken. Das war, wie sich später herausstellte, die Lagereinzäunung. Als sich alles zum Abmarsch dorthin formiert hatte, ging es zu Fuß zum Lager. Das Lager hatte die Nummer 7525-13.
Im Lager angekommen, wurden wir sofort in die Entlausung geschickt, und alle konnten so viel Wasser trinken, wie sie wollten. Es war das Kostbarste für uns in der Welt. Anschließend wurden wir von einer russischen Ärztin untersucht, und jeder bekam seine Spritzen (Typhus, Cholera usw.) Danach wurden wir in Kompanien und Baracken eingeteilt. Die Baracken waren ganz mit Schnee bedeckt. Man musste von oben her einsteigen. Es lagen ungefähr 4 m Schnee. In der Küchenbaracke hing eine Landkarte von Europa und Asien. Nach kurzer Zeit hatten wir unseren Aufenthaltsort gefunden, es war

die Stadt Prokopjewsk, etwa 8000 Kilometer von der Heimat entfernt. Als wir diese Entfernung sahen, glaubte niemand, dass wir noch einmal zurückkommen werden.

So weit der Bericht.

Viele der Gefangenen haben diese Arbeitslager nicht überlebt. Ich aber war wie durch ein Wunder dem Tod von der Schippe gesprungen. Besser müsste ich sagen: Gottes Freundlichkeit hatte mich vor dem Tode bewahrt. Zigtausende von Inhaftierten aus diesen Lagern ereilte ein schreckliches Schicksal. Sie waren zu Kriegsverbrechern abgestempelt worden und verhungerten in den Straflagern. Dabei waren viele von ihnen noch gar nicht zum Kriegsdienst herangezogen worden, weil sie erst 15 oder 16 Jahre alt waren.

Das Sonderlager Buchenwald wurde eines Tages aufgelöst. Es waren immer noch 15 000 Häftlinge dort interniert. Aber wir ahnten schon, dass irgendetwas Neues im Gange war. Es wurden verschiedene Transporte zusammengestellt. Einige kamen auch nach Bautzen, ins verruchte „Gelbe Elend". 500 Hochschultechniker wurden nach Russland gebracht. Ihr Können war in den Fabriken sehr gefragt.

Am 19. Januar 1950 wurde ich plötzlich aufgerufen. Ich sollte in die Entlassungsbaracke kommen. Dass mir die Freiheit bevorstand, konnte ich gar nicht glauben, denn wir waren schon zu oft belogen worden. Zunächst wurden wir gefilzt und bekamen dann einen neuen „Sokolowski Anzug". Es gab nur eine Kleidergröße. Manchmal war er viel zu groß und ein anderes Mal viel zu klein. Aber irgendwie schlüpften die Gefangenen hinein. Mir wurde sogar erlaubt, meinen Anzug anzubehalten. Erst gegen 15 Uhr wurde mein Name in der Entlassungsbaracke aufgerufen. Die Zeit des Wartens dauerte mir viel zu lange. Sie kam mir wie eine Ewigkeit vor. Ich war an diesem Tag der vorletzte Häftling, der in die Freiheit gehen konnte. Der Entlassungsschein wurde mir ausgehändigt. Man drückte uns noch 20 Mark, einen Kanten Brot als Reiseproviant und die Fahrkarte in die Hand. Pünktlich fuhr mein Zug ein. Zuvor aber hatte ich noch ein

Telegramm für meine Eltern aufgegeben, damit sie sich nicht zu sehr bei meinem Erscheinen erschrecken sollten. „Komme heute Nacht nach Hause." Vor lauter Aufregung vergaß ich, den Empfänger und Absender anzugeben. Eine freundliche Frau am Schalter machte mich auf meinen Fehler aufmerksam und füllte das Telegramm noch vollständig aus.

Ich war entsetzlich aufgeregt. In den 52 Monaten als Gefangener hatte ich keinerlei Post von meinen Eltern erhalten. Ich hatte ihnen auch nicht schreiben dürfen. Die Russen hatten es glänzend verstanden, uns von der Außenwelt hermetisch abzuriegeln. Pünktlich ging es nun im Zug heimwärts. Gegen 23 Uhr kamen wir in Berlin auf dem Lehrter Bahnhof an. Eine Menge Reporter und Politiker empfingen uns. Es herrschte ein schreckliches Gedränge auf dem Bahnsteig. Man wollte uns gleich in amerikanische Familien mitnehmen. Aber davor hatte ich Angst. Solch ein Besuch hätte mir von den Russen negativ ausgelegt werden können, und ich wäre dann vielleicht wieder im Knast gelandet. Meine Sehnsucht nach Hause war nicht mehr auszuhalten. Sie vergrößerte sich von Stunde zu Stunde. Fast konnte ich das lange Warten nicht durchhalten, denn die letzte S-Bahn Richtung Fürstenwalde war gerade abgefahren. So musste ich bis zum nächsten Morgen ausharren. Um 7 Uhr 30 traf ich dann am Heimatbahnhof ein. Meine Schwester und meine Mutter hatten jeden Zug abgewartet und waren glücklich, als ich endlich aus dem Abteil stieg. Die Wiedersehensfreude war riesengroß. Sie ist nicht zu beschreiben. Meine Mutter hatte zu Hause schon den Badeofen angeheizt, sodass ich gleich mein erstes Bad seit dem Oktober 1945 nehmen konnte. Dann zog es mich in das vorbereitete Bett. Wie fremd war mir mein großes, weiches Federbett geworden. Ich dachte zunächst, ich müsste darunter elendiglich ersticken. Während meiner Gefangenschaft hatte ich mich nur mit einem Hemd oder einer Jacke auf dem kalten Zementfußboden zudecken können. Meine Mutter sah meine Angst und gab mir eine warme Wolldecke. Das war wunderbar. Ich schlief an diesem ersten Tag der Freiheit tief und fest wie ein Murmeltier.

Dieses Nachhausekommen war einfach himmlisch. Ich freute

mich auch, dass ich beide Eltern lebend angetroffen habe. Das war keine Selbstverständlichkeit. Vater musste mit Mutter gleich nach meiner Inhaftierung ein ernstes Wort reden, denn sie weinte sich fast zu Tode. „Wenn du deinen Jungen noch einmal lebend sehen willst, musst du sofort mit deiner Heulerei aufhören. Sonst kann er nur noch zu deinem Grab auf dem Friedhof gehen." Meine Mutter besann sich auf das Gebet und vertraute mich jeden Tag Gott an. Das half ihr dann, die lange Zeit des Wartens durchzustehen. Es war ein herzliches, wunderschönes Wiedersehen!

Wenn ich das Erlebte noch einmal überdenke, kann ich nur mit dem Psalmisten sprechen: „Wer ist weise und behält dies? So werden sie merken, wie viel Wohltaten der Herr erzeigt" (Psalm 107,43).

Vor dem Untergang auf der *Gustloff* bewahrt

Schwester Helene aus Lemförde erzählt:
Heute feiere ich mein Jubiläum. Ich kann es fast nicht glauben, dass ich es 40 Jahre durchgehalten habe, meinem Herrn Christus zu dienen. Am Anfang meiner Lebensverbindung mit Jesus stand der Vers der Bibel: „Das Wort vom Kreuz ist eine Gotteskraft." Als ich diese Zusage einmal hörte, wusste ich, dass ich die Kraft Gottes brauchte. So unterstellte ich mich ganz bewusst meinem Herrn Jesus Christus. Zu Hause waren wir sechs Geschwister. Ich war das jüngste Kind. Meine Eltern und Großeltern waren bewusste Christen. Sie übten einen guten Einfluss auf mich aus, und ich durfte eine sehr schöne Kindheit erleben. So wie sie wollte ich auch glauben können; aber ich merkte, wie ich in meinem Inneren hin- und hergerissen wurde. Das Gute, das ich tun wollte, vermochte ich nicht. Am Abend, wenn ich meinen Tag noch einmal überdachte, weinte ich in meine Kissen. Es war mir ein Trost, wenn Mutter vor dem Einschlafen mit mir betete: „Gottes Gnad und Christi Blut machen allen Schaden gut." In mir war ein Kampf entbrannt, wie ich denn ein guter Mensch werden könnte. Ich sehnte mich nach Gott, wie ein Dürstender sich nach Wasser sehnt. Den Religionsunterricht in der Schule nahm ich sehr ernst. Wir lernten auch viele Bibelverse und Lieder auswendig. Besonders liebte ich die Psalmen wie z. B. den 23. Psalm vom guten Hirten oder den 139. Psalm. Ich lernte diese Verse auswendig und suchte in ihnen Trost, wenn mich die Angst überfiel, wie ich vor Gott bestehen sollte. Ein Vers wurde mir besonders zum Leitwort: „Von allen Seiten umgibst du mich, Herr, und hältst deine Hand über mir" (Psalm 139,5). Gern betete ich auch mit Chorälen. Noch heute, wenn ich nachts nicht schlafen kann, bete ich mit Worten aus dem bekannten Lied von Paul Gerhard:

Befiehl du deine Wege und was dein Herze kränkt,
der allertreusten Pflege des, der den Himmel lenkt.
Der Wolken, Luft und Winden gibt Wege, Lauf und Bahn,
der wird auch Wege finden, da dein Fuß gehen kann.

Auch mein Vater nahm sich meiner liebevoll an. Er merkte, wie sehr mich die alte Frage Martin Luthers bewegte: „Wie bekomme ich einen gnädigen Gott?" Alle seine Kinder sollten den Weg zu Christus finden. Das war ihm ein wichtiges Anliegen. Vor der Konfirmation sagte er mir mit eindringlichen Worten: „Helene, bis zur Konfirmation tragen die Eltern die Verantwortung für ihre Kinder. Nach diesem Tag sind die Kinder für ihr Leben selbst verantwortlich und müssen ihre Entscheidungen treffen."

Nach meiner Schulentlassung wollte meine Tante mich nach Castrop-Rauxel holen. Ich sollte bei ihr den Haushalt und später einen guten Beruf erlernen. Sie stammte selbst aus dem schönen Land Ostpreußen und litt mächtig unter Heimweh. So sollte doch wenigstens ein Familienmitglied in ihrer Nähe sein. Meine Eltern willigten ein, und ich war begeistert. Welch ein langer Reiseweg lag nun vor mir! Ich war begierig, viel Neues zu lernen, und setzte mich in den Zug. Es gefiel mir auch sehr gut im Ruhrgebiet. Doch nach zwei Jahren wurde ich vom Heimweh umgetrieben, ja, ich wurde fast krank. So kehrte ich nach Ostpreußen zurück.

Als ich durch den polnischen Korridor fuhr und in Elbing landete, war mir zumute, als schiene hier die Sonne strahlender. Die Farben in der Natur leuchteten noch einmal so schön. Nie mehr wollte ich in den verräucherten Kohlenpott zurück. Immer wenn ich an Ostpreußen denke, komme ich ins Schwärmen. Aber das möge mir erlaubt sein, denn Heimat ist Heimat. Da ist die hügelige Landschaft mit ihren bewaldeten Flächen. Viele Seen laden zum Baden ein. An ihren Schilfrändern quaken die Frösche. Schwäne und Wildenten schwimmen auf dem Wasser, und meist sieht man die ganze Gefolgschaft der jungen Brut in Reih und Glied hinter dem Muttertier herschwimmen. Ostpreußen ist ein kleines Paradies mit seinen Rohrdommeln, Kormoranen, Blesshühnern, Schwänen, Wildgänsen und mächtigen Seeadlern.

Mit ihren weiten Schwingen durchkreisen sie würdevoll die Lüfte. Im Winter sind die Seen zugefroren und laden zum Schlittschuhlaufen ein. Im Sommer tummeln sich die Badegäste darin. So weit das Auge reicht, erstrecken sich fruchtbare Getreideäcker. Es gibt für mich keinen schöneren Anblick als Felder, auf denen sich im leisen Wind Weizen, Korn und Hafer wiegen. Sie liefern Brot für die Menschen und Futter für die Tiere. Kartoffeln, Rüben und Raps werden in großen Menge angebaut. Auf den Weiden grast das Jungvieh und suhlen sich die Schweine.

Im ganzen Land liegen die Gutshöfe inmitten herrlicher Parkanlagen verstreut. Oft umgrenzen mächtige, uralte Baumalleen den holprigen, staubigen Weg zu den herrschaftlichen Häusern und Schlössern. Und wer würde nicht Gefallen an den lieblichen kleinen Dörflein finden, die die Straßen säumen und den Menschen Heimat und Geborgenheit bieten? Ihre Einwohnerzahl ist nicht sehr groß, aber diese Orte sind zu einem Gemeinwesen zusammengewachsen, wo einer dem andern hilft und beisteht.

Eine alte Bäuerin erzählte mir mal später: „Noch heute spüre ich die krustige Erde, den Sand oder die Stoppeln unter meinen hornigen, fast ledernen Fußsohlen, wenn wir barfuß auf unsere Felder gingen. Wir waren immer mit einem Tragekorb bepackt, in dem kräftiges Brot, frische Butter und selbst gemachte Wurst verstaut waren. Auch Kaffee und Buttermilch vergaßen wir nie, denn die Sonne brannte heiß vom Himmel, und wir waren immer durstig. Die Männer trugen die Sensen über dem Rücken, und wir Frauen hielten die Sichel in der Hand. Manchmal schoben die Mütter noch einen Kinderwagen, in dem das Jüngste lag, vor sich her durch den Staub und Sand. So ging es am frühen Morgen – der Tau hing noch wie Perlen an den Gräsern – hinaus auf die Felder, um Roggen, Weizen, Gerste und Hafer zu ernten."

Soll ich uns den Himmel in Worten malen, tiefblau an heißen Sommertagen und mit Wolken und Nebelschwaden verhangen, wenn der Herbst Einzug hält? Zuweilen bläst der Wind heftig von der See herüber, artet in einen Sturm aus, der die Hecken niederdrückt und die knorrigen Bäume bis tief zur Erde beugt. Das Rauschen des nahen Waldes dringt dann herüber und schwillt zu einem unheimlichen, drohenden Brausen an. Ängstlich schlägt dann das Herz der Menschen, ob denn das Unheil gnädig vorübergehe. Wenn sich der Sturm aber gelegt und der Regen nachgelassen hat, kriechen die Vögel aus ihren Nestern, um für ihre junge Brut Nahrung herbeizuschaffen. Die Kühe und Pferde, die sich zu einer dichten Gruppe zusammengedrängt hatten, laufen wieder auseinander und traben ausgelassen über die Wiesen, als habe es keinen Sturm gegeben.

Die Mutter schickt die Kinder in den Obstgarten, um die heruntergefallenen Äpfel und Birnen auflesen zu lassen. Am nächsten Tag steht dann der herrliche Apfelkuchen auf dem Tisch oder schon am Abend Birnenkompott in den Glasschälchen. Ist es ein großer Korb Obst, der aufgesammelt wird, dann müssen die größeren Geschwister mithelfen. Man kocht Apfelgelee und weckt die Birnen in Gläsern ein.

Soll ich von den Singvögeln erzählen, der Nachtigall, deren Lied durch das Dunkel dringt? Das sind reine, klare Töne, und ihr Zwitschern, Trillern und Geklirre klingt noch vielen alten Ostpreußen in den Ohren, wenn man sie danach fragt. Wehmut und Trauer erfüllen sie, wenn sie an ihre alte, verloren gegangene Heimat denken.

Zieht das Frühjahr ein, dann verwandelt sich die ganze Natur wie durch ein Zauberwort. Das Grau der Bäume, die dürren, halb vertrockneten Gräser und die sprießenden Blumenknollen in der Erde verleihen der Landschaft ein neues Gepräge. Frisches Grün, Knospen und Blumen sprießen in allen Farbtönungen hervor. Ein Staunen überkommt die Menschen. Man kann der schnellen Verwandlung der Natur mit seinen Sinnen fast nicht nachkommen. Der Himmel verliert sein Dunkel und wölbt sich mit herrlicher Klarheit und einem einzigartigen Strahlen über die Landschaft. Die Sonne geht in ihrem Glanz auf. Die Tage werden länger, und wenn dann die Schwäne mit ihren Jungen über den See schwimmen, jubelt so manches Herz vor inniger Freude.

Der Sommer ist oft mit Angst verbunden. Wenn schwere Gewitter aufziehen, die Blitze wie ein Feuerwerk zucken und das dumpfe Grollen in der Ferne urplötzlich folgt, verzieht sich jeder ins Haus. Vor allen Dingen die Nächte verbreiten Schrecken, wenn es draußen urplötzlich taghell wird und es mächtig kracht.

Die Kleinen springen schnell aus ihren Betten, eilen in die Küche, wo die Eltern schon ängstlich durch die Fenster sehen, ob denn der Blitz eingeschlagen habe. Sie kriechen unter den langen Küchentisch und rücken dicht zusammen. Dieser Platz soll nach dem Rat der Großmutter der sicherste Ort sein. Die Kleinsten aber liegen meist in den Armen der Mütter und fühlen sich geborgen. Nichts kann die Säuglinge erschüttern.

In klaren Sommernächten ist es eine besondere Überraschung, wenn die Väter ihre Kinder aus dem Bett holen, mit ihnen auf den Hof gehen und die Sterne betrachten. Nirgendwo leuchten die Sterne strahlender als am ostpreußischen Firmament, so kann man es in alten Geschichten nachlesen. Das leise Zittern und Aufflackern des Großen Wagens, des Kleinen Bären, des Orion oder der Milchstraße mit ihren Tausenden von Lichtern bannen dann ihre Blicke, ja, sie verzaubern ihre Herzen. Endlose Weite tut sich vor ihnen auf, und das Wort der Bibel bewahrheitet sich:

„Wenn ich sehe die Himmel, deiner Finger Werk, den Mond und die Sterne, die du bereitet hast: Was ist der Mensch, dass du seiner gedenkst?" (Psalm 8,4-5)

Hier zeigt sich die Schöpfung noch in ihrer ganzen Schönheit. Vielleicht mag das Bild im Rückblick auf das geraubte Land die Sicht ein wenig verklären. Aber wer möchte einem ostpreußischen Flüchtling diese Schau verwehren? Die Liebe rückt ja immer alles in ein besseres Licht, und die Liebe zur Heimat gewinnt eine besondere Strahlkraft.

Wie herrlich ist der Flug der Störche zu beobachten, wenn sie in großer Zahl über die schilfigen Ufer der Seen zum Meer hinfliegen. Sie bewegen ihre Flügel kaum, sie lassen sich einfach vom Gegenwind tragen. Den Schnabel halten sie gesenkt, die Augen aber sind auf die Beute gerichtet: auf einen Frosch oder eine Maus, denn im Nest wartet die junge unersättliche Brut auf Nahrung.

Ostpreußen ist ein wunderschönes Land, und es ist nicht verwunderlich, dass ein Teil meiner Vorfahren sich gerade dieses Fleckchen Erde zur Heimat erkoren hat.

Nun bin ich recht ins Schwärmen geraten und weit in Träumereien abgedriftet.

Aber jetzt war ich wieder zu Hause und wollte nie mehr zurück in den Kohlenpott. Freudig wurde ich von meinen Eltern und Geschwistern begrüßt. Zunächst musste ich ein Pflichtjahr absolvieren. Danach blieb ich bei meinen Eltern, half ihnen, wo ich nur konnte, und nahm am geistlichen Leben regen Anteil. Bei uns zu Hause war durch die Frömmigkeit der Eltern und Großeltern der Atem Gottes zu spüren. Freunde versuchten mich von Jesus abzubringen und lockten mich zu ihren Vergnügungen. Ich geriet in einen Zwiespalt hinein. Aber ich entschied mich doch dafür, meinen Weg mit Christus zu gehen.

Dann trat ein Ereignis ein, das mich und meine Familie aus dem Wurzelboden ostpreußischen Lebens herausriss. Der Zweite Weltkrieg ging seinem Ende zu. Wir Deutschen hatten den Kampf gegen Russland und die Alliierten verloren. Am 21. Januar 1945 traf es uns wie ein Blitzstrahl aus heiterem Himmel, dass wir fliehen mussten. Es war an einem Sonntagmorgen, als um vier Uhr der Aufbruch erfolgte. Heiß und innig betete mein Vater zum letzten Mal in unserem Hause, und dann mussten wir unsere Heimat verlassen. Ich begleitete meine Schwester, die vier kleine Kinder auf ihrem Wagen sitzen hatte. Es war kalt, bitterkalt. Das Thermometer zeigte minus 30 Grad an. Wir bestiegen den offenen Güterzug, mit dem wir aber nicht weit kamen. In Königsberg blieb er stehen. Es herrschte ein schreckliches Chaos. Wie sollte die Fahrt weitergehen? Wir froren mächtig, und die Kleinen weinten. Sie zogen sich an Händen und Füßen Frostbeulen zu. Diese juckten entsetzlich und schmerzten auch noch. Mit einem Transport des Roten Kreuzes erreichten wir Pillau. Die größte Bedrohung für uns waren die feindlichen Bomber, die in großer Zahl am Himmel auftauchten. Meine Eltern wurden krank, und so beschlossen wir, die Bahn zu verlassen und mit dem Schiff über die Ostsee den russischen Panzern zu entkommen. Dies blieb dann auch der einzige Fluchtweg, denn die Sowjetarmee hatte Ostpreußen eingekesselt. Es gab sonst kein Heraus mehr aus dieser Hölle von Bomben, Terror und Kälte. Wir waren glücklich, als wir Schiffskarten für die *Wilhelm Gustloff* ergattert hatten. Menschen über Menschen standen in langen Schlangen und warteten, um auf das Schiff zu kommen.

Der Ozeanriese war ein Traumschiff. Von ihm hieß es wie schon bei der *Titanic*: Er ist so sicher gebaut, dass selbst ein Gott ihn nicht zum Untergehen bringen kann. Als dies in gotteslästerlichen Weise gesagt wurde, hatte man noch nicht die feindlichen Torpedos einkalkuliert. Im Januar 1945 strömten immer mehr Menschen auf das Schiff. Die Besatzung wurde unruhig. Der Dampfer war längere Zeit nicht zur See gefahren, sondern hatte als Lazarettschiff gedient. Man hatte ihn für die vielen Verwundeten gebraucht, sodass die Erholungsfahrten eingestellt wurden.

Die Menschen drängten über die Landebrücken. Vor allem sollten Mütter mit Kindern Aufnahme finden. Aber viele mogelten sich geschickt an den Kontrollen vorbei. Wenn man sie anhielt, flehten sie, doch mitgenommen zu werden. Die Matrosen brachten es nicht über ihr Herz, die frierenden und abgehärmten Menschen zurückzuweisen. So füllte sich der Bauch des Schiffes immer mehr. Nur ganz wenig Handgepäck konnte mitgenommen werden. Deshalb sammelten sich am Pier die Koffer, Kinderwagen, Schlitten, Nähmaschinen, Fleischtöpfe und Silberbestecke an. Jetzt ging es nur noch darum, das nackte Leben zu retten.

Als schon alle Kabinen besetzt waren, schoben sich die Menschen über das hölzerne Fallreep ins Innere der „Gustloff". Man warf die Möbel heraus und schuf Matratzenlager. Da viele Schwangere an Bord kamen, entstand sogar eine Entbindungsstation. Allmählich waren auch die Gänge überfüllt. Die Besatzung hatte ein ungutes Gefühl dabei, denn alle Fluchtwege waren nun verstellt.

Auf dem Schiff gab es nur zwölf Rettungsboote, auf denen etwa 700 Personen Platz gefunden hätten. Die motorisierten Rettungsboote waren im Kriegseinsatz. Passagiere, die keinen Platz auf den Rettungsbooten gefunden hätten, mussten sich mit Schwimmwesten begnügen. Da schon lange kein Angriff feindlicher U-Boote erfolgt war, rechnete man nicht mit dieser Gefahr. Man musste sich mit der Abfahrt beeilen, da die Rote Armee immer näher kam. In wenigen Stunden hätten die Russen den Hafen erreichen können. Die Flüchtlinge wurden sehr nervös und drängten aufs Schiff. Längst nicht mehr alle waren registriert worden.

Da man einen erneuten Fliegerangriff befürchtete, mahnte der Korvettenkapitän zum Aufbruch. Am Abend des 29. Januar fiel die Entscheidung: Die *Gustloff* sollte am nächsten Tag auslaufen. Der Dampfer „Hansa" und dazu noch drei Geleitschiffe sollten sie begleiten und ihr die nötige Sicherheit geben. Aber an der Pier standen noch immer viele Menschen, darunter auch ich und meine Familie. Man sah, dass die Vorbereitungen zur Abfahrt schon beendet waren. Schreckliche Szenen spielten sich im Hafen ab. Wir standen ganz vorne in der Reihe und besaßen auch Schiffskarten. Für uns war klar, dass wir noch das Schiff besteigen würden.

Aber am Mittag des 30. Januar wurde die Verbindungstreppe zum Kai eingezogen. Die Matrosen trösteten die Wartenden und sagten ihnen, es käme gleich noch ein Schiff. Aber man ahnte, dass dies eine Lüge war. Ich schrie vor Verzweiflung auf, denn wir mussten uns sagen: Jetzt sind wir verloren! Die Russen werden uns mit ihren Kettenfahrzeugen niederwalzen. Der Geschützdonner und das Heulen der Stalinorgeln waren schon aus allernächster Nähe zu vernehmen.

Die „Gustloff" segelte ab, und wir blieben ratlos und fast ohnmächtig vor Wut und Angst am Pier stehen. Für viele Menschen wie auch für uns entschied sich in diesen Minuten das Schicksal zum Guten, aber noch war uns dies verborgen.

Es war so gegen 13 Uhr, als die eingefrorenen Trossen losgeschlagen wurden und vier Schlepper den Ozeanriesen aufs Meer hinauszogen. Plötzlich wurden die Schlepper langsamer, und die Gustloff blieb stehen. Ein kleines Motorschiff hatte seitlich angelegt und nahm noch einige Passagiere auf. Es waren etwa 10 000 Menschen an Bord. Doch dann ging die Fahrt weiter.

Auf der Ostsee herrschte hoher Wellengang. Es wurde kalt, und das Oberdeck war mit einer Eisschicht überzogen. Auf der „Gustloff" kehrte allmählich Ruhe ein. Die Menschen waren todmüde und von den Strapazen ausgemergelt. Auf der Entbindungsstation erholte sich eine junge Mutter gerade von der Geburt ihres Kindes. Drei weitere Babys hatten seit dem Auslaufen der

"Gustloff" das Licht der Welt erblickt. Eine schwangere Frau lag noch in den Wehen. Dann erschütterte gegen 21 Uhr 15 eine ohrenbetäubende Explosion das Schiff. Zwei weitere Explosionen folgten. Die Überlebenden werden den Augenblick nie vergessen, als plötzlich alles in Dunkel getaucht war. Der Besatzung war sofort klar: Das Schiff war von feindlichen Torpedos getroffen. In großen Mengen traten die Wassermassen in das aufgerissene Schiff. Das Vorderteil begann sofort zu sinken. Die Menschen fingen schrecklich an zu schreien. Furchtbare Szenen spielten sich ab. Über 9000 Menschen fanden in den eisigen Fluten den Tod. Nur etwa 1000 überlebten.

Wir hatten vom Hafen aus die Explosionen gehört und waren erschüttert. Zugleich aber erschien es uns wie ein Wunder, dass kurz vor uns die Schiffsbrücke hochgezogen worden war, und wir so vor dem Ertrinken bewahrt geblieben waren. Wir dankten Gott für unser Leben, waren aber auch zugleich traurig, wenn wir an das große Leid dachten, das Menschen widerfahren war. Seitdem ist mir das Wort aus Jesaja 43,2 bedeutsam geworden: „Wenn du durch Wasser gehst, will ich bei dir sein, dass dich die Ströme nicht sollen ersäufen; und so du ins Feuer gehst, sollst du nicht brennen, und die Flamme soll dich nicht versengen." Buchstäblich haben wir die Wahrheit dieses Gotteswortes erfahren. Wir hatten gedacht, es sei ein Verderben, dass wir nicht auf die „Gustloff" gelassen wurden, aber gerade das war unsere Rettung.

Mit einem Frachtschiff kam dann meine Familie nach Swinemünde. Auch diese Fahrt war für uns lebensbedrohlich. Über uns flogen oft die Bomber mit ihrer todbringenden Last, und unterwegs mussten wir verminte Gewässer passieren, bis wir den Hafen erreichten. Dann ging es auf dem Landweg weiter, und so gelangten wir zu einer Försterei. Dort richteten wir uns notdürftig ein. Anfang Mai wurde auch dieses Gebiet von den Russen eingenommen.

Für mich begann die schrecklichste Zeit meines Lebens. Mit zwei jungen Mädchen und einer Frau aus Hamburg, die noch ihr Kind bei sich hatte, saßen wir sechs Wochen in einem Versteck. Oben unter dem Dach hatte man meiner Mutter ein Zimmer zugewiesen. Durch eine Tür konnte man von hier aus in eine kleine Kammer gelangen. Darin stand nur ein Bett, auf dem wir uns abwechselnd ausruhen konnten. Die Tür wurde mit einem alten Kleiderschrank zugestellt. Die Türen und die Rückwand aber fehlten. Allerlei Gelump war in diesem Schrank verstaut, sodass nie jemand auf den Gedanken gekommen wäre, es könnte sich um einen Durchgang zu unserem Versteck handeln. Das kleine Fenster in unserem Verschlag hatten wir mit einer grauen Decke zugehängt. Unsere Notdurft verrichteten wir in einem Eimer, den meine Mutter alle zwei Tage leerte. Bei dieser Gelegenheit versorgte sie uns auch mit Lebensmitteln und frischem Wasser. Wenn die Russen Razzia machten und in das Zimmer unserer Mutter eindrangen, stöhnte sie immer laut auf und schrie: „Choroba! Choroba!" Das bedeutete so viel wie: „Ich bin krank! Ich bin krank!" Fluchtartig verließen dann die Soldaten die Dachkammer. Sie hatten immer schreckliche Angst vor ansteckenden Krankheiten. So blieben wir in unserem Versteck verschont. Mir kommt das einem Wunder gleich, dass wir sechs Wochen lang unentdeckt geblieben sind.

Über zweitausend russische Soldaten waren auf dem Gelände der Försterei einquartiert und haben uns doch nicht gefunden. Sie lag im Wald versteckt.

In dieser Zeit lernte ich ernstlich zu Gott beten, ja sogar auch leise zu ihm zu weinen, denn wir waren in ständiger Gefahr und durften nicht laut werden. Meine älteste Schwester und ihre Kinder waren nebst Gott unsere Hüter und versorgten uns mit dem Nötigsten in unserer Behausung. Warum haben uns die Russen nicht gefunden? Sie waren mit Blindheit geschlagen. Gott hat mein Stammeln gehört. Damals sagte ich in meinem kindlichen Unverstand: „Lieber Gott, wenn du mich und meine Schwester den Russen preisgibst, dann kann ich nicht mehr an dich glauben." Aber die vielen Gebete meiner Eltern haben uns bewahrt.

Kurz nach dieser Zeit starb mein Vater. Die Flucht im Januar 1945 hatte ihm alle Kraft geraubt. Sein letztes Gebet war die Bitte für alle seine Kinder, dass sie sich für Jesus entscheiden möchten, damit die ganze Familie im Himmel vereint sein könnte.

Ende November 1946 zeigte mir Gott einen Weg, wie es mit uns weitergehen könnte. Mit meiner schwer kranken Mutter und meiner Schwester mit ihren vier Kindern konnten wir mit einem Schlauchboot über die Lübecker Bucht den Sowjets entkommen. Einige Männer ruderten uns in den Westen hinüber, aber die Fahrt war lebensgefährlich. Beinahe wären wir alle ertrunken. Doch Gott machte sein Wort wahr und ließ uns sicher das rettende Ufer erreichen. Die bedrohenden Wasser konnten uns nichts anhaben. Wir landeten schließlich im verräucherten Kohlenpott bei unseren Verwandten. Eine christliche Gemeinde nahm uns auf, und wir fanden eine geistliche Heimat. Alle meine Geschwister trafen sich dort. Nur ein Bruder fehlte. Er war in Russland gefallen. Vaters Gebet war in Erfüllung gegangen, als alle Familienangehörigen zum Glauben an Gott kamen.

In meinem Versteck vor den Russen hatte ich ein Gelübde abgelegt. Das ließ mich jetzt nicht mehr zur Ruhe kommen. Ich hatte Gott versprochen, ihm mein Leben zur Verfügung zu stellen. Daran erinnerte er mich wieder in einer Stunde, als ich das Bibelwort vernahm: „Das Wort vom Kreuz ist eine Gotteskraft." Diese Kraft durfte ich auch für mich in Anspruch nehmen. Ich wollte sie in meinem Leben erfahren und meinem Gott dienen. Mir war klar: Jetzt ist Christus da und ruft mich. Aber da war meine schwer kranke Mutter, die ich pflegen musste. Durfte ich sie im Stich lassen? Mit diesem Gedanken wich ich Gott aus.

In Castrop-Rauxel wirkte eine Schwester mit Namen Johanna in der Gemeinde. Sie kam aus dem Mutterhaus Lemförde. Wie viel Hilfe haben wir von ihr empfangen! Sie betete auch immer für meine Familie. Als ich sah, wie diese Diakonisse ganz an Gott hingegeben ihren Dienst in der Gemeinde verrichtete, war mir klar, dass ich auch Diakonisse werden sollte. In mir vernahm ich eine Stimme: Dein Weg geht nach Lemförde ins Mutterhaus. Gott redete auch zu meiner Mutter und sie sagte: „Mein Kind, wenn es ums Geldverdienen ginge, ließe ich dich nicht ziehen. Ich brauche dich dringend. Aber wenn du Gott dienen willst, dann sollst du gehen. Gott wird für mich sorgen. Geh!" Ja, Mutter bestimmte sogar den Tag, an dem ich als junge Schwester eintreten durfte. Ich war frei und ging ins Mutterhaus, obwohl ich es noch nicht kannte. Ich hatte noch nie ein solches Diakonissenhaus von innen gesehen. Herzlich wurde ich begrüßt mit dem Satz: „Der Herr segne dich. Du bist uns ein Gottesgeschenk." Ich fühlte mich aber gar nicht wie eine wunderbare Gabe an das Mutterhaus, denn ich war ein verängstigtes, scheues, junges Mädchen. Aber dann wurde ich der Oberin vorgestellt, und die ganze Schwesternschaft begrüßte mich herzlich. Schwester Irmgard Wolf rief mir das Wort zu: „Gott spricht: Ich will dich mit meinen Augen leiten" (Psalm 32,8). Sie selbst hatte große Augen, mit denen sie mich liebevoll anschaute. So wurde mir diese Wahrheit auch dadurch kräftig unterstrichen.

Aber der Gedanke an meine Mutter focht mich mächtig an. Wie würde es ihr gehen? Das machte mir das Herz schwer. Direktor Dohne und die Oberin, Schwester Martha Vollmer, machten mir viel Mut. Ich war ja bloß ein armes Flüchtlingskind, das nichts hatte und auch nichts konnte. Alles war mir genommen: Heimat und Beruf. Mein erster Einsatz erfolgte im Garten. Hier sollte ich mich erholen, denn ich war von den Strapazen der Flucht sehr mitgenommen. Ich war oft zu schwach, um die Schubkarre zu fahren. Aber Schwester Barbara half mir, die Karre mit Mist aus dem Schweinestall herauszubefördern. Die Liebe meiner Mitschwester erleichterte mir das Einleben. „Ich werde einmal an dich denken, wenn ich Jubiläum feiere", sagte ich zu ihr in meiner kindlichen Art. Und heute blicke ich auf 40 Jahre Dienst für Gott zurück. Da will ich in großer Dankbarkeit an diese treue Schwester gedenken.

Mein Auftrag im Garten dauerte aber nicht lange an. Die Oberin holte mich an ihre Seite. Das war eine Umstellung für mich, wie sie stärker gar nicht hätte sein können. Ich sehe mich noch heute, wie ich in der Teeküche stand und mir die Tränen über meine Wangen rollten. Nie und nimmer würde ich diesen Platz gut ausfüllen. Wer war ich denn? Doch nur ein armseliges Flüchtlingskind. Schwester Erna fragte mich, warum ich denn weinte? Ich antwortete ihr: „Schweine füttern kann ich, aber eine Oberin gut zu versorgen, dazu fühle ich mich außerstande." Sie tröstete mich und antwortete mir: „Ja, wer gut Schweine füttern kann, der kann auch unsere Oberin satt machen." Das war aber doch ein gewaltiger Unterschied, und mir ist manchmal ein Schnitzer passiert. Zwischen den Gemächern einer Oberin und einem Schweinestall liegen doch Welten. Aber unsere Hausmutter war mir sehr wohlgesonnen und hat mir immer alle meine Fehler verziehen.

Eine große Bitte bewegte mich noch in meinem Herzen. Meine Mutter war sehr elend geworden. Ich hätte sie gerne noch einmal gesehen. Dieser Wunsch wurde mir erfüllt. Ich erhielt ein Telegramm, Mutter läge im Sterben. So fuhr ich zu ihr. Lebend traf ich sie noch an, aber sie war doch nahe an der Todesgrenze. Sie freute sich sehr, als sie mich so frisch und erholt vor sich sah, und war glücklich, dass es mir in Lemförde wohl erging. Wir konnten noch einiges Wesentliche miteinander besprechen. Dann beteten wir, und sie segnete mich für meinen Dienst als Diakonisse. Nach sieben Tagen wurde sie von ihrem langen, schweren Leiden erlöst und ging heim zu Gott. Der Segen Gottes blieb bei mir. Das habe ich mein ganzes Leben lang erfahren. Mein Onkel meinte zwar: „Wenn du es im Mutterhaus nicht mehr aushältst, kannst du zu mir kommen." Ich antwortete ihm: „Nein, niemals!" Bis heute bin ich eine fröhliche Diakonisse, und meine Geschwister bestätigen mir dies: „Helene, du hast das beste Teil erwählt." Das Wort der Bibel aus Lukas 9, 62 war mir in meinem ganzen Leben wichtig: „Wer seine Hand an den Pflug legt und sieht zurück, der ist nicht geschickt zum Reich Gottes."

Ein unglaubliches Weihnachtserleben

Ich hörte einmal eine Geschichte von R. Reid. Sie soll wahr sein und hat mir ausnehmend gut gefallen. Deshalb will ich sie nacherzählen.

Ein Pfarrer sollte eine neue Gemeinde in einem Vorort von Brooklyn übernehmen. Es war die erste Pfarrei für ihn. Hoffnungsfroh waren er und seine Frau dorthin gefahren, um den neuen Wirkungsbereich kennen zu lernen. Begeistert waren sie nicht von dem, was sie da vorfanden: Die Kirche war total heruntergekommen, und es war ihm und seiner Frau klar, dass ihnen viel Arbeit bevorstehen würde. Die Farbe an den Kirchenbänken war total abgeblättert, von den Wänden rieselte der Putz. Teilweise war er ganz heruntergefallen. Durch einige Fenster pfiff der Wind, und die Fliesen auf dem Fußboden wiesen Risse auf. Heiligabend sollte der erste Gottesdienst stattfinden. Bis dahin hatten sie alle Hände voll zu tun, um die Schäden zu beseitigen. Würde ihr Werk gelingen? Wirklich, sie wurden mit den Arbeiten fertig, und schon einige Tage vor dem Christfest erstrahlte alles in schönstem Glanz.

Aber, o weh, schon einen Tag später tobte ein heftiger Sturm. Er riss ein paar Ziegel vom Dach, und die starken Regenfälle ließen das Wasser an den Wänden herunterlaufen. Voller Entsetzen musste der Pfarrer erkennen, dass direkt hinter der Kanzel der Putz wieder abbröckelte. Was blieb ihm anderes übrig, als den Schmutz zu beseitigen und in der Kirche Ordnung zu schaffen! Konnte er hier überhaupt einen Weihnachtsgottesdienst halten? Wie ein großer Schandfleck nahm sich die Stelle über der Kanzel aus. Der Geistliche war recht niedergeschlagen. Als er auf dem Weg nach Hause war, musste er an einem Flohmarkt vorbeigehen. Der Erlös aus dem Verkauf dieser Sachen war für die Bedürftigen dieser Stadt bestimmt. Der Pfarrer schlenderte an den Ständen vorbei und schaute sich interessiert alles an. Eine wunderschöne, handgefertigte Tischdecke zog seine Aufmerksamkeit an. Sie war sehr gut gearbeitet und in der Mitte mit einem Kreuz bestickt. Diese Decke würde ausreichen, um den Fleck an der Wand zu verhüllen. Er kaufte sie sofort und ging wieder zur Kirche zurück.

Auf dem Weg dorthin begegnete er einer alten Dame. Ihr war der Bus vor der Nase weggefahren. So stand sie hilflos in der Kälte und fror mächtig. Der Pfarrer lud sie in die warme Kirche ein. Dort könne sie warten, bis der nächste Bus käme. Die alte Frau ruhte sich auf einer Kirchenbank aus und schaute dem Pastor zu, wie er sich sofort ans Werk machte und eine Leiter herbeiholte. Mit großem Geschick konnte er das wunderschöne Tuch an der Wand anbringen, das nun den abgebröckelten Verputz überdeckte. Plötzlich aber kam die alte Dame auf den Geistlichen zu. Sie war ganz aufgeregt und fragte: „Wo haben Sie diese Tischdecke erstanden? Wem hat sie gehört?"

Der Pfarrer stand Rede und Antwort. Daraufhin bat ihn die alte Dame, er möge doch an der unteren rechten Ecke der Decke nachsehen, ob dort ihre Initialen, EBG, eingestickt wären. Es stimmte. Mit einem Blick hatte er die Buchstaben erkannt. Vor 35 Jahren hatte die Dame diese Decke angefertigt. Damals wohnte sie in Österreich. Und dann erzählte die Frau dem Pastor ihre Lebensgeschichte.

Mit ihrem Mann hatte sie in diesem herrlichen Land der hohen Berge gewohnt. Aber mit dem Einzug der Nationalsozialisten musste sie ihre Heimat schnellstens verlassen. Ihr Mann wollte ein paar Tage später nachkommen. Aber das Unglück geschah: Die Nazis nahmen ihn fest und kerkerten ihn ein. Nie mehr sah sie ihren Mann und die Heimat wieder. Der Pastor war von ihren Worten bewegt und wollte ihr das Tuch wiedergeben. Sie aber lehnte sein Ansinnen ab. Für die Kirche würde sie dieses Opfer gerne bringen. Der Pfarrer dankte ihr und bot sich an, die alte Dame mit dem Auto nach Hause zu fahren.

Der Heiligabend wurde zu einem herrlichen Fest. Die Bänke in der Kirche waren voll besetzt. Die Predigt und die Chormusik erfreuten die Herzen der Menschen. Wie im Flug verging diese gottesdienstliche Feier. Zum Schluss verabschiedete der Pfarrer seine Zuhörer und wünschte ihnen gesegnete Festtage. Nachdem die Kirche leer geworden war, blieb nur noch ein älterer Herr in der Kirchenbank sitzen. Mit andächtigem Sinn betrachtete er das schöne Tuch. Schließlich fragte er den Pastor: „Wo haben Sie dieses wertvolle Stück her, das dort an der Wand hängt? Es ähnelt sehr einer Tischdecke, die meine Frau gestickt hat. Damals lebten wir noch in Österreich. Ist es möglich, dass es zwei so gleiche Tischdecken gibt?"

Er berichtete dann vom Einmarsch der Nazis in Österreich und erzählte weiter: „Meine Frau habe ich dazu bewegen können, schnell zu fliehen. Ich wollte ihr kurz danach folgen, aber es war schon zu spät. Ich wurde von der Gestapo verhaftet und landete im KZ. Meine Frau habe ich seitdem nie mehr wiedergesehen."

Die Augen des Pastors wurden immer größer. Sollte wirklich in dieser heiligen Nacht ein Wunder geschehen? Er brachte den alten Herrn zu der Wohnung der Frau. Sie hatte ein Appartement in der dritten Etage gemietet. Er klopfte an die Tür. Die alte Dame öffnete, schaute dem späten Besuch in die Augen und erkannte ihren Mann. Beide fielen sich in die Arme. Es war ein ergreifendes Wiedersehen nach 35 Jahren.

Ach, was hatten sie sich nicht alles zu erzählen von Flucht und Vertreibung, von Hunger und Kälte, von KZ-Haft und Todesgrauen, von Verzweiflung und Hoffnungslosigkeit.

Aber nun hatten sie sich wiedergefunden.

Ihre Umarmung war wie ein weiter, wärmender Mantel, der ihre Seele fröhlich stimmte. In dieser heiligen Nacht war natürlich an Schlaf nicht zu denken. Ihre Herzen waren bewegt. Aber die Erinnerung an all das Schwere und Bedrohliche grub sich nicht wie ein hässlicher, verletzender Stachel in ihr Innerstes, sondern wurde ihnen zu einer tiefen stillen Freude. Ihnen blieb nur der Dank Gott gegenüber, dass sie sich wiedergefunden hatten. Ihre schmerzenden Wunden durften heilen. Eine außergewöhnliche Versöhnung an Heiligabend.

Erinnerungen von Fritz Vincken

In den Ardennen tobte 1944 der Krieg und forderte seinen Tribut. An eine friedvolle, ruhige, feierliche Heilige Nacht war nicht zu denken. Unerbittlich bekämpften sich die feindlichen Heere.

Ich war mit meiner Mutter allein zu Hause. Wir wohnten versteckt in einem kleinen Häuschen in den Ardennen ganz in der Nähe der deutsch-belgischen Grenze. Wir hatten uns in Vaters Jagdhaus niedergelassen, das er früher an den Wochenenden benutzt hatte, wenn er in den Wäldern das Wild erlegte. Seit das Leben in Aachen durch die Bombenangriffe immer gefährlicher geworden war, war es besser für uns, in diese Hütte zu ziehen. Vater selbst war beim Luftschutz eingeteilt und so unabkömmlich.

„Dort in den Wäldern wird euch nichts passieren", hatte er mir noch zugerufen, als wir uns auf den Weg machten. „Pass nur gut auf Mutter auf! Du bist jetzt schon ein Mann und musst mich vertreten."

Noch einmal hatte die deutsche Truppe unter Generalfeldmarschall von Rundstedt verzweifelt versucht, die deutsche Ehre zu retten und den Feind zurückzuschlagen. Die letzte Offensive des deutschen Militärs in diesem Zweiten Weltkrieg hatte begonnen.

Wir wollten uns gerade zu Tisch setzen, da klopfte es plötzlich an der Tür. Mutter löschte schnell die Kerzen. Dann stieß sie die Tür auf. Draußen standen im verschneiten Tannenwald zwei Männer. Auf dem Kopf trugen sie noch den Stahlhelm. Einer von ihnen sprach meine Mutter an. Sie aber konnte seine Worte nicht verstehen. Er deutete auf einen dritten Soldaten, der im Schnee lag. Mutter begriff sofort, dass es sich um drei Amerikaner handelte. Also um unsere Feinde!

Sprachlos stand Mutter vor ihnen. Die Hand hatte sie auf meine Schulter gelegt. Sie war ganz starr vor Entsetzen, denn die Männer waren schwer bewaffnet.

Aber auch sie rührten sich nicht von der Stelle. Nur mit den Augen taten sie ihre Bitte kund. Der verwundete Soldat lag auf der Erde. Unter ihm färbte sich der Schnee rot vor Blut. Dieser Corporal war mehr tot als lebendig.

„Bitte", sagte Mutter jetzt und deutete mit einer Handbewegung an, dass sie ins Häuschen kommen sollten. So trugen die beiden Soldaten ihren Kameraden in die kleine Stube und legten ihn auf mein Bett. Eine Verständigung war nicht möglich. Erst als Mutter Französisch sprach, verstand einer von ihnen ihre Worte. „Junge, zieh den Männern die Jacken aus und hilf ihnen aus ihren Stiefeln! Du siehst ja, dass ihre Finger total steif sind. Und dann geh hinaus ins Freie und hol einen Eimer Schnee herein!" Ich ließ mir diesen Auftrag nicht zweimal geben, sondern begann sofort damit, die schon fast blau gefrorenen Finger und Zehen mit Schnee zu reiben. Der Dicke mit dem schwarzen Haar hieß Jim, und sein Freund, der groß und schlank war, hieß Robin. Harry, der Verwundete, war in meinem Bett vor Erschöpfung eingeschlafen. Sein Gesicht war fast so weiß wie der Schnee in meinem Eimer. Diese drei Soldaten hatten den Kontakt zu ihrer Truppe verloren und waren nun schon zwei Tage in den Wäldern der Ardennen herumgeirrt. Die Angst, von den deutschen Landsern entdeckt zu werden, war ihnen in ihre unrasierten Gesichter geschrieben. Als sie ihre schweren Mäntel ausgezogen hatten, und wir ihnen in die Augen schauten, sahen sie nicht viel älter aus als ich mit meinen 14 Jahren. So ging auch Mutter mit ihnen um.

„Geh in den Hühnerstall", befahl sie mir, „und hol Hermann. Bring auch noch ein paar Kartoffeln aus dem Keller mit." „Hermann" war unser Hahn, den Mutter gut gemästet hatte. Seinen Namen hatte er nach Hermann Göring bekommen, für den Mutter nicht viel übrig hatte.

Wir hatten gehofft, Vater würde zu Weihnachten herkommen und uns besuchen. Aber dieser Wunsch ging nicht in Erfüllung. Er würde in Aachen dringend gebraucht, denn die Bombenangriffe nähmen auf das Weihnachtsfest keine Rücksicht, so hatte er es uns mitgeteilt. Hermann musste nun weiter gefüttert werden. Vielleicht würde ja Vater zu Silvester unser Gast sein. Nun aber hatte Mutter ihren Plan geändert. Hermann musste sofort ans Messer geliefert werden. Jim und ich halfen Mutter in der

Küche beim Richten des Festmahls. Es war ja Heiligabend. Robin versorgte Harrys Wunde, an der er fast verblutet wäre. Dazu hatte ihm Mutter ein sauberes Leintuch gegeben, das sie in Stücke gerissen hatte. Die Streifen dienten als Verbandszeug für den Streifschuss.

In der Küche brutzelte schon der Hahn in der Pfanne. Der Duft von Gebratenem durchzog die Wohnung. Ich deckte den Tisch.

Plötzlich klopfte es wieder an der Tür. Ich glaubte, dass draußen noch mehr verirrte Amerikaner stehen würden, und öffnete ohne zu zögern. Aber, o Schreck, vor der Tür standen vier deutsche Soldaten. Ihre Uniformen waren mir wohl vertraut. Wie gelähmt blieb ich an der Tür stehen. Ich war noch ein Junge, aber ich wusste, welche Folgen es hatte, wenn man feindlichen Soldaten Unterschlupf gewährte. Das wurde als Landesverrat geahndet und konnte mit dem Tod durch Erschießen bestraft werden. Meine Mutter war auch sehr erschrocken. Ihr Gesicht war kreidebleich, aber sie nahm allen Mut zusammen und begrüßte die Soldaten. Sie zwang sich dazu, Ruhe zu bewahren, und sagte: „Fröhliche Weihnachten!"

Die Soldaten erwiderten ihren Gruß und fragten: „Können Sie uns eine Bleibe gewähren? Wir haben unsere Einheit im Kriegsgewühl verloren. Dürfen wir hereinkommen?" Mit vorgetäuschter Ruhe sagte unsere Mutter: „Aber ja! Ich lade Sie auch gleich zu Tisch. Heute ist Weihnachten, und wir haben allen Grund, uns zu freuen. Christus wurde geboren."

Die Soldaten freuten sich und sogen den Duft des Gebratenen in die Nase ein. „Aber", fuhr Mutter fort, „wir haben noch drei Gäste. Sie sind sicher keine Freunde von Ihnen." Energisch fügte sie noch hinzu: „Heute ist Heilige Nacht, und hier wird nicht geschossen!"

„Wen haben Sie denn zu Gast?", fragte der Unteroffizier. „Etwa Amerikaner?"

Die Gesichter der Soldaten erstarrten.

„Also, ihr könntet meine Söhne sein. Einer von meinen Gästen ist schwer verwundet und kämpft um sein Leben. Seine beiden Kameraden haben sich auch im Getümmel des Krieges verirrt wie ihr. Aber in dieser Heiligen Nacht wird nicht getötet. Ist das klar?", unterstrich sie ihren Befehl mit energischer Stimme. „Es ist schon zu viel Blut geflossen."

Plötzlich herrschte Schweigen. Dann aber klatschte Mutter in die Hände: „Schluss mit den langen Redereien! Legen Sie Ihre Waffen ab und kommen Sie schnell zu Tisch, sonst essen Ihnen die anderen Besucher alles auf."

Noch ganz benommen von dem, was sie eben gehört hatten, legten die vier Soldaten ihre zwei Pistolen, drei Karabiner, ein leichtes Maschinengewehr und zwei Panzerfäuste auf die große Holzkiste.

Indessen sprach Mutter mit Jim auf Französisch. Mich wunderte es etwas, als auch die Amerikaner ihre Waffen an Mutter abgaben. Etwas verlegen standen Schulter an Schulter die Deutschen und die Amerikaner in unserer Stube. Mutter war ganz in ihrem Element. Sie sorgte für Sitzplätze, indem sie noch das eine Bett an den Tisch schob. Dann verschwand sie in der Küche. Ich folgte ihr, und sie rief mir zu: „Los, hol mal ein paar Kartoffeln und zwei Weckgläser mit Bohnen aus dem Keller. Unsere Männer müssen satt werden, sonst sind sie reizbar. Ihr Magen darf nicht knurren."

Ich plünderte unseren Vorratsraum. Als ich wieder in der Küche war, hörte ich Harry laut stöhnen. Ein Deutscher hatte sich über ihn gebeugt und untersuchte seine Schusswunde. „Sind Sie Sanitäter?", fragte ihn Mutter.

„Nein, das nicht, aber ich habe einige Semester Medizin in Heidelberg studiert. Harrys Wunde ist recht tief, aber sie wurde wegen der Kälte noch nicht infiziert. Ich werde den Verband erneuern. Wichtig ist aber, dass er gut isst und ausgiebig schläft."

Zwei der deutschen Soldaten, Jürgen und Klaus, waren gerade erst 16 Jahre alt. Sie stammten aus Köln. Der Unteroffizier war 23 Jahre alt. Aus seinem Brotbeutel holte er eine Flasche Rotwein und einen Laib Schwarzbrot. Der größte Teil des Weines sollte für den Verwundeten reserviert werden. Als alle am Tisch Platz genommen hatte, sprach Mutter das Tischgebet. Sie hatte Tränen in den Augen, als sie Jesus als den liebsten Gast in ihre Mitte einlud. Auch die Augen der Soldaten wurden feucht. Sie kamen mir vor wie große Buben, die einen aus Amerika, die anderen aus Deutschland. Alle waren sie in der Fremde.

Gegen Mitternacht gingen wir vor die Tür und beobachteten gemeinsam den Himmel. Wir suchten den Stern von Bethlehem. Je länger wir den Himmel betrachteten, desto mehr Sterne leuchteten auf.

Friedlich standen Freund und Feind unter dem glänzenden Firmament. Nur Harry lag gut versorgt im Bett und schlief. Kanonendonner und Bombenhagel waren vergessen. Nur Sirius, der hellste Stern am Himmel, fesselte unsere Blicke.

Dann suchte sich jeder ein Plätzchen im Haus, wo er sich für den Rest der Nacht ausruhen konnte. Unser persönlicher Friedensschluss hielt an.

Am nächsten Morgen quirlte Mutter aus unserem letzten Ei, Rotwein und Zucker einen kräftigenden Trunk für Harry. Die anderen aßen Haferflocken mit Milch. Dann wurde aus zwei Stöcken und Mutters Leinentischdecke eine Tragbahre für den Verwundeten gebaut. Der Unteroffizier beugte sich über eine Karte und zeigte den Amerikanern, wie sie zu ihrer Truppe zurückfinden könnten. „ihr müsst euch immer an diesem Flusslauf orientieren. Dann trefft ihr mit eurer Einheit zusammen."

Jeder schulterte dann wieder seine Waffen, und nachdem sie sich die Hand gegeben hatten, verschwanden sie in entgegengesetzter Richtung.

„Geht mit Gott!", rief Mutter ihnen noch nach. Dann zog sie sich in die warme Stube zurück. Sie holte sich die große Familienbibel aus dem Schrank und las die Geschichte von der Geburt des Jesuskindes. An einer Stelle blieb sie hängen. Das war, als ihr Finger über die Zeile huschte: „... und sie zogen über einen anderen Weg wieder in ihr Land".

Flutkatastrophe in Lorenzkirch

Lustig sieht es in unserer Wohnung aus, fast so wie in einem Elektroladen. Soll ich aufzählen, was sich in unseren Zimmern, auf der Diele und in den Fluren alles angesammelt hat? Da stehen Elektrokocher, Kaffeemaschinen, Telefone, Heizkissen, Radios, Backröhren, Mikrowellen, Föhne, Bügeleisen, Rasierapparate, Eierkocher, Brotmaschinen, Mixer und noch viele andere nützliche Kleingeräte. Neben unserm Telefon liegt ein Zettel, auf dem ich alle Anrufe notiere, die mich erreichen. Ich habe in diesen Tagen in jeder Weise ein „einnehmendes" Wesen. Was hat mich bewogen, so viele Elektrogeräte zu sammeln?

Mitte August brach eine schreckliche Flutwelle über weite Teile von Sachsen, Sachsen-Anhalt, Mecklenburg und Niedersachsen herein. Die Elbe, die Mulde und eine Reihe anderer kleiner Flüsschen, vor allen Dingen im Erzgebirge, traten über die Ufer. Es fiel so viel Regen vom Himmel, wie es die Bewohner in dieser Region zuvor noch nicht erlebt hatten. Die Medien sprachen sogar von einer Sintflut und fürchteten sich vor dem Gericht Gottes. Fruchtbare Ländereien, Städte und Dörfer wurden unter Wasser gesetzt. Die Fluten entwickelten eine solche Kraft, dass sie Eisenbahnschienen, Brücken, Straßen und alles, was sich ihnen entgegenstellte, mit sich rissen. Ich habe im Fernsehen Bilder gesehen, wo ganze Häuser und Autos auf den Wellen tanzten und dann untergingen. Tote waren zu beklagen und Zigtausende mussten aus ihren Wohnungen evakuiert werden. Helikopter waren ständig im Einsatz, um die Bewohner, die sich auf die Dächer und Balkone geflüchtet hatten, zu retten. Wochenlang berichteten die Medien von dieser Katastrophe schrecklichen Ausmaßes. Spendenaufrufe vom Roten Kreuz, der Caritas und dem Diakonischen Werk drangen über den Äther in unsere Wohnstuben. Eine Welle der Hilfsbereitschaft setzte ein. Sportvereine spendeten die Rieseneinnahmen der Bundesligaspiele. Sänger organisierten Benefizveranstaltungen. In der Stadt Grimma, wo die Flut besonders grausam gewütet hatte, gab der Thomanerchor aus Leipzig ein Konzert und ließ den Erlös den Opfern zugute kommen. Noch nie war die Opferbereitschaft in Deutschland so groß wie bei dieser Katastrophe im August 2002. Hamburg beispielsweise, die Partnerstadt von Dresden, sammelte 11 Millionen Euro für die Flutgeschädigten. Das ist eine Riesensumme. Der Schauspieler Wolfgang Stumpf, der im Fernsehen den Kommissar Stubbe spielt, setzte sich für diese Spendenaktion besonders ein. Viele freiwillige Helfer und sogar die Bundeswehr stellten sich zur Verfügung. Jeder, der zur Arbeit fähig war und helfen wollte, füllte Sandsäcke und schleppte sie zu den Deichen, um sie zu stabilisieren und noch größere Schäden zu vermeiden.

In meiner persönlichen Andacht am Montagmorgen las ich Lukas 3,10-11: „Und das Volk fragte Johannes den Täufer und sprach: Was sollen wir denn tun?

Er antwortete und sprach zu ihnen: Wer zwei Röcke hat, der gebe dem, der keinen hat; und wer Speise hat, tue auch also."

Mir ging die Not der Menschen im Osten unter die Haut. Ich überlegte mit meinem Mann, wo wir von unserm Überfluss Geldgaben weiterreichen könnten, damit keiner hungert und friert. Unsere Gedanken gingen nach Lorenzkirch, einem kleinen Ort, der direkt an der Elbe liegt. Mehrmals schon durfte ich Gast in diesem Ort sein und das Evangelium verkündigen. Wie mochte es den Gemeindegliedern ergehen? Auf Umwegen erreichte ich die Pfarrerin über das Handy. Die Lage dort war erschütternd. Seit Mittwoch, dem 21. August, waren die Bewohner evakuiert worden. Mitten in der Nacht wurden sie aus dem Schlaf gerissen und mussten mit nur wenigem Handgepäck vor den Fluten fliehen. Lorenzkirch mit seinen drei Filialgemeinden liegt am tiefsten Punkt der Elbe in Sachsen. Die Häuser standen alle unter Wasser, manche bis unter die Dachkante. Die vier Kirchen, die gerade erst nach der Wende renoviert wurden, wurden stark von der meterhohen Flut in Mitleidenschaft gezogen. Viele Bewohner verloren in nur wenigen Stunden all ihr Hab und Gut. Vom gegenüberliegenden Dorf Strehla aus beobachteten die Leute nun, wie das Wasser ständig anstieg. So schrieb die Pfarrerin in einem Aufruf: „Der verderbenden Wasserflut gilt es eine Welle der Liebe und Hilfsbereitschaft entgegenzusetzen."

Da wurde ich wieder an meinen Bibeltext erinnert. Mein Mann überwies einen größeren Betrag vom Sparbuch auf das neu eingerichtete Spendenkonto. Dabei unterlief uns sogar noch ein kleines „Missgeschick". Beim Ausfüllen des Zahlscheins sprach ich von DM, und mein Mann trug den Betrag in Euro ein. Wir merkten den Irrtum, lachten aber und wollten nichts mehr korrigieren. Also landete das Doppelte auf dem Spendenkonto.

Auf meine Frage, wie wir außer mit Geld sonst noch helfen könnten, bat mich die Pfarrerin um Elektrogeräte, damit die Geschädigten sich wieder etwas kochen könnten. Außerdem müssten sie waschen, bügeln, und sie brauchten auch Telefone; denn das Wasser hatte alles zerstört. Mit Kleidern wurden die Opfer von den umliegenden Orten, die verschont geblieben waren, fürs Erste versorgt.

Also machen wir uns ans Werk. Ich entwarf einen kurzen Spendenaufruf und ließ 200 Fotokopien anfertigen. Mein Mann und unsere Enkeltochter Christine verteilten die Zettel in unserer Umgebung.

Natürlich war mir etwas bange vor der Aktion, denn wer bettelt schon gerne! Aber die Reaktion in unserem Wohnviertel war ermutigend. Eine Frau, die mein Mann in ihrem Garten ansprach, holte gleich eine neue Kaffeemaschine aus ihrem Schrank und drückte sie ihm in die Hand. Sie besäße nämlich zwei und könnte gut auf eine verzichten.

Nur wenige Stunden später lief unser Telefon heiß, und der erste Spender klingelte an der Haustür. Meine Aufgabe war es, die funktionstüchtigen Geräte in Empfang zu nehmen und gut zu verpacken. Ich rief die Spedition Schneider und Heppe an und bat sie, mir für die Flutopfergeschädigten gebrauchte Umzugskartons zur Verfügung zu stellen. Als ich mich für ihre Hilfsbereitschaft bedanken wollte, wehrte der Geschäftsführer mit den Worten ab: „Wir freuen uns, dass wir Ihnen ein klein wenig helfen können."

Immer mehr Menschen standen mit guten Geräten vor unserer Tür. Außerdem hatte ich eine Reihe Kühlschränke, Herde und Waschmaschinen notiert, die wir noch bei den Gebern stehen ließen, bis ich wusste, wie wir den Transport nach drüben bewerkstelligen könnten. Ein Kleinlaster reichte nicht mehr aus, und einen großen Laster konnte mein Mann nicht steuern. Also betete ich um eine gute Lösung.

Von einem jungen Mann, der mir einen Tauchsieder brachte, erhielt ich einen guten Tipp: „Rufen Sie die Firma Integral an. Vielleicht spendiert Ihnen dieses Recycling-Zentrum einige brauchbare Geräte, denn im Elbegebiet ist doch jeder Herd, jeder Kühlschrank und jede Waschmaschine von Nutzen."

Ich ließ mich mit der Geschäftsführung verbinden und trug ihr mein Anliegen vor.

„Das passt aber gut, dass Sie bei uns anrufen", sagte die Chefin. „Wir sind eben in der Geschäftsleitung zusammengetroffen und beraten, wie wir einen Katastropheneinsatz leisten könnten. Etwa zwanzig Waschmaschinen, Herde, Kühlschränke könnten wir zur Verfügung stellen. Dürfen wir uns Ihrer Aktion anschließen?"

Nichts war mir lieber als dies. „Und wie bekomme ich die teuren Güter nach Lorenzkirch?", war meine Frage an die Chefin.

„Na, das lassen Sie getrost unsere Sorge sein. Wir stellen einen Großlaster mit zwei Fahrern zur Verfügung. Die Kartons mit Kleingeräten können dann dazugeladen werden."

Mir plumpste ein schwerer Stein vom Herzen. „Gott, du bist so wunderbar. Schritt um Schritt kümmerst du dich selbst um unser Anliegen und schaffst Lösungen, wie sie besser gar nicht sein könnten", dankte ich meinem Herrn, zu dem ich in diesen Tagen schon viele Stoßgebete gen Himmel geschickt hatte, denn die Menschen im Überschwemmungsgebiet brauchten dringend Hilfe. Da wir nun ein solch großes Fahrzeug zur Verfügung hatten, machte ich mein Anliegen noch mit einem Artikel in unserer Tageszeitung bekannt. Der Strom der Spender riss nicht mehr ab. Zum Teil waren es sogar nagelneue Geräte, die uns gebracht wurden. Da wurde ein Ehepaar mit einer Kaffeemaschine zur Goldenen Hochzeit bedacht, obwohl es gar keinen Kaffee mehr trinken darf. Also landete das Gerät bei uns. Ein junges Paar bekam zur Hochzeit gleich drei Bügeleisen geschenkt und überließ uns davon zwei. Eine Dame bat uns, eine ganze Küche abholen zu lassen. Sie stammte noch von der Schwiegermutter, die vor kurzem verstorben war. Die Küche war fast neu.

Am 28. August konnte dann der Transport gestartet werden. Er landete unbeschadet, von unseren Gebeten begleitet, am Zielort. Voller Erwartung wurde der Laster abgeladen und brachte viel Freude und neue Hoffnung für die Bewohner von Lorenzkirch. Hier wurde ein Zeichen gesetzt: Die Flutopfer sind nicht vergessen.

Und dann überraschte uns Gott noch einmal. Ein älteres Ehepaar hatte zwei Bügeleisen und eine Kaffeemaschine gebracht und erzählte: „Wir haben nun das biblische Alter bei weitem überschritten und sind übereingekommen, das Autofahren einzustellen. Wir möchten unsern Golf nach Lorenzkirch abgeben. Er ist noch in gutem Zustand; denn wir sind nicht so viel mit ihm gefahren. Sehen Sie eine Möglichkeit, das Fahrzeug dorthin zu bringen?"

Das war die größte Gabe in unserer Aktion. Wir waren davon total überwältigt. „Wenn Gott ein Auto schenkt, dann gibt er einen Fahrer dazu. Gott ist nicht knauserig", musste ich denken.

Beim Abendessen erklärte mir mein Mann: „Den Wagen fahre ich nach Lorenzkirch. Die strahlenden Augen der Pfarrerin möchte ich gerne sehen."

Und dann kam es doch ganz anders. Eine Christin nahm an einem Kongress hier in Marburg teil. Sie erklärte sich bereit, das Auto mit nach Lorenzkirch zu nehmen. Die Freude war groß. Gott entdeckt uns immer neue Möglichkeiten seiner Hilfe.

Mit Wünschen und Erwartungen leben

Haben Sie Wünsche für Ihr Leben, lieber Leser? Stellen Sie Erwartungen an sich selbst und an Ihre Mitmenschen? Ich bin eine Frau, die mit vielen Wünschen schwanger geht und Erwartungen an das Dasein hat. Einer meiner größten Wünsche war, einen Bauernhof zu besitzen. Er müsste nicht groß, aber ganz mein Eigen sein. Als ich einen Theologen heiratete, zerplatzte dieser Wunsch wie eine Seifenblase. Nur ein Garten ist mir geblieben, und noch heute wallt das Bauernblut in meinen Adern. Wenn mir die Sonne auf den Rücken scheint, ich die Erde in meinen Händen verspüre und die Saat durch meine Finger rinnt, bin ich glücklich. Frühling, die Zeit des Säens, und Herbst, die Zeit des Erntens, gehören für mich zu den schönsten Jahreszeiten.

Sie, meine lieben Leser, werden andere Wünsche und Erwartungen haben, und unser Begehren ist so zahlreich, wie wir Menschen sind. Das hängt mit unserer Herkunft, mit unserer Veranlagung und mit unserem Temperament zusammen. Ich bin ein Mensch, der sich gerne etwas vornimmt und dann seine Pläne jetzt und sofort verwirklicht sehen will. Diese Haltung bringt mich oft in Konflikte, und Geduld ist eine Gabe, die mir nicht in die Wiege gelegt wurde. Das Leben lehrt mich, meine Erwartungen herunterzuschrauben und behutsamer zu werden.

Aber es ist auch unbedingt nötig, dass wir ermutigende Erwartungen haben. Unsere Persönlichkeit kann sich nur da entfalten, wo wir uns Ziele stecken und Lebensperspektiven entwickeln.

In dieser Beziehung bin ich meinem Vater sehr dankbar. Er hat mir immer viel zugetraut, mir ein gesundes Selbstbewusstsein vermittelt und meine Unternehmungslust gefördert. Ein kleines Beispiel soll dies verdeutlichen. Auf unserm Gutshof gab es einen Teich. Im Sommer schwammen die Enten und Gänse darauf herum, und wir Kinder planschten im Wasser. Im Winter war der Teich zugefroren, und wir konnten auf dem Eis schliddern. Das war eine wahre Lust. An einem Nachmittag vergnügte ich mich auf dem Eis. Mein Onkel und mein Vater beobachteten mich bei meinem Spiel. Ich hörte, wie mein Onkel sagte: „Na,

Albert, hast du keine Angst, dass das Kind einbricht? Das Wasser ist noch nicht tief genug gefroren."

Die Antwort meines Vater klingt mir heute noch in den Ohren: „Meine Lotte weiß, was sie tut."

Ich vernahm gerade noch dieses Lob, und schon krachte das Eis. Ich versank bis zu den Hüften im eiskalten Wasser. Aber ich konnte mich vorsichtig aufs Eis schieben und so das rettende Ufer erreichen. Doch die Worte meines Vaters sind mir im Gedächtnis geblieben. Aus ihnen klang ein großes Vertrauen zu mir. Auch wenn ich hier die Situation völlig falsch eingeschätzt hatte und in den Fluten hätte ertrinken können, so wusste ich doch: Mein Vater hält große Stücke auf mich. Er ist davon überzeugt, dass ich das Leben meistere. Ich hatte einen Vater, der sich selbst viel abverlangte und sich große Ziele setzte. Er wollte auch uns Kinder zu lebenstüchtigen Menschen erziehen. Ich hatte bei meinem Vater das Gefühl: Ich kann mich auf ihn verlassen, er ist stark. Wenn mein Vater in meiner Nähe ist, dann kann mir nichts passieren. Mein Vater vertraut mir auch und rechnet damit, dass ich die Herausforderungen, die an mich gestellt werden, meistere, auch wenn es dabei mal Pannen gibt. Sie dürfen mich nicht aus der Bahn werfen.

Es ist schon ein Vorrecht, starke Eltern zu haben. Sie geben den Kindern Lebensmut und vermitteln Geborgenheit. So hat mein Vater mir vertraut, und ich durfte auch mit seiner Stärke rechnen.

Wir sind in unserer Familie durch schwere Wegführungen erschüttert worden, aber der Lebensmut wurde dadurch nicht gebrochen. Zweimal haben wir unser Vermögen verloren. Auf der Flucht vor den Russen gerieten wir in Todesnot. Wir mussten mit ansehen, wie unser Geschwisterchen auf der Flucht geboren wurde und vor Hunger gleich wieder starb. Aber wenn ich auf dem offenen Kastenwagen neben meinem Vater saß und mich in seinen Schafspelz kuschelte, dann legte er seinen Arm um mich, schaute mich an und vermittelte mir viel Verstehen, Wärme und Geborgenheit.

Es gab nur zwei Situationen, in denen ich meinen Vater in seiner Schwäche erlebte, und darüber war ich sehr erschrocken.

Ich spielte im Schlafzimmer meiner Eltern und saß auf einem Teppich hinter ihren Betten. Plötzlich betrat mein Vater das Zimmer – er hatte mich nicht bemerkt – stützte sich mit einem Arm am Kachelofen ab und fing bitterlich an zu weinen. Ja, er wurde regelrecht von einem Heulkrampf geschüttelt. Angst überkam mich. Ich blieb ganz still sitzen. Ich hatte meinen Vater noch nie zuvor weinend gesehen und war ganz bestürzt. An diesem Tag hatte mein Vater die Nachricht erhalten, dass sein jüngster Bruder in Russland vermisst sei.

Die zweite Situation ereignete sich viele Jahre später. Bei einem Zugunglück war meine Schwester schwer verletzt worden. Sie hat als Einzige den Zusammenstoß zweier Züge überlebt, aber ihre Wunden waren lebensgefährlich. Die Beine waren total abgequetscht worden. Mein Mann und ich waren ins Krankenhaus zu meiner Schwester gefahren und unterrichteten anschließend meine Eltern, wie ernst es um sie stand. Mein Vater stand mir kreidebleich gegenüber, er sagte kein Wort zu mir. Schweigend ging er ein Stockwerk höher und versuchte, weiter seiner Arbeit beim Fensterstreichen nachzukommen. Ich verstand nicht, wie man nach so einer Nachricht noch Fenster streichen kann. Aber dieser Unfall hatte meinen Vater in einen Schock versetzt. Sprachlos war er vor Gram und Schmerz geworden.

Wer um die starken Seiten eines Menschen weiß, kann dann auch seine Schwäche, Ohnmacht und Hilflosigkeit annehmen. Aber ich habe nie über diese notvollen Situationen mit meinem Vater reden können.

Aber ich will ja vor allen Dingen von frohen, Mut machenden Erwartungen berichten. Wie sehr helfen wir unseren Kindern, wenn wir ihnen Stück um Stück stärkere Belastungen zutrauen. Ich habe schon früh versucht, meine Kinder zur Selbständigkeit zu erziehen. Gottfried war sechs Jahre alt. Wir waren in einen neuen Wohnort umgezogen, und ich suchte dringend einen Bauern, bei dem ich Milch und Eier für unsere große Familie kaufen konnte. So drückte ich ihm ein Kännchen, einen Korb und ein Portemonnaie in die Hand. „Gottfried, schau dich hier in dem Dorf um, wo du auf einem Hof einen Misthaufen und Hühner siehst. Du gehst dann ins Haus und sagst: Ich heiße Gottfried

Bormuth, meine Mutter fragt, ob Sie Milch und Eier verkaufen. Hier ist das Geld." Eine Viertelstunde später hüpfte unser Sohn fröhlich in die Küche. Er hatte zehn Eier und einen Liter Milch gekauft. Dass zwei Eier zu Bruch gegangen waren und auch etwas Milch verschüttet war, störte mich weniger. Mein Sohn hatte seine Aufgabe bestanden. Meine Erwartungen an ihn waren erfüllt worden. Stolz regte sich in seinem Gemüt, dass er eine so nette Bäuerin gefunden hatte. Solange wir in dem Ort wohnten, hat Gottfried uns mit Eiern und Milch versorgt. Jeden Sonntag rechnete er mit der Bäuerin ab. Er bezahlte die Milch und die Eier und erhielt dann immer ein Stück Kuchen, einen Apfel oder eine kleine Tafel Schokolade. Seine Geschwister wollten ihm diesen lukrativen Job gerne abnehmen, aber diese Aufgabe hat er nie mehr aus der Hand gegeben.

Das Leben wäre so schön, wenn es nur nicht so viele unerfüllte Erwartungen gäbe!

Das kennen wir doch alle, dass wir Wünsche hegen und diese dann doch nicht in Erfüllung gehen. Dazu will ich ein Beispiel erzählen. Eine Bäuerin aus Nordfriesland rief mich an. Sie weinte am Telefon, und ich hatte Mühe, sie zum Sprechen zu bewegen. Nachdem sie sich ein wenig beruhigt hatte, klagte sie mir ihren Kummer: „Wir haben einen großen Hof. Im Stall stehen hundert Rinder. Außerdem mästen wir über fünfzig Bullen und ziehen dreißig Kälber auf. Wir haben nur einen Sohn, und er soll einmal den Betrieb übernehmen. Mein Mann hält alles in bester Ordnung. Er hat dieses Jahr sogar einen neuen Rindviehstall gebaut. Wir haben inzwischen die 60 überschritten und möchten uns allmählich in den wohlverdienten Ruhestand zurückziehen. Aber da gibt es ein großes Problem. Unser Jens wird im Sommer 32 Jahre, und er hat noch immer keine Frau gefunden. Zweimal hatte er eine Freundin, aber diese Beziehung brach jedes Mal wieder auseinander, als die jungen Frauen sahen, wie viel Arbeit auf sie zukommen würde. Nun scheint mein Mann die Geduld zu verlieren. Als wir wieder mal davon sprachen, wie es in Zukunft bei uns weitergehen sollte, hat mein Mann mit der Faust auf den Tisch geschlagen: ‚Jens, wenn du es nicht fertig bringst, eine Frau ins Haus zu holen, werde ich das für dich tun.

Wir werden immer älter und können die Arbeit nicht mehr schaffen. Jetzt muss junges Blut auf den Hof. Ich werde mich in unserer Gegend umsehen.' Ich wehrte ab, aber mein Mann blieb bei seinem Vorhaben. Drei Monate später hatte er einen Fisch an der Angel. 17 Kilometer weiter wohnte eine nette Bauerntochter. Sie sah gut aus, hatte die Landwirtschaftsschule besucht und war zudem nicht unvermögend. So sieht es der Bauer gern: Hof kommt zu Hof, Vieh zu Vieh, Haus zu Haus und Land zu Land. Mein Mann hat dann das junge Mädchen zu einem Wochenende zu uns eingeladen, damit sich die beiden beschnuppern und kennen lernen könnten. Er schwärmte schon in vollen Tönen von der angehenden Schwiegertochter. Bald würde wohl das junge Paar die Verantwortung auf dem Hof übernehmen, und er würde sich nicht mehr so mit dem Vieh herumplagen müssen. Die Hochzeitsglocken hörte er schon läuten. Wir Alten wären dann von der harten Arbeitslast befreit und könnten uns auf unser Altenteil zurückziehen. Aber da hatte er die Rechnung ohne den Wirt gemacht. Es kam zu einem Mordskrach zwischen meinem Mann und unserm Sohn. Es war am Sonntagmorgen. Jens kam in den Stall, um die Kühe zu versorgen. Mein Mann wollte ihm dabei helfen. Dabei sagte Jens klipp und klar: ‚Vater, schick das Mädchen wieder fort. Wir beide passen nicht zusammen. Bei mir funkt es nicht. Ich spüre auch kein Schmetterlingskribbeln im Bauch.'

Da wurde mein Mann böse. ‚Was heißt hier funken? Von Funken habe ich nicht geredet. Heiraten sollst du das Mädchen. Und von Schmetterlingskribbeln im Bauch habe ich noch nie etwas gehört. Entweder du heiratest Anke, oder ich schlachte alle fünfzig Bullen. Wir können uns nicht ständig auf dem Hof abrackern, wir sind alt geworden, und du sprichst hier von Liebesgefühlen und Schmetterlingskribbeln im Bauch.'

Jens hängte seine Jacke an den Haken, verließ den Stall, zog sich in sein Zimmer zurück und ließ sich den ganzen Sonntag nicht mehr blicken. Anke litt unter der bedrückenden Situation, packte ihre Sachen zusammen und fuhr mit dem Auto nach Hause. Seitdem haben wir sie nicht wiedergesehen. Es herrscht in unserer Familie eine eisige Atmosphäre. Wenn wir zu Tisch sitzen, dann guckt jeder in eine andere Richtung. Keiner spricht ein Wort mit dem andern. Ich halte diese verkrachte Situation nicht mehr aus. Wir wollen Christen sein und schweigen uns an?"

Hier hatte der Vater falsche Erwartungen an den Sohn gestellt. Sie konnten nicht erfüllt werden. Darüber war es zu diesen heftigen Auseinandersetzungen gekommen. Warum nur räumt der Vater dem Sohn nicht ein, sich selbst eine Frau zu suchen? Er hat die Dinge in die Hand genommen, die er dem Sohn selbst hätte überlassen müssen. Das sind krank machende, zerstörerische Erwartungen. Ich hoffe, die Bullen sind noch nicht geschlachtet, und auf dem Hof ist wieder Frieden eingekehrt.

Es ist überaus wichtig, dass wir in Bezug auf unsere Kinder mit frohen Erwartungen in die Zukunft sehen. Kinder müssen den Eindruck haben: Wir sind unseren Eltern sehr wichtig; sie freuen sich über uns, und wir sind ihnen das Wertvollste. Unser junges Volk soll doch zu lebenstüchtigen Menschen erzogen werden, und das gelingt nur, wenn wir ihnen eine sonnige, schöne Kindheit vermitteln.

Emil Zatopek, die „tschechische Lokomotive", wie er genannt wurde, gewann 1952 in einer Woche bei den Olympischen Spielen in Helsinki dreimal Gold. Dazu errang seine Frau im Speerwerfen am gleichen Tage mit ihm Gold. Schon 1948 hatte er in London auch bei Olympia einmal die Goldmedaille und einmal die Silbermedaille gewonnen. Mehrere Weltrekorde im Langstreckenlauf wurden von ihm aufgestellt. Er war ein herausragender Athlet. In einem Interview gegen Ende seines Lebens sagte er: „Alle meine Medaillen hätte ich hergegeben, wenn wir dafür ein Kind hätten haben können." Dieser Wunsch blieb diesem großartigen Sportlerehepaar versagt.

Ich selbst bin eine glückliche Mutter und habe mich über jedes meiner fünf Kinder gefreut. Aber es gab Situationen, wo ich auch über die Menge der Arbeit stöhnte und jammerte.

Ich werde an einen Tag erinnert, da wollte ich Plätzchen backen. Gottfried und Anne Ruth wollten mir helfen. Sie waren begeistert bei der Sache. Aber als die Mehltüte umkippte und die Eckbank in eine Winterlandschaft verwandelte, war ich nicht mehr so fröhlich. Ich merkte, dass meine eigentliche Arbeit erst nach dem Backen begann, wenn ich alles sauber machen musste. Eine Schüssel mit Eigelb landete zudem auf dem Fußboden. Er wurde glitschig und rutschig. Ich blickte missmutig drein. Aber meine Geduld wurde noch mehr auf die Probe gestellt, als Gottfried sich seinen Teig auf einen Stuhl legte und ihn da auswellte. Er war noch zu klein – seine Händchen reichten noch nicht bis zur Tischplatte – um diese Arbeit auf dem Kuchenbrett verrichten zu können. Ich drohte zu explodieren.

Gerade in dem Augenblick schaute mich der kleine Kerl mit seinen großen Kulleraugen an und meinte: „Mutti, wenn du uns nicht hättest, würdest du nie und nimmer deine Arbeit schaffen." Ich drückte meinen süßen Schatz an mich und gab ihm einen Kuss auf die Stirn. Mein Ärger war verflogen. Ich war wieder mit meiner Rolle als kinderreiche Mutter ausgesöhnt und putzte mit Freuden anschließend meine Küche. Solch ein Ausspruch eines Kindes tut einer Mutter wohl. Ich jedenfalls habe ihn nicht mehr vergessen.

Es gilt, Prioritäten zu setzen. Ich muss wissen, was ich für mein Leben will, und was ich von ihm erwarte. Und wenn ich mich zur Ehe und für den Kindersegen entschieden habe, dann sollte ich mich auch fröhlich den Aufgaben stellen und mich nicht mit andern vergleichen, die frei, unabhängig leben und sich nicht um verstreutes Mehl oder glitschigen Fußboden kümmern müssen.

Auf einer Karte, die ich mal entdeckte, stand folgender Spruch: „Nenne dich nicht arm, weil deine Träume nicht in Erfüllung gehen. Wirklich arm ist der, der nie geträumt hat."

Hegen wir große Erwartungen auch in Bezug auf unsere Kinder. Gerade bei schwierigen Kindern, die vielleicht in einer Krise stecken, ist die Gefahr groß, dass wir sie unter einem negativen Blickwinkel sehen. Besser wäre es, wenn wie ihnen vermittelten: Du, ich habe ein großes Vertrauen zu dir. Ich setze auf dich. Ich weiß, es geht dir im Augenblick in der Schule oder in der Lehre oder im Studium nicht gut, aber du wirst diese Zeit durchstehen, und dann geht es wieder aufwärts mit dir. Du und ich, wir stehen zusammen, du bist mein lieber Schatz, ich mag dich, du bist mir bedeutsam.

Ein anderer Gefahrenpunkt liegt darin, dass wir uns in Bezug auf unsere Erwartungen gerne mit andern vergleichen. Wer sich selbst Schmerzen zufügen will, der fange an, sich mit Frau Meier und Frau Müller zu vergleichen. Es gibt immer Menschen, die besser sind als wir und die es auch besser haben. Sie sind vielleicht auch begabter, schöner, tüchtiger, schlanker, reicher. Es ist wichtig, dass wir lernen, uns zu bescheiden. Dabei will uns die Erinnerung an all das Gute, das wir erfahren haben, helfen. Die Dankbarkeit ist eine Kraft. Meist schauen wir auf das, was uns noch fehlt, was wir entbehren, was uns misslungen ist. Wir meinen, das Leben spielt uns übel mit, wir sind zu kurz gekommen. Wer so denkt, macht sich unglücklich. Wenn wir das Unmögliche erwarten, werden wir enttäuscht. Eine Nervenärztin sagte einmal in einem Gespräch: „Versuchen Sie nie, einen Ochsen zu melken. Da kommt nichts." Aber wie oft ertappe ich mich dabei, dass ich genau dies tue und einen Ochsen melke.

Ich habe dafür schon teures Lehrgeld bezahlen müssen. In Bezug auf Hauswirtschaft habe nie eine Ausbildung erhalten. Als ich heiratete, empfand ich meinen Mangel sehr stark. Vor allen Dingen im Nähen war ich eine Niete. Hinzu kam, dass ich eine Schwiegermutter hatte, die von Beruf Schneiderin war. Ich weiß noch genau, wie sie mir mal eine Hose aus der Hand riss und dabei in recht barschem Ton sagte: „So setzt man keinen Flicken auf. Ich will nicht, dass meine Enkel in solch schäbiger Kleidung herumlaufen." Ich fühlte mich gedemütigt. Das wollte ich nicht auf mir sitzen lassen! Ich fing an, das Nähen zu erlernen, und kaufte mir eine sehr gute Nähmaschine. Aber ich habe trotzdem im Schneiderhandwerk keine großen Erfolge verzeichnen können. Wenn ich eine Naht auf der Maschine genäht hatte, war sie meist schief oder an der falschen Stelle, und ich musste sie wieder auftrennen. Aber ich gab nicht auf. Ich schneiderte Röckchen, Hosen und Blüschen. Aber das Nähen beanspruchte einen großen Teil meiner Zeit, die ich besser mit meinen Kindern zugebracht hätte. Anstatt mit ihnen spazieren zu gehen, saß ich an der Nähmaschine und ließ die Kinder draußen allein spielen. Dabei verunglückte eins meiner Kinder ziemlich schwer. Der Unfall hätte vielleicht vermieden werden können, wenn ich unseren Sohn besser beaufsichtigt hätte. Wenn man fünf kleine Kinder „wie die Orgelpfeifen" hat, macht es keinen Sinn, sich eine so schwierige Aufgabe vorzunehmen, für die man noch nicht einmal die richtigen Grundkenntnisse erlernt hat. Am Tag nach dem Unfall verstaute ich deshalb meinen Stoff für einen Rock im Schrank und rührte die Nähmaschine über eine lange Zeit nicht wieder an. Ich hatte begriffen, dass ich meine Kraft besser bei wichtigeren Dingen einsetzen musste als beim Nähen. Die Erwartungen, die ich an mich gestellt hatte, waren zu hoch geschraubt. Es ist besser, sich auf das zu konzentrieren, was man gut kann. Jeder Mensch hat seine besonderen Gaben, und mit diesen soll er wuchern.

Ich werde an Mose erinnert. Er hatte eine besondere Schwachstelle. Gott hatte ihn zum Führer Israels berufen, dass er das Volk aus Ägypten bringen sollte. Aber er besaß keine Redegabe, um mit Pharao zu verhandeln. Was hat Mose in dieser Situation getan? Er hat Gott seinen Mangel geklagt, und Gott stellte ihm seinen Bruder Aaron an die Seite, der die Verhandlungen mit dem König von Ägypten führte. Diese große Aufgabe, Israel aus der Sklaverei zu befreien, gelang in einer guten Zusammenarbeit mit Aaron. Keiner muss alles können. Jeder verrichte das Werk, zu dem Gott ihm Gaben geschenkt hat.

Es ist interessant, das eigene Talent zu entdecken und es zu fördern.

Ich gehöre zu denen, die gerne schreiben. Im Nähen bin ich bis heute eine Niete, aber im Bücherschreiben habe ich Erfolg. Ich freue ich mich, wenn mir Menschen sagen, dass sie durch eins meiner Bücher im Glauben gestärkt oder getröstet wurden. Diese Gabe habe ich erst sehr spät entdeckt. Es waren schwere Leiderfahrungen, die mich dazu herausforderten. Wie hat es mich beglückt, als eine Dame mich nach einem Frühstückstreffen für Frauen ansprach und sagte: „Ihr Buch mit dem Titel ‚Hoffnung wird immer großgeschrieben' hat mir das Leben gerettet. Ich hatte mir schon die Schlaftabletten im Wäscheschrank gehortet, aber da schickte mir eine Freundin Ihr Buch. Der Titel hat mich angesprochen. Nachdem ich es gelesen hatte, ging ich in den Schrank, holte die Tabletten heraus und vernichtete sie. Danke für Ihr Buch!"

Was sollen wir nun tun, wenn sich unsere Erwartungen nicht erfüllen? Mir ist es eine Hilfe, dass ich in all meinen Konflikten mit meinem Herrn Christus darüber reden kann. Kommt er mir nicht besonders da ganz nah, wo ich zweifle, versage, von Angst bedrängt werde? Hat er nicht selbst gesagt: „In der Welt habt ihr Angst, aber seid getrost, ich habe die Welt überwunden." Das sind heilige Augenblicke, wenn ich Jesus all mein Leid klage. Er hört mich an, er versteht mich, er tröstet mich und baut mich neu auf.

Die Angst ist ein Angriff auf mein Leben, und sie kann mich besonders in den Nachtstunden bedrängen. Was soll ich dann in solcher Lage tun? Martin Luther war ein sehr praktischer Mensch und ein guter Seelsorger. Er sagte: „Wenn der Teufel nachts zu mir kommt, mich zu plagen, gebe ich ihm dies zur Antwort: Teufel, ich muss jetzt schlafen, denn das ist Gottes Befehl, des Tags zu arbeiten und des Nachts zu schlafen." Ich möchte es lernen, mutig einen solchen Befehl auszusprechen, denn ich weiß um schlaflose Nächte.

Vor einer Vortragsreise gerate ich zuweilen unter einen großen Erwartungsdruck, der mir den Nachtschlaf rauben will. Hilfreich sind mir dann die Psalmen. Sie machen mir Mut. Ich trage immer ein kleines, schwarzes Neues Testament mit Psalmen bei mir, egal wo ich hingehe: zu Freunden, zu einem Kranken, zum Zahnarzt, zum Einkaufen. Warte ich auf den Bus oder auf den Zug, dann habe ich immer guten Lesestoff bei mir. Die Psalmen sind mir besonders bedeutsam in meinem Leben geworden. Sie helfen mir, mit großen Erwartungen Gott zu begegnen. Und wenn ich enttäuscht, entmutigt, verzagt bin, dann richten sie mich wieder auf.

Auch Lieder können das Herz erfreuen und Trost spenden.

Sie bringen unser oft angstvolles, zerbrechliches Leben zur Ruhe. Noch heute, wo mir das Auswendiglernen nicht mehr so leicht fällt, greife ich zu Chorälen. Sie sind ein ungeheuer großer Schatz für unsere zerrissene Seele.

Meine Träume, Wünsche und Erwartungen dürfen bei Gott Erfüllung finden.

Eine Katastrophe ungeheuren Ausmaßes

In die Nähe meines Heimatortes war ich zu einem Frauenabend eingeladen worden. Gerne nahm ich den Dienstauftrag an. Als ich mit der Leiterin darüber sprach, zu welchem Thema ich sprechen sollte, sagte sie recht spontan: „Für unseren Kreis gibt es nur ein Thema: Trösten, trösten und noch einmal trösten. Sie müssen wissen, dass unter Ihren Zuhörerinnen sechs junge Witwen sitzen werden. Der Tod von sechs Männern hat sich erst vor wenigen Wochen ereignet. Sie können sich sicher vorstellen, wie tief der Schmerz noch sitzt. Solch einen Verlust kann man nicht einfach wegstecken, er sitzt tief. Diese Wunde wird wohl gar nicht heilen, sondern lange bluten."

Eine der Witwen schrieb mir nach meiner Vortragstätigkeit einen Brief: „Liebe Frau Bormuth, vielen Dank für den schönen Frauenabend mit Ihnen. Obwohl dieser Abend nicht leicht für mich war, habe ich deutlich gespürt, dass Gott wieder etwas mit uns Witwen vorhat. Ich möchte Gott vertrauen, dass er unser Dunkel wieder hell macht und unseren Kindern ganz nahe ist, sie beschützt und segnet."

Was hatte sich in Allendorf/Eder ereignet? Sigrid Otto, eine der sechs Witwen, berichtete mir Folgendes:

Es war der 2. Juni 2000. Klar war der Himmel, und im Osten ging gerade die Sonne glutrot auf. Wir hatten unseren 17. Hochzeitstag und den Abschluss unserer Tochter aus dem biblischen Unterricht gefeiert, als uns ein schrecklicher Schicksalsschlag traf. Mein Mann und seine fünf Freunde hatten schon seit längerem einen kurzen Flug auf die Insel Jersey geplant. Sie wollten gemeinsam ein erholsames Wochenende verleben und hatten sich dieses herrliche Fleckchen Erde zum Ziel erwählt. Heraus aus dem stressigen Alltag und hinein in die Schönheit der Natur, das war ihr Verlangen. Vor drei Jahren waren sie schon einmal zur Insel Sylt geflogen und ganz beglückt von diesem Wochenendausflug heimgekehrt. Sechs Freunde, die sich aus der gemeinsamen Jugend- und Gemeindearbeit kannten, wollten sich eine Freude gönnen.

An diesem Freitag gingen sie schon sehr früh zum Flugplatz, der nur 300 Meter von unserem Haus entfernt liegt, und wollten mit einer Maschine vom Typ „Piper Malibu" starten. Dieses Kleinflugzeug war mit allen nötigen flugtechnischen Instrumenten hervorragend ausgerüstet. Bevor sie der Vogel in die Lüfte brachte, lasen die sechs Freunde noch die Losung des Tages aus Daniel 10,19 und beteten miteinander. Dort hieß es: „Fürchte dich nicht, du von Gott Geliebter. Friede sei mit dir. Sei getrost, sei getrost!" Man hätte sich für diesen Ausflug kein treffenderes Losungswort denken können. So stiegen die Männer ein, der Pilot setzte sich ans Steuer, ließ den Motor aufheulen und dann hoben sie erwartungsvoll in den Kurzurlaub ab. Ich stand da, winkte kräftig mit beiden Armen und sah dem Vogel so lange nach, bis er in die Lüfte entschwunden war.

Als sie ihr Reiseziel erreicht hatten, telefonierte mein Mann sofort mit mir und erzählte, wie herrlich diese Insel sei, und dass die Gemeinschaft untereinander gar nicht besser sein könnte. Die Sonne und der Wind taten noch ein Übriges, um diesen Kurzurlaub gelingen zu lassen.

Natürlich warteten wir Frauen mit unseren Kindern sehnsüchtig auf ihre Rückkehr. So stand ich am Fenster und schaute den ziehenden Wolken nach. Bald würde das Flugzeug am Himmel auftauchen, und wir könnten unseren lieben Papa fröhlich in die Arme schließen. Zunächst war ich gar nicht beunruhigt, ja, ich freute mich auf die Begegnung mit meinem Mann. Ich beobachtete einige Flugzeuge, wie sie über unser Haus flogen. Aber warum landete keines von ihnen? Etwa eine Stunde wartete ich ganz unbesorgt. Dann aber wurde ich unruhig. Ich wusste, dass die sechs Freunde zuverlässig waren und bestimmt ihre Ankunftszeit einhalten würden. Ich ging ans Telefon und rief meine Freundin an. Ihr Mann war der Pilot der Maschine. Sie wollte meine Ängste zerstreuen und nannte mir einige Gründe, warum sich die sechs Männer verspätet haben könnten. Wieder verging eine Stunde, und inzwischen machte sich auch meine Freundin Sorgen. Sie versuchte, ihren Mann mit dem Handy zu erreichen. Aber da meldete sich niemand. Noch nicht einmal die Mailbox, die der Pilot immer eingeschaltet hatte, war in Funktion. Wir ratschlagten miteinander, was wir denn als Nächstes tun sollten, und so rief sie zwei Piloten an, die sie kannte. Aber auch diese beiden meldeten sich nicht. Unsere Unruhe stieg von Minute zu Minute. Meine Freundin wandte sich dann an die Luftaufsichtsbehörde in Frankfurt. Ich hielt die Spannung fast nicht mehr aus und blieb in der Nähe des Telefons sitzen. Auf einmal klingelte der Apparat. Ich vernahm die Stimme meiner Freundin: „Sigrid, unsere Männer sind wahrscheinlich abgestürzt. Die Luftaufsicht hat mir soeben mitgeteilt, dass eine Privatmaschine von Jersey kommend in der Nähe von Paris zerschellt sei. Es könnte sich um das Flugzeug vom Typ ‚Piper Malibu' handeln. Nähere Informationen könnte uns der Videotext im Fernsehen geben."

Ich war starr vor Entsetzen. Der Boden unter meinen Füßen schwankte. Noch während ich mit meiner Freundin telefonierte, las ich im Videotext als letzte Meldung, dass ein Flugzeug unterwegs zum Flugplatz Allendorf/Eder bei starkem Gewitter in der Nähe von Paris abgestürzt sei. Fünf Tote seien schon geborgen worden, eine Person gelte noch als vermisst. Meine Kinder liefen sofort zum Fernsehen und schrien: „Nein, nein, nicht unser Papa, nein!" Ich zitterte am ganzen Körper, wollte meine drei Kinder beruhigen und vermochte es doch nicht. Mir fiel mit meiner Freundin die schwere Aufgabe zu, die anderen Frauen vom Unglück zu informieren. Während ich den Telefonhörer schon in der Hand hielt, klingelte es an unserer Haustür. Anne, eine der Ehefrauen, fragte mich, ob ich irgendetwas wüsste, warum unsere Männer noch nicht gelandet seien. Ich konnte nur noch auf den Fernseher zeigen, dann brach ich ohnmächtig zusammen. Mit aller Wucht hatte uns der Todesengel berührt und uns das Liebste genommen.

Die Nachricht vom Absturz der Maschine hatte sich in unserem Dorf in Windeseile ausgebreitet. Kurz darauf kamen ein Arzt, der Chef meines Mannes und unser Pastor zu uns ins Haus. Wir saßen im Wohnzimmer und konnten die Wahrheit dieser letzten Meldung nicht begreifen.

Wir Ehefrauen trafen uns, um über die nächsten Schritte, die zu tun waren, zu beraten. Wir kamen überein, in einem gemeinsamen Gottesdienst die Totenfeier zu halten. Diese sechs Freunde hatten zusammen einen wunderschönen Kurzurlaub erlebt und waren nun gemeinsam in die Herrlichkeit zu Gott eingegangen. Dies war der dunkelste Tag in meinem Leben, und wir hätten verzweifeln müssen, wenn wir nicht Gottes Nähe durch unseren Pastor erfahren hätten. Er sorgte auch dafür, dass wir am Beerdigungstag in aller Ruhe von unseren Ehemännern Abschied nehmen konnten. In der Friedhofskapelle standen die sechs Särge mit Blumen geschmückt. Wir hielten unsere Kinder an der Hand, die ein letztes Mal ihrem geliebten Papa Ade sagen konnten.

Es war kaum zu begreifen, dass in den Särgen die sechs Freunde lagen, die so fröhlich und unbekümmert vor ein paar Tagen zu einem Flug auf die Insel Jersey aufgebrochen waren. Die Beklemmung und die Ängste waren groß. Aber wir wussten auch: unsere Ehemänner, die Väter unserer Kinder, waren in Gottes neuer Welt. Die Särge waren uns nicht mehr fremd, sondern gehörten zu uns. Für mich war der Tag der Beerdigung besonders schwer, da ich eigentlich meinen 40. Geburtstag hatte feiern wollen. Freunde hatten mir 40 langstielige, gelbe Rosen in eine Vase gestellt.

Als Predigttext für die Beerdigung hatte der Pastor die Losung des Abflugtages aus Daniel 10,19 gewählt. Noch einmal hörte ich den Trost aus Gottes Wort: „Fürchte dich nicht, du von Gott Geliebter. Friede sei mit dir. Sei getrost, sei getrost!" Fast 2000 Trauergäste waren gekommen, um uns ihre Anteilnahme zu bezeugen. Getragen wurden wir in der größten Einsamkeit und Todesnot von den Gebeten vieler gläubiger Menschen. Unsere Männer hatten ja im Gemeindeleben ihren ehrenamtlichen Dienstauftrag gefunden und arbeiteten als Diakone in der Jugend- und Gemeindearbeit und im Predigtdienst mit.

Sonst saßen wir als Familie immer zu fünft in einer Bank während des Gottesdienstes. Nun sind wir nur noch zu viert. Das wird mir fast jeden Sonntag schmerzlich bewusst. Ich folge der Predigt, aber der frohe Ton des Gotteslobes will mir noch nicht über die Lippen kommen. Die Liedtexte sind mir ein starker Trost und geben meinem Glauben Mut.

Mir war es eine Hilfe, dass ich mit meiner Familie viele treue Freunde hatte. Sie trauerten mit uns, sie weinten mit uns, sie beteten aber auch mit uns und haben uns in vielen Nöten und Problemen beigestanden. Wie wohl hat es mir getan, als z. B. ein Nachbar zu mir kam und sich bereit erklärte, mir den Rasen zu mähen. Ein anderer Freund meines Mannes bringt mir die schweren Getränkekisten regelmäßig ins Haus. Oft steht ein Blumenstrauß in meinem Wohnzimmer, den mir liebe Menschen vorbeigebracht haben. Wunderbar klingt mir dann der Satz in den Ohren: „Sigrid, wir denken an dich!"

Einige Wochen nach dem Tod meines Mannes hatte meine Tochter einen schönen Traum. Sie war draußen im Garten beim Spielen. Plötzlich kam ihr Papa und sagte: „Ich bin gekommen, um etwas mit dir zu spielen. Außerdem will ich dir sagen, dass du nicht so traurig sein musst. Ich will mich noch einmal richtig von dir verabschieden, weil ich so schnell weggegangen bin. Im Himmel ist es schön, viel schöner als auf der Erde. Deshalb gehe ich auch wieder dorthin und warte auf euch. Es dauert gar nicht mehr lange, dann sehe ich euch wieder. Ihr braucht also nicht so traurig zu sein, mir geht es gut!"

Der Traum half mir wieder ein kleines Stück, meine Trauer besser zu bewältigen. Der Schmerz ist groß in unserem Ort, und es werden in unseren Familien noch viele Tränen geweint. Auf solch eine schreckliche Katastrophe gibt es keine befriedigende Antwort. Aber ganz neu begreife ich die Tat Jesu Christi. Er ist nicht nach seinem Tod am Kreuz im Grab geblieben, sondern ist auferstanden und lebt. Er hat dem Tod die Macht genommen und uns Hoffnung und die Gewissheit des ewigen Lebens gebracht. Das macht mein Herz zuversichtlich und getrost.

Aus der Hand der Geiselnehmer gerettet

Mit welch schrecklicher Nachricht begann dieser Tag für mich: Meine Schwester teilte mir mit, dass Frau Ute Bollmeier aus Uelzen gekidnappt worden sei. Wir kennen diese junge Frau, die in einer Sparkasse arbeitet. Ich berichtete meinen Kindern von dieser Entführung, und vereint beteten wir in unserer Familie um baldige Befreiung. Diese Hiobsbotschaft hatte uns betroffen gemacht. So rief ich gleich noch im Diakonissenmutterhaus an, in dem mein Mann viele Jahre Mitarbeiter war, und bat die Schwestern, sich unseren Gebeten anzuschließen. Beten wird im Mutterhaus immer großgeschrieben.

Ich schaltete das Fernsehen ein, um mehr über die Geiselnahme zu erfahren. Auf vielen Kanälen wurde davon berichtet. Wir waren über die Brutalität der Täter entsetzt. Ein Verbrechen wird als umso gemeiner empfunden, je näher uns das Opfer steht.

Wie war es zu dieser scheußlichen Tat gekommen? Es war am Dienstag, dem 2. April 2002, um 18 Uhr 33, und die Angestellten der Sparkasse von Wrestedt/Kreis Uelzen verließen gerade nach Geschäftsschluss die Bank, als drei bewaffnete Täter in das Gebäude eindrangen. Sie trugen Strumpfmasken und dunkle Sonnenbrillen und drängten zwei weibliche Angestellte, darunter auch Ute Bollmeier, mit Waffengewalt in das Gebäude zurück. Mit ihren Pistolen hielten sie die Frauen in Schach. Eine Nachbarin, die dieses Geschehen beobachtet hatte, informierte sofort die Polizei. Die Gangster drohten, die Geiseln zu erschießen. Per Telefon wurde der Filialleiter, der schon Feierabend hatte, zurückgeholt. Sie zwangen ihn, den Tresor zu öffnen und Bargeld in sechsstelliger Höhe herauszugeben. Gegen 18 Uhr 48 trafen drei Polizeibeamte am Tatort ein. Als sie sich zu Fuß der Bank näherten, wurden sie von den Tätern entdeckt. Sie hielten Ute Bollmeier eine Waffe an den Kopf und drohten mit ihrer Erschießung, wenn die Polizisten nicht sofort ihre Dienstwaffen ablegten. Um 19 Uhr 5 drängten die drei Maskierten die beiden Frauen – sie waren 25 und 39 Jahre alt – in einen bereitstehenden, silberfarbenen Seat Ibiza. Er war im Landkreis Marburg/

Biedenkopf zugelassen. Der Filialleiter bot sich noch zum Austausch der beiden Geiseln an und bat die Verbrecher, die Frauen freizulassen. Aber auf dieses Ersuchen gingen sie nicht ein. Mit quietschenden Reifen fuhren sie dann auf die B 71 und rasten in hoher Geschwindigkeit bis zur Autobahnauffahrt Soltau-Ost. Die Polizei nahm sofort die Verfolgung auf. Um 19 Uhr 30 bogen die Geiselnehmer auf die A 7 ein. Dabei schossen sie mehrmals aus dem Beifahrerfenster, um die Verfolger abzuschütteln. Sie fuhren anschließend auf die A 27 in Richtung Bremen und nahmen dann später die Autobahn Richtung Hamburg.

Auch in der Hansestadt waren, wie zuvor in Niedersachsen, die Spezialeinheiten der Polizei in Alarm gesetzt worden. Beamte des Mobilen Einsatzkommandos rasten über die Elbbrücke zur A 1, um eine gute Ausgangsposition zu bekommen. Die Polizei wollte für alle Fälle gewappnet sein. An günstigen Stellen wurden Notarztwagen postiert. Das Ziel der Polizei war es, die Gangster auf ihrer Fahrt zu stoppen. Aber dieser Versuch misslang. Die Täter ließen nämlich Hamburg links liegen. Wie ein großer Rattenschwanz folgte der Konvoi der Polizei den Geiselgangstern. Es waren hauptsächlich schwere Limousinen, in denen die Eliteeinheiten sich mit Blaulicht, Martinshorn und Lichthupe auf der Autobahn einen Weg durch die anderen Fahrzeuge bahnten.

Gegen 21 Uhr 14 begab sich das Gangsterfahrzeug am Kreuz Ost auf die Autobahn Richtung Berlin. In rasender Fahrt wurde die Flucht fortgesetzt. Um 22 Uhr 4 tankten die Geiselnehmer an der Autobahnraststätte Stolpe, etwa 160 Kilometer vor Berlin. Mit den Worten „Schnell, schnell!" zwangen sie eine Geisel, das Fahrzeug aufzutanken. In den Händen hielten sie ihre Schusswaffen bereit. Der Tankstopp dauerte nur drei Minuten. Für die Polizei reichte diese Zeit nicht aus, um ihre Scharfschützen in Position zu bringen. So wurde der Zugriff nicht möglich. Später stellte der Tankstellenpächter eine Anzeige wegen Diebstahl von 36 Litern „Benzin super plus".

Orientierungslos kurvten die Verbrecher durch die Gegend. Die Geiseln waren immer in großer Gefahr. Der Weg nach Berlin war durch Straßensperren verriegelt. Ab und zu hielten sie an, aber es ergab sich dabei keine Möglichkeit, die Bankräuber zu fassen. Sie setzten ihre Fahrt Richtung Magdeburg fort. Dann folgte ein neuer Richtungswechsel nach Frankfurt/Oder. Dort wurde der Grenzübergang nach Polen von der Polizei gesperrt. Doch kurz zuvor bedrängten die Gangster mit ihren Waffen die Grenzbeamten. Von diesem Zeitpunkt an übernahm die polnische Polizei die Verfolgung. Zunächst nahmen die Bankräuber Kurs auf Posen, tankten dann noch mehrmals und wechselten wieder ihre Richtung. Diesmal ging es nach Süden. Polnische und deutsche Polizeibeamte folgten ihnen. Wegen der drohenden Gefahr für die Geiseln nahmen sie von einem Zugriff Abstand. Die Täter waren bis zum Hals bewaffnet. Bei einem der Männer soll es sich um einen Russen gehandelt haben, die beiden anderen stammten angeblich aus Moldawien. Um 7 Uhr morgens erreichten die Bankräuber, gefolgt von dem Tross der deutschen und polnischen Polizisten, die Stadt Lodz. Jetzt wurde ersichtlich, dass die Täter über die ukrainische Grenze entkommen wollten.

Um 9 Uhr 45 erfolgte im ostpolnischen Piaski wieder ein Tankstopp. Diesmal sollte Ute Bollmeier das Auto mit Benzin füllen. Doch beim Aussteigen gelang ihr die Flucht. Sie rettete sich in ein Polizeiauto. Aber sie stand unter Schock. Im Lubliner Polzeikommissariat durfte sie erst einmal mit ihrer Familie telefonieren. Danach wurde sie zwei Stunden lang verhört. Noch am gleichen Tag flog sie in Richtung Heimat. Es war schon das zweite Mal, dass Ute in einen Bankraub verwickelt worden war!

Um 10 Uhr 55 durchbrachen die Gangster den polnisch-ukrainischen Grenzübergang. Spätestens hier wollte die polnische Polizei das Fluchtauto stoppen. Die Straßen bis zur Grenze waren für jeglichen Verkehr gesperrt. Aber der Fahrer des Fluchtautos setzte alles auf eine Karte und gab Vollgas, während die andern beiden Bankräuber mit ihren Kleinfeuerwaffen auf die Grenzer schossen. So wurden die Barrikaden durchbrochen. Wieder konnten die Verbrecher entkommen. Ihr Ziel war wahrscheinlich Wolhynien in der Westukraine. Dort gibt es viele Wälder und kleine versteckte Dörfer, wo sie wohl unterzutauchen hofften. Die Polizei hätte hier kaum eine Chance gehabt, die Täter zu schnappen.

Gegen 15 Uhr wurde die zweite Geisel freigelassen. Das war für die deutsche Polizei das Wichtigste. Die junge Frau war wohlauf und unversehrt. Weil die Gangster völlig erschöpft waren, gelang es der ukrainischen Polizei, sie in einem Café neben einer Tankstelle zur Aufgabe überreden. Das Ende dieser Geiselnahme verlief dann undramatisch. Alle drei Täter ließen sich festnehmen. Sie händigten ihre Waffen aus, darunter auch die Pistolen, die sie den deutschen Beamten abgenommen hatten. Außerdem rückten sie den Sack mit dem Lösegeld heraus.

Die ukrainischen Polizisten hatten die drei jungen Männer mit Tee und Butterbroten versorgt und sie dann zum Aufgeben überredet. Zuvor war es den ukrainischen Behörden gelungen, über ein zugeworfenes Handy Kontakt mit den Geiselnehmern herzustellen. Sie hatten ihnen gesagt: Die Deutschen wissen nicht, wo ihr seid. Gebt uns 50 000 Euro und die Geisel, dann lassen wir euch frei.

1600 Kilometer hatten die Geiselnehmer auf dieser schrecklichen Irrfahrt tief in die Ukraine zurückgelegt. Nach über 24 Stunden voller Angst und einer abenteuerlichen Flucht durch drei Länder war eine der spektakulärsten Geiselnahmen unblutig zu Ende gegangen. Darüber waren wir froh und haben Gott gedankt.

Einer der Täter von Wrestedt war früher in der überfallenen Sparkasse angestellt gewesen. Nun wird den drei Bankräubern in Deutschland der Prozess gemacht. Den ehemaligen Aussiedlern von Kasachstan, wie es sich später herausstellte, drohen Haftstrafen von mindestens zehn Jahren.

An der Stelle will ich noch die Losung des 2. April erwähnen. Sie ist zutreffend:

„Es ist ein köstlich Ding, geduldig sein und auf die Hilfe des Herrn hoffen" (Klagelieder 3,26).

„Gott wird abwischen alle Tränen von ihren Augen" (Offenbarung 7,17).

An dem Tag, als Ute Bollmeier ihren Mann wieder in die Arme schließen konnte, stand im Losungsbuch:

„Freuet euch und seid fröhlich im Herrn, eurem Gott" (Joel 2,23).

„Freuet euch in dem Herrn allewege, und abermals sage ich:

Freuet euch! Eure Güte lasst kund sein allen Menschen! Der Herr ist nahe" (Philipper 4,4-5).

Das letzte Bibelwort war auch der Trauspruch und das Losungswort am Hochzeitstag von Bollmeiers gewesen.

Ute wollte Gott gerne vor einer großen Gemeinde für ihre Errettung aus Verbrecherhand loben und danken und lud zu einem Gottesdienst in der St. Marienkirche ein. Bis auf den letzten Platz war das Gotteshaus gefüllt, denn die Menschen im Umkreis von Uelzen hatten dieses Schicksal mitgetragen. Ich lasse die Predigt folgen:

Liebe Frau Bollmeier, liebe Frau Gehrke, liebe gottesdienstliche Gemeinde,

Sie beide und viele mit Ihnen sind dankbar. Nach der überstandenen Gefahr gilt Gott unser Dank. Niemand von uns kann ermessen, welche Verletzungen Sie in diesen langen Stunden erlitten haben. Aber viele Menschen haben mit Ihnen gebangt und für Ihre Rettung gebetet. Wir alle freuen uns mit Ihnen, dass Sie wieder zu Hause bei Ihren Familien sind. Und so ist es gut, dass wir zusammen diesen Gottesdienst feiern.

Die Bedrohung, die Sie erlebt haben, setzt unterschiedliche Gefühle frei. Sie sind glücklich und Sie sind erleichtert; Sie können durchatmen, von Tag zu Tag mehr, wenn die Last langsam von Ihnen abfällt. Daraus entspringt die Dankbarkeit. In die Stimmung jedoch mischen sich immer wieder andere Gefühle. Sie spüren Schmerz. Sie sind erschöpft.

Die äußere Bedrohung ist vorbei. Aber die Schrecken sind noch nicht ausgestanden. Sie sind empfindlich. Sie sind schutzbedürftig. Sie sehnen sich nach Ruhe. Ihre Seele braucht Zeit. Es fällt Ihnen schwer, über die Stunden im Auto zu sprechen, an sie zu denken. Es wird nur mit viel Arbeit gelingen, wieder ins normale Leben zurückzufinden. Die bitteren Erfahrungen lassen Sie noch nicht los. All dieses steht im Raum, wenn wir heute Gottesdienst feiern.

Als Sie, Probst Sachau und ich uns trafen und überlegten, was alles in diesem Gottesdienst zur Sprache kommen soll, hatten Sie beide Ihr Gesangbuch in der Hand. Sie wünschten sich die

Lieder, die wir nun zusammen singen. Und Sie wussten, welche Texte aus der Bibel bedacht werden sollen. Die Tageslosungen vom 2. und 4. April sind Ihnen wichtig geworden. Zwei betend ausgeloste beziehungsweise ausgewählte Verse sagen für Sie viel aus über das, was Sie empfinden, wenn Sie an die Ereignisse zurückdenken.

„Es ist ein köstlich Ding, geduldig sein und auf die Hilfe des HERRN hoffen." Das ist die Tageslosung des 2. April. Sie steht im Alten Testament im Buch der Klagelieder. Wir haben eben den Text als Lesung im Zusammenhang gehört. Nun könnte man meinen, in diesem Vers würde gemahnt zu stillem, schweigendem Erdulden. Eine solche Ermahnung wäre im Hinblick auf die dramatischen Ereignisse jenes Tages nicht angemessen.

Gemeint ist auch etwas anderes. Das alte Lied will sagen: Auch wenn wir leiden, können wir uns zu Gott hinwenden. Wir sehen dann über unseren Horizont hinweg und nehmen diese andere Wirklichkeit wahr, die wir nur im Glauben sehen. An dieser anderen Wirklichkeit festzuhalten, wenn uns die Realität dieser Welt in den Klauen hält, kann nicht angemahnt werden. Aber wir können dieses erfahren in einer Situation der totalen Anspannung und Angst: Wir bleiben uns gewiss, was ich jetzt erlebe, ist nicht alles. Es gibt eine andere Wirklichkeit – die Wirklichkeit Gottes.

Wenn wir mit Gottes Wirklichkeit vertraut sind, dann steht sie uns in Zeiten des Leids zur Verfügung. Wenn wir uns geübt haben in dem Blick über unseren engen Horizont hinweg, dann gelingt es uns, eine hoffnungsvolle Distanz zu unserem Leid zu finden, so klein sie auch sein mag.

Zwei Tage lang lebten Sie in äußerster Bedrohung. In den vielen Stunden im Auto haben Sie Angst und Panik erlebt. Sie waren erschöpft und haben den Mut verloren. Sie haben immer wieder auf Hilfe gehofft – auf die Hilfe der Polizei, auf kluge und weitsichtige Entscheidungen der Verantwortlichen. Aber Sie haben auch auf die Hilfe Gottes gesetzt. Geduldiges Warten war nicht möglich. Geduld ist nicht die einzige Art, auf Gott zu setzen. Auch wer sich verzweifelt auf Gott wirft, wendet sich ihm zu und weiß um Gott als Gegenüber.

Im Chaos der Angst erfahren wir so Geborgenheit, wie bruchstückhaft diese Geborgenheit auch sein mag. Und noch etwas: Durch Gott bleibt unsere Würde gewahrt, denn Leiden erniedrigt. Die Verursacher des Leides haben nicht allein die Macht. Ihnen steht der gütige Gott gegenüber, der dieses Leid nicht verhindert hat, der aber auf der Seite der Leidenden steht.

„Es ist ein köstlich Ding, auf die Hilfe des Herrn zu hoffen." Im Nachhinein haben Sie diesen Vers auf Ihre Erfahrungen bezogen. Im Buch der Klagelieder gehen diesem Vers und dieser Hinwendung zu Gott Klagen voraus. Menschen klagen Gott ihr Leid, sie verschweigen es nicht und schlucken es auch nicht runter. Sie kämpfen mit Gott und um ihren Lebensraum; sie sind wütend, ungeduldig und emotional. Sie wenden sich auch in ihren Klagen Gott zu.

Ihre Wunden sind noch nicht verheilt. Wenn wir heute Gott für Ihre Rettung danken, dann tun wir dies in dem Wissen, dass auch die Klage und die Wut und die Trauer zu Ihrem Leben gehören werden. So wie der Dank für die Befreiung. Indem Sie sich immer wieder auf Gott werfen und beziehen, den Schritt auf Gott zugehen, verwandelt Gott Ihre Klage und Trauer in Zuversicht.

Ich wünsche Ihnen, dass Sie darauf vertrauen können, dass Sie mit all Ihren zwiespältigen Gefühlen bei Gott aufgehoben sind. In diesem Sinne möge sich der Vers aus dem Buch der Klagelieder in Ihrem Leben bestätigen, immer wieder von neuem. „Es ist ein köstlich Ding, geduldig sein und auf die Hilfe des Herrn hoffen." Amen.

Folgendes Lied wurde bei diesem Gottesdienst gesungen und unterstreicht noch die Predigt:

> *Bewahre uns, Gott, behüte uns, Gott,*
> *sei mit uns auf unsern Wegen.*
> *Sei Quelle und Brot in Wüstennot,*
> *sei mit uns mit deinem Segen.*

Bewahre uns, Gott, behüte uns, Gott,
sei mit uns in allem Leiden.
Voll Wärme und Licht im Angesicht,
sei nahe in schweren Zeiten.

Bewahre uns, Gott, behüte uns, Gott,
sei mit uns vor allem Bösen.
Sei Hilfe, sei Kraft, die Frieden schafft,
sei in uns, uns zu erlösen.

Bewahre uns, Gott, behüte uns, Gott,
sei mit uns durch deinen Segen.
Dein Heiliger Geist, der Leben verheißt,
sei um uns auf unsern Wegen.
(deutscher Text von Eugen Eckert)

Autorenadresse:
Lotte Bormuth
Sperberweg 8
35043 Marburg
Telefon 06421/41347

Weitere Titel von Lotte Bormuth

Lotte Bormuth
Schicksale
Bestell-Nr. 330 570
ISBN 3-86122-570-0
240 Seiten, gebunden

Kein Dichter der Welt kann die Geschichten an Dramatik
übertreffen, die Gott mit unserem wahren Leben schreibt.
Er lässt Menschen durch tiefe Wasser gehen und doch
nicht ertrinken.

Unzählige können das bezeugen – eine Auswahl lässt die
beliebte Autorin in diesen tröstlichen Geschichten
zu Wort kommen.

Von der traurigen Kindheit Maxim Gorkis über den zweiten
Weltkrieg und das Geiseldrama in Jolo bis
zum 11. September 2001:
Ergreifend stellt Lotte Bormuth die modernen Nachkommen
des biblischen Jakob vor, die am absoluten Tiefpunkt ihres
Lebens die „Himmelsleiter" sahen,
auf der Gott in unser Elend herabkommt.

Mit diesen Grenzerfahrungen macht die Autorin uns Mut:
„In wie viel Not hat nicht der gnädige Gott
über dir Flügel gebreitet ..."

Lotte Bormuth
Als die nacht ganz hell wurde
Bestell-Nr. 330 524
ISBN 3-86122-524-7
200 Seiten, gebunden

Das Weihnachtsfest – verborgen unter Kitsch und Kommerz liegt ein goldener Schatz. Kundig und mit viel Herz hat Lotte Bormuth Berichte, Geschichten und eigene Erfahrungen zusammengetragen, die durch alles Beiwerk hindurch den Blick öffnen auf die Ankunft unseres Erlösers! Unter anderem lässt sie Jochen Klepper, Dietrich Bonhoeffer und Leo Tolstoj, aber auch ihre Enkelin zu Wort kommen

Lotte Bormuth
Dostojewski. Dichter Denker, Christ
Bestell-Nr. 330 645
ISBN 3-86122-645-6
160 Seiten, Paperback

Dostojewski setzt der Niedertracht des Menschen die Macht Jesu entgegen. Keiner hat den großen russischen Schriftsteller so fasziniert wie Jesus. Lebensnah und bewegend erzählt die Autorin von Höhen und Tiefen im Leben des großen Dichters.

Lotte Bormuth
Spurgeon. Und er predigte in Vollmacht
Bestell-Nr. 330 644
ISBN 3-86122-644-8
112 Seiten, Paperback

Einer alten Frau riet ihr Pfarrer, sie solle Schnupftabak benutzen, um beim Zuhören wach zu bleiben. Diese antwortete: „Wenn sie, Herr Pastor, mehr Schnupftabak in ihrer Predigt hätten, könnte ich ganz gut wach bleiben."

Charles Haddon Spurgeon hatte „Schnupftabak" in seinen Worten. Man nannte ihn den Fürsten der Prediger. Viele hielten ihn für geradezu lächerlich jung, als er 1850 mit 16 Jahren das erste Mal vor einer Baptistengemeinde predigte. Und doch trat mit seinem Dienst die Frohe Botschaft einen Triumphzug ohnegleichen durch das britische Empire des viktorianischen Zeitalters an. Die unkonventionellen Methoden seiner Verkündigung lockten Abertausende in seine Gottesdienste. Sein verzehrender Eifer, Seelen zu gewinnen und der seelsorgerliche Tiefgang seiner Predigt setzten Maßstäbe. An seinem Leben zeichnet Lotte Bormuth das ganze Panorama der Möglichkeiten nach, die sich dem hingebungsvollen Leben eines Gemeindehirten eröffnen – damals wie heute.

„Die herrliche Botschaft von der Gnade darf nicht nachlässig angeboten werden. Die königliche Wahrheit muss in einem goldenen Wagen fahren. Spannt eure besten weißen Rosse vor und lasst silberne Posaunen ertönen, wenn die Wahrheit durch die Strassen fährt." Spurgeon

Titel von Lotte Bormuth

Aufregend aber schön
Bestell-Nr. 330 492, 144 Seiten, Taschenbuch

Hoffnung wir immer groß geschrieben
Bestell-Nr. 330 513, 176 Seiten, Taschenbuch

Lachen und Weinen bei Wind und Wetter
Bestell-Nr. 330 456, 167 Seiten, Taschenbuch

Geprägt von Liebe
Bestell-Nr. 330 507, 102 Seiten, Taschenbuch

Mein Lied für Gott
Bestell-Nr. 77 808, 106 Seiten, Taschenbuch

Dir, Herr, darf ich alles sagen
Bestell-Nr. 55 683, 64 Seiten, Taschenbuch

Als die Nacht ganz hell wurde
Bestell-Nr. 330 524, 160 Seiten, gebunden

Und doch lacht mir die Sonne. Autobiografie
Bestell-Nr. 330 917, 136 Seiten, Taschenbuch

Schicksale
Bestell-Nr. 330 570, 240 Seiten, gebunden

Spurgeon
Bestell-Nr. 330 644, 112 Seiten, Paperback

Geschichten, die das Herz bewegen
Bestell-Nr. 330 646, 240 Seiten, gebunden

In unserem Verlag außerdem erschienen:

Stephen Lungu
Der aus dem Schatten trat
Vom Bombenleger zum Missionar
Bestell-Nr. 330 597
ISBN 3-86122-597-2
256 Seiten, gebunden

Stephens Mutter ist 14, als sie ihn zur Welt bringt, verheiratet mit einem vierzig Jahre älteren Mann. Als er mit sieben Jahren ein Alter erreicht hat, in dem andere Kinder beginnen, die Welt zu erobern, verlässt sie ihn und seine beiden kleinen Geschwisterchen und schickt ihn auf einen Weg durch die Hölle.

Fortan füllt er seinen Magen mit dem Müll der Weißen und schläft unter den Brücken der Hauptstadt. Sein letztes Mittel im täglichen Überlebenskampf ist die Gewalt. Nur bei seinen Waffenbrüdern in der Gang der „Schwarzen Schatten" findet er Annahme, Treue und eine Religion: Die Revolution. Und bald auch eine besondere Aufgabe, das Bombenwerfen.

Als ein Evangelist in die Stadt kommt, hat er endlich ein spektakuläres Ziel. Ein Inferno bahnt sich an, als er mit seinen Benzinbomben das Zelt betritt ...

Was dann kommt, ist fesselnder als ein Thriller.